权威·前沿·原创

皮书系列为
"十二五""十三五""十四五"时期国家重点出版物出版专项规划项目

智库成果出版与传播平台

中共中央党校（国家行政学院）国家高端智库皮书

共同富裕蓝皮书

BLUE BOOK OF COMMON PROSPERITY

中国共同富裕研究报告（2022）

RESEARCH REPORT ON THE COMMON PROSPERITY IN CHINA (2022)

主　编／韩保江
执行主编／高惺惟

社会科学文献出版社
SOCIAL SCIENCES ACADEMIC PRESS (CHINA)

图书在版编目(CIP)数据

中国共同富裕研究报告.2022/韩保江主编.--北京：社会科学文献出版社，2022.10
（共同富裕蓝皮书）
ISBN 978-7-5228-0986-1

Ⅰ.①中… Ⅱ.①韩… Ⅲ.①共同富裕-研究报告-中国-2022 Ⅳ.①F124.7

中国版本图书馆 CIP 数据核字（2022）第 198206 号

共同富裕蓝皮书
中国共同富裕研究报告（2022）

主　　编 / 韩保江
执行主编 / 高惺惟

出 版 人 / 王利民
组稿编辑 / 曹义恒
责任编辑 / 岳梦夏
责任印制 / 王京美

出　　版 / 社会科学文献出版社·政法传媒分社（010）59367156
　　　　　 地址：北京市北三环中路甲29号院华龙大厦　邮编：100029
　　　　　 网址：www.ssap.com.cn

发　　行 / 社会科学文献出版社（010）59367028
印　　装 / 天津千鹤文化传播有限公司

规　　格 / 开　本：787mm×1092mm　1/16
　　　　　 印　张：15.75　字　数：232千字
版　　次 / 2022年10月第1版　2022年10月第1次印刷
书　　号 / ISBN 978-7-5228-0986-1
定　　价 / 128.00元

读者服务电话：4008918866

版权所有 翻印必究

共同富裕蓝皮书编委会

主　　编　韩保江

执行主编　高惺惟

撰　稿　人（以文序排列）

　　　　　韩保江　高惺惟　孙生阳　曹高航　崔　琳
　　　　　李　晨　罗　煜　汪雯羽　陈　宇　刘天顼
　　　　　黄小纯　吕钰瑾　张慧敏　王　博　杜建新
　　　　　陈心宇　潘　志　涂　强

主要编撰者简介

韩保江 中共中央党校（国家行政学院）经济学教研部主任、教授、博士生导师，经济学博士，入选中宣部"四个一批人才"和国家首批"哲学和社会科学领军人才"，享受国务院政府特殊津贴，主要研究方向为社会主义市场经济理论、中国特色社会主义政治经济学和习近平新时代中国特色社会主义经济思想。先后出版《西方世界的拯救——现代资本主义收入分配制度变迁与贡献》《全球化时代》《刀尖上的舞者——关于中国职业经理人制度建设的案例研究》《中国奇迹与中国发展模式》《瞭望中国——关于中国发展前途的思考》《新常态下中国经济的难题与出路》《中国特色社会主义经济问题》等专著，主编或编著《国际市场学教程》《劳动关系概论》《当前中国经济热点 18 个怎么看》《中国经济体制改革发展史》《中国人怎样干成了小康社会》等著作 30 多部，策划并主编《中国经济高质量发展报告》系列蓝皮书。在《经济研究》《管理世界》《人民日报》《光明日报》《经济日报》《瞭望》等报刊上发表论文 200 多篇，有多篇被《新华文摘》和中国人民大学复印报刊资料全文转载。

高惺惟 中共中央党校（国家行政学院）经济学教研部副教授，经济学博士，硕士生导师，主要研究方向为经济金融体制改革。担任中共中央党校（国家行政学院）全体人民共同富裕创新工程项目组首席专家，兼任中国人民大学国际货币研究所研究员。出版《防范金融风险与维护金融稳定》等专著，参编《推动中国经济高质量发展》《如何构建新发展格局》等著作，在《经济学家》《财经科学》《现代经济探讨》《光明日报》《经济日报》等报刊上发表论文数十篇，主持国家社科基金课题2项、国家高端智库重点研究课题2项。

摘 要

共同富裕是社会主义的本质要求,是人民群众的共同期盼。随着我国全面建成小康社会、开启全面建设社会主义现代化国家新征程,我们必须把促进全体人民共同富裕摆在更加重要的位置,脚踏实地,久久为功,向着这个目标更加积极有为地进行努力。本报告分析中国共同富裕水平,研究推进共同富裕过程中遇到的理论和现实问题。本报告的总报告部分编制了中国全体人民共同富裕指数,动态反映中国共同富裕程度。总报告设计的共同富裕指数,由经济发展、社会结构、居民收入与财产、公共产品可及性、人民生活质量、收入分配公平度和生命健康7个二级指标以及28个三级指标构成。总报告测算了全国及各地区2013~2020年的共同富裕指数,并进行分析比较。从共同富裕指数的测算结果来看,中国共同富裕程度近年来得到显著提升,2013~2020年,中国共同富裕指数从24.67增长至44.23,增长了79.3%。2020年7个二级指数分别比2013年提高了90.4%、297.9%、208.4%、28.3%、32.1%、17.2%、107.1%,总体上保持着持续上升的趋势。从全国各地区来看,共同富裕指数的高低与各地区经济发展总体水平在全国所处的位置高度相关,经济越发达的地区,共同富裕指数排名越靠前。从各地区共同富裕水平提升速度来看,欠发达地区共同富裕指数的增长率明显高于发达地区,各地区的共同富裕水平总体呈现收敛态势。

本报告的专题篇对推进共同富裕过程中涉及的一些专题问题进行了研究,得出以下结论。第一,第三次分配助推共同富裕应坚持法治原则、制度原则和数字化方向,不断完善规则体系、促进分配制度协同发力,推动

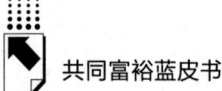

"大数慈善"长足发展。第二,推动共同富裕的区域协调发展战略的实施思路主要包括努力提高发展质量、加快形成优势互补的区域发展格局、着力完善区域协调发展新机制以及从发达地区与欠发达地区两大主体同时着手缩小区域发展差距。第三,为了提高普惠金融助力共同富裕的效果,应从优化政府政策、提升从业者积极性与提升微观主体生产能力等角度出发。第四,需要完善综合所得税制,平衡不同性质所得的税负水平;完善中小企业的税收支持体系;扩大消费税征收范围,涵盖更广泛的高端商品服务;等等。第五,只有将高质量发展放在推动共同富裕进程中的关键位置,方能保障共同富裕行稳致远。第六,经济增长对收入分配差距的影响表现出显著的区域异质性和城乡异质性,在东部城镇地区表现为正向,在中部和西部城镇地区表现为负向,在农村地区不显著。

本报告的区域篇介绍了浙江省、陕西省和辽宁省推进共同富裕的实践。浙江省是共同富裕示范区,通过规划先行、试点探路和数字赋能等探索,形成了具有自身特色的共同富裕路径。陕西省和辽宁省在"十三五"期间已取得成就的基础上,针对短板和问题,提出了下一步推动共同富裕的具体举措。

关键词: 共同富裕 中国 全体人民

导论　实现全体人民共同富裕的逻辑、内涵与路径

韩保江*

党的十九届五中全会提出，到 2035 年全体人民共同富裕要取得更为明显的实质性进展。2021 年 8 月，习近平在中央财经委员会第十次会议上发表重要讲话，又进一步对扎实推动全体人民共同富裕作出具体部署。他指出："现在，我们正在向第二个百年奋斗目标迈进。适应我国社会主要矛盾的变化，更好满足人民日益增长的美好生活需要，必须把促进全体人民共同富裕作为为人民谋幸福的着力点，不断夯实党长期执政基础。"① 要确保如期实现全体人民共同富裕的奋斗目标，必须从理论上弄清楚为什么要实现全体人民共同富裕、实现一个什么样的全体人民共同富裕和怎样实现全体人民共同富裕等基本问题，进而提升推进全体人民共同富裕的自觉性、主动性和创造性。

一　全体人民共同富裕的基本逻辑

实现全体人民共同富裕，是马克思主义的根本立场，是中国共产党成立

---

* 韩保江，中共中央党校（国家行政学院）经济学教研部主任、教授、博士生导师，经济学博士，主要研究方向为社会主义市场经济理论、中国特色社会主义政治经济学和习近平新时代中国特色社会主义经济思想。
① 习近平：《扎实推动共同富裕》，《求是》2021 年第 20 期。

100多年来一贯的理想追求,具有其内在的理论逻辑、历史逻辑和现实逻辑。

从理论逻辑来看,无论马克思主义还是我们党把马克思主义基本原理同中国具体实际、同中国优秀传统文化有机结合而创立形成的一切创新理论,都始终把为人民谋幸福和实现全体人民共同富裕作为根本出发点和落脚点。马克思恩格斯在《共产党宣言》中曾指出,"无产阶级的运动是绝大多数人的、为绝大多数人谋利益的独立的运动"①,在未来社会"生产将以所有的人富裕为目的"②。马克思用毕生精力写成的《资本论》,更是深刻地揭示了人类自由解放的道路,并为最终建立一个没有压迫、没有剥削、人人平等、人人自由的理想社会指明了方向,故而一经出版就被工人阶级奉为"圣经"。新中国成立后,毛泽东明确指出:"现在我们实行这么一种制度,这么一种计划,是可以一年一年走向更富更强的,一年一年可以看到更富更强些。而这个富,是共同的富,这个强,是共同的强,大家都有份。"③改革开放以来,邓小平总结以往经验教训,不仅认为共同富裕是社会主义基本原则,而且将共同富裕上升到社会主义本质内涵的高度。邓小平明确提出:"'四人帮'鼓吹宁要贫穷的共产主义或社会主义,也不要富裕的资本主义。这是一种谬论,是对社会主义的歪曲甚至污辱。向穷的方向发展,这不能叫社会主义。社会主义总要使人民生活逐步改善,人民群众的收入不断增加,当然也包括使整个国家一步一步地富强起来。"④ 1985年3月,邓小平在全国科技工作会议上强调:"社会主义的目的就是要全国人民共同富裕,不是两极分化。"⑤ 1986年9月,邓小平在接受美国记者迈克·华莱士采访时说:"社会主义财富属于人民,社会主义的致富是全民共同致富。社会主义原则,第一是发展生产,第二是共同致富。"⑥ 尤其是在1992年南方谈话中邓

---

① 《马克思恩格斯选集》第1卷,人民出版社,1995,第283页。
② 《马克思恩格斯全集》第46卷下册,人民出版社,1980,第222页。
③ 《毛泽东文集》第6卷,人民出版社,1999,第495页。
④ 《邓小平思想年谱(1975~1997)》,中央文献出版社,1998,第184页。
⑤ 《邓小平文选》第3卷,人民出版社,1993,第110~111页。
⑥ 《邓小平文选》第3卷,人民出版社,1993,第172页。

小平更明确地指出:"社会主义的本质,是解放生产力,发展生产力,消灭剥削,消除两极分化,最终达到共同富裕。"① 因此,共同富裕是分配问题,但本质是生产力问题。江泽民也指出:"我们搞社会主义,是要解放和发展生产力,消灭剥削和贫穷,最终实现全体人民共同富裕。贫穷不是社会主义。一部分人富起来、一部分人长期贫困,也不是社会主义。鼓励一部分地区、一部分人先富起来,先富带动和帮助未富,最终实现共同富裕,是我们既定的政策。"② 胡锦涛也要求:"要始终把实现好、维护好、发展好最广大人民的根本利益作为党和国家一切工作的出发点和落脚点,尊重人民主体地位,发挥人民首创精神,保障人民各项权益,走共同富裕道路。"③

党的十八大以来,习近平更是多次强调要实现共同富裕。他旗帜鲜明地指出:"共同富裕是社会主义的本质要求,是人民群众的共同期盼。我们推动经济社会发展,归根结底是要实现全体人民共同富裕。"④ 他还特别强调:"实现共同富裕不仅是经济问题,而且是关系党的执政基础的重大政治问题。我们决不能允许贫富差距越来越大、穷者愈穷富者愈富,决不能在富的人和穷的人之间出现一道不可逾越的鸿沟。"⑤

从历史逻辑来看,新中国成立后我们建立了社会主义制度,从根本上奠定了实现全体人民共同富裕的制度基础。改革开放以来,脱贫攻坚、全面小康、共同富裕,贯穿于中国共产党团结带领人民艰苦奋斗的不平凡历程,体现了社会主义现代化建设连续性和阶段性的统一,也体现了我们党对解决贫富问题在认识和实践上的深化。

1978年,按中国政府确定的贫困标准统计,农村贫困人口为2.5亿人,贫困发生率为30.7%,占世界贫困人口总数的1/4。党的十一届三中全会以

---

① 《邓小平文选》第3卷,人民出版社,1993,第373页。
② 《江泽民文选》第1卷,人民出版社,2006,第548~549页。
③ 《胡锦涛文选》第2卷,人民出版社,2016,第624页。
④ 习近平:《论把握新发展阶段、贯彻新发展理念、构建新发展格局》,中央文献出版社,2021,第423页。
⑤ 习近平:《论把握新发展阶段、贯彻新发展理念、构建新发展格局》,中央文献出版社,2021,第480页。

后，家庭联产承包责任制的推行，改变了我国旧有的经营管理体制，解放了农村生产力，提高了农民的生产热情，极大地缓解了农村的贫困问题。1978~1985年，农村人均粮食产量增长14%，肉类增长87.8%，棉花增长73.9%，油料增长176.4%；农民人均纯收入增长了2.6倍；没有解决温饱的贫困人口从2.5亿人减少到1.25亿人，贫困发生率降为14.8%。贫困人口平均每年减少1786万人。

为了彻底解决中国的贫困问题，党中央、国务院于1986年成立了专门的扶贫机构——国务院贫困地区经济开发领导小组（1993年改名为"国务院扶贫开发领导小组"），在全国范围内有计划、有组织地开展大规模的扶贫开发工作，使得农村扶贫工作规范化和制度化。1994年，国家颁布实施《国家八七扶贫攻坚计划》。2001年，《中国农村扶贫开发纲要（2001~2010年）》颁布实施。2011年，党中央、国务院又颁布实施《中国农村扶贫开发纲要（2011~2020年）》，明确提出到2020年要稳定实现贫困对象不愁吃不愁穿，保障其义务教育、基本医疗和住房（以下简称"两不愁、三保障"），使贫困地区农民人均纯收入增长幅度高于全国平均水平，基本公共服务主要领域指标接近全国平均水平，扭转发展差距扩大趋势。

党的十八大以来，以习近平同志为核心的党中央高度重视扶贫开发工作，把脱贫攻坚摆到治国理政的突出位置，先后就扶贫开发工作出台了一系列方针政策和超常规举措，以前所未有的力度推进脱贫攻坚，使得农村贫困人口显著减少，贫困发生率持续下降，解决区域性整体贫困迈出坚实步伐，创造了中国减贫史上的最好成绩。2012~2020年，每年减少贫困人口1300万，进而于2020年彻底使9899万人摆脱贫困，不仅历史性地解决了绝对贫困问题，而且提前10年实现联合国2030年可持续发展议程的减贫目标。2021年7月1日，习近平在庆祝中国共产党成立100周年大会上庄严地向世界宣告："经过全党全国各族人民持续奋斗，我们实现了第一个百年奋斗目标，在中华大地上全面建成了小康社会，历史性地解决了绝对贫困问题，正在意气风发向着全面建成社会主义现代化强国的第二个百年奋斗目标迈进。"① 因此，习近平明确指出："打赢脱贫攻坚战，全面建成小康社会，为促进共同富裕创造了良好条件。现在，已经到了扎实推动共同富裕的历史阶段。"②

从现实逻辑来看，"新的征程上，我们必须……着力解决发展不平衡不充分问题和人民群众急难愁盼问题，推动人的全面发展、全体人民共同富裕取得更为明显的实质性进展！"③ 这是因为，实现全体人民共同富裕，不仅有利于让人民群众有更多获得感、幸福感，进而持续增强中国经济高质量发展的后劲，有利于社会和谐稳定和长治久安，有利于构建新发展格局，而且是走好中国式现代化新道路的内在要求。

首先，根据现代新经济增长理论，人力资本及其投资是决定经济增长及其效率的关键。因此，中国经济能够持续保持强有力的后劲，关键在于能够大规模持续提供高素质劳动力。习近平指出："高质量发展需要高素质劳动者，只有促进共同富裕，提高城乡居民收入，提升人力资本，才能提高全要素生产率，夯实高质量发展的动力基础。"④ 其次，鉴于欧美等西方发达国家现代化过程存在"两极分化"以及由此诱发的社会矛盾和冲突的教训，我们只有努力推进全体人民共同富裕，不断实现社会公平正义，才能实现社会和谐稳定和长治久安。对此，习近平指出："当前，全球收入不平等问题突出，一些国家贫富分化，中产阶层塌陷，导致社会撕裂、政治极化、民粹主义泛滥，教训十分深刻！我国必须坚决防止两极分化，促进共同富裕，实现社会和谐安定。"⑤ 再次，构建新发展格局必须紧紧扭住扩大内需这个战略基点。而要扩大内需必须千方百计让仍为绝大多数的中下收入人群尽快富裕起来，并激发其消费能力。因为根据边际消费倾向变化规律，中低收入人

---

① 习近平：《在庆祝中国共产党成立100周年大会上的讲话》，人民出版社，2021，第2页。
② 习近平：《扎实推动共同富裕》，《求是》2021年第20期。
③ 习近平：《在庆祝中国共产党成立100周年大会上的讲话》，人民出版社，2021，第12页。
④ 《学习！如何理解共同富裕的价值目标？》，百家号·人民论坛网，https://baijiahao.baidu.com/s?id=1729499711894860192&wfr=spider&for=pc，最后访问日期：2022年5月18日。
⑤ 习近平：《扎实推动共同富裕》，《求是》2021年第20期。

群的边际消费倾向高于中高收入人群。因此，越是促进中低收入人群增收，越是有利于增强社会消费能力，进而不断增强我国需求牵引供给的能力。最后，中国式现代化同美欧等西方现代化道路最大的区别就是是否实现"全体人民共同富裕"。一些发达国家工业化搞了几百年，但出于社会制度原因，到现在共同富裕问题仍未解决，贫富悬殊问题反而越来越严重。对此，习近平指出："共同富裕是社会主义的本质要求，是中国式现代化的重要特征，要坚持以人民为中心的发展思想，在高质量发展中促进共同富裕。"[①]

二 全体人民共同富裕的基本内涵

关于什么是全体人民共同富裕，习近平指出："我们说的共同富裕是全体人民共同富裕，是人民群众物质生活和精神生活都富裕，不是少数人的富裕，也不是整齐划一的平均主义。"[②] 要进一步深刻领会这一关于"全体人民共同富裕"的基本内涵，可依据习近平对"共享发展理念"的界定，来定义"全体人民共同富裕"的具体内涵。

习近平在定义"共享发展理念"时指出，共享发展的内涵主要有四个方面。"一是共享是全民共享。这是就共享的覆盖面而言的。共享发展是人人享有、各得其所，不是少数人共享、一部分人共享。二是共享是全面共享。这是就共享的内容而言的。共享发展就要共享国家经济、政治、文化、社会、生态各方面建设成果，全面保障人民在各方面的合法权益。三是共享是共建共享。这是就共享的实现途径而言的。共建才能共享，共建的过程也是共享的过程。要充分发扬民主，广泛汇聚民智，最大激发民力，形成人人参与、人人尽力、人人都有成就感的生动局面。四是共享是渐进共享。这是就共享发展的推进进程而言的。一口吃不成胖子，共享发展必将有一个从低级到高级、从不均衡到均衡的过程，即使达到很高的水平也会有差别。我们

---

① 习近平：《扎实推动共同富裕》，《求是》2021年第20期。
② 习近平：《扎实推动共同富裕》，《求是》2021年第20期。

要立足国情、立足经济社会发展水平来思考设计共享政策,既不裹足不前、铢施两较、该花的钱也不花,也不好高骛远、寅吃卯粮、口惠而实不至。"①"这四个方面是相互贯通的,要整体理解和把握。"② 依此,共同富裕的内涵也可定义为四个方面。一是全民富裕,这是就全体人民共同富裕的覆盖面而言的。全体人民共同富裕是全体人民的富裕,不是一部分人的富裕,更不是少数人的富裕。二是全面富裕。这也是就全体人民共同富裕的内容而言的。全体人民共同富裕是人民群众物质生活和精神生活都富裕,并都能公平公正享有经济、政治、文化、社会、生态文明等各方面建设成果的富裕。三是共建富裕。这是就全体人民共同富裕的实现路径而言的。习近平指出:"幸福生活都是奋斗出来的,共同富裕要靠勤劳智慧来创造。"③ 全体人民共同富裕,是强调勤劳致富和创新创业致富的富裕,不搞整齐划一的平均主义。政府不能什么都包,重点是加强基础性、普惠性、兜底性民生保障建设。即使将来发展水平更高、财力更雄厚了,也不能提过高的目标,搞过头的保障,坚决防止落入"福利主义"养懒汉的陷阱。四是渐进富裕。这也是就全体人民共同富裕的推进过程而言的。全体人民共同富裕是一个循序渐进的过程,要统筹需要和可能,按照经济社会发展规律循序渐进,不要好高骛远、吊高胃口,作兑现不了的承诺。因此,习近平指出:"我们要实现 14 亿人共同富裕,必须脚踏实地、久久为功,不是所有人都同时富裕,也不是所有地区同时达到一个富裕水准,不同人群不仅实现富裕的程度有高有低,时间上也会有先有后,不同地区富裕程度还会存在一定差异,不可能齐头并进。"④

在现实中,全体人民共同富裕,也可根据人们的感知程度,分成"显性"的共同富裕和"隐性"的共同富裕。所谓"显性"的共同富裕的富裕,主要是指表现在收入、财产及物质生活条件上"看得见"的富裕程度及其差别。而"隐性"的共同富裕的富裕则是指表现在"学有所教、劳有所得、

---

① 《习近平关于社会主义经济建设论述摘编》,中央文献出版社,2017,第 42 页。
② 《习近平关于社会主义社会建设论述摘编》,中央文献出版社,2017,第 39 页。
③ 习近平:《扎实推动共同富裕》,《求是》2021 年第 20 期。
④ 习近平:《扎实推动共同富裕》,《求是》2021 年第 20 期。

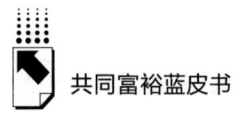

病有所医、老有所养、住有所居"的公共服务与公共产品均等化、生态环境改善和精神文化生活条件上"容易忽视"或"看不见的"富裕程度及其差别上。因此,衡量和认识全体人民共同富裕,不仅要看"显性"共同富裕的状况,而且要看"隐性"共同富裕的状况,把二者有机结合起来才能较为客观地反映全体人民共同富裕的真实状况。

为了让人民群众"看得见"共同富裕成果,在上述对全体人民共同富裕内涵"定性化"界定的基础上,还需要进行"定量化"测度,进而构建一个以"全体人民共同富裕"为一级指标,以"经济发展""社会结构""居民收入与财产""公共产品可及性""人民生活质量""收入分配公平度""生命健康"为二级指标,包括若干个三级指标组成的评价体系,以对全体人民共同富裕状况进行测量,从而把全体人民共同富裕及其进程量化出来。这样,不仅有利于增加人民对共同富裕的"感知",而且有利于政府制定推进全体人民共同富裕的有效政策。

三 全体人民共同富裕的实现途径

共同富裕问题,是分配问题,更是解放和发展生产力问题。要实现全体人民共同富裕是一项极其复杂的系统工程。为此,必须突出抓住几个最基本的关键路径。

第一,要紧紧扭住经济建设这个中心工作,始终确保经济中高速增长,不断"做大蛋糕",夯实全体人民共同富裕的物质基础。生产是分配的前提和基础,只有建立在生产力不断发展的基础上,全体人民共同富裕才能真正实现。习近平指出:"实现社会公平正义是由多种因素决定的,最主要的还是经济社会发展水平……我们必须紧紧抓住经济建设这个中心,推动经济持续健康发展,进一步把'蛋糕'做大,为保障社会公平正义奠定更加坚实物质基础。"①

---

① 《习近平关于全面建成小康社会论述摘编》,中央文献出版社,2016,第134~135页。

中国仍处于并将长期处于社会主义初级阶段，仍是世界上最大的发展中国家，发展依然是当代中国的第一要务，是解决中国所有问题的关键。我们要牢牢把握社会主义初级阶段这个最大国情，牢牢立足社会主义初级阶段这个最大实际，毫不动摇坚持以经济建设为中心，充分调动人民群众的积极性、主动性、创造性，不断解放和发展生产力，在确保经济发展质量和效益的前提下保持一定的增长速度。只有这样，才能不断满足人民日益增长的各方面美好生活需要，持续改善人民生活，逐步实现全体人民共同富裕。对此，习近平进一步强调指出："社会上有一些人说，目前贫富差距是主要矛盾，因此'分好蛋糕比做大蛋糕更重要'，主张分配优先于发展。这种说法不符合党对社会主义初级阶段和我国社会主要矛盾的判断。党的十八大提出准备进行具有许多新的历史特点的伟大斗争，是为了毫不动摇坚持和发展中国特色社会主义，不是不要发展了，也不是要搞杀富济贫式的再分配。"①

第二，坚持"两个毫不动摇"，努力让社会活力竞相迸发，不断筑牢全体人民共同富裕的制度基础。公有制为主体、多种所有制经济共同发展的基本经济制度，是中国特色社会主义制度的重要支柱，是我国经济社会发展的基础制度，也是实现全体人民共同富裕的基础支撑。在当今中国，必须毫不动摇地巩固和发展公有制经济，坚持公有制主体地位，不断做强做优做大国有企业。这对于增强我国经济实力、维护社会公平正义、防止两极分化、逐步实现共同富裕、促进社会和谐具有基础性作用。习近平指出："如果把国有企业搞小了、搞垮了、搞没了，公有制主体地位、国有经济主导作用还怎么坚持？工人阶级领导地位还怎么坚持？共同富裕还怎么实现？我们党的执政基础和执政地位还怎么巩固？中国特色社会主义还怎么坚持和发展？对这些问题，我们一定要想清楚，各级领导干部特别是高级领导干部要想清楚，国有企业广大党员、干部、职工要想清楚，不能稀里糊涂跟着喊口号，更不能中别人的圈套！"② 同时，必须毫不动摇地鼓励、支持、引导非公有制经

---

① 《习近平关于社会主义社会建设论述摘编》，中央文献出版社，2017，第41页。
② 《十八大以来重要文献选编》下，中央文献出版社，2018，第393页。

济发展，促进非公有制经济人士健康成长，真正把民营企业和民营企业家当成自己人。这对于推动经济增长、扩大社会就业、增加财政收入、改善人民生活、推进全体人民共同富裕具有十分重要的意义。

第三，坚持按劳分配为主体、多种分配方式并存的收入分配制度，切实"分好蛋糕"，加快形成"托低、调高、扩中"的有效分配机制，形成中间大、两头小的橄榄型分配结构和格局。在初次分配领域，要加快完善功能性分配，一方面，要坚持多劳多得，着重保护劳动所得，增加劳动者特别是一线劳动者的劳动报酬，提高劳动报酬在初次分配中的比重，在经济增长的同时实现居民收入同步增长，在劳动生产率提高的同时实现劳动报酬同步提高，尤其要探索建立与生活费用提高水平相适应的最低工资调整机制，维护劳动者的最基本权益；另一方面，要健全劳动、资本、土地、知识、技术、管理、数据等生产要素由市场评价贡献、按贡献决定报酬的机制。在再分配领域，要健全以税收、社会保障、转移支付等为主要手段的再分配调节机制，合理调节过高收入，完善个人所得税制度，规范资本性所得管理，特别是要积极稳妥推进房地产税立法和改革，研究完善房地产税。在第三次分配领域，要加强公益慈善事业规范管理，完善税收优惠政策，鼓励高收入人群和企业更多回报社会。如此多措并举促进城乡居民增收，缩小收入分配差距，扩大中等收入群体。

第四，要统筹城乡发展与区域发展，促进城乡共同富裕与各地区共同富裕。促进共同富裕，最艰巨最繁重的任务仍然在农村。城乡二元结构是造成贫富差距的重要原因。必须努力在统筹城乡关系上取得重大突破，特别要在破解城乡二元结构、推进城乡要素平等交换和公共资源均衡配置上取得重大突破。要全面推进乡村振兴，加快农业产业化，盘活农村资产，增加农民财产性收入，使更多农村居民勤劳致富。要加强农村基础设施和公共服务体系建设，改善农村人居环境。地区发展差距也是影响共同富裕的重要原因。要增强区域发展的平衡性，实施区域重大战略和区域协调发展战略，健全转移支付制度，缩小区域人均财政支出差异，加大对欠发达地区的支持力度。

第五，坚持在发展中保障和改善民生，不断提高公共产品的均等化和可及性。低收入群体是促进共同富裕的重点帮扶保障人群。要加大普惠性人力资本投入,有效减轻困难家庭教育负担,提高低收入群众子女受教育水平。要完善养老和医疗保障体系,逐步缩小职工与居民、城市与农村的筹资和保障待遇差距,逐步提高城乡居民基本养老金水平。要完善兜底救助体系,加快缩小社会救助的城乡标准差异,逐步提高城乡最低生活保障水平,兜住基本生活底线。要完善住房供应和保障体系,坚持房子是用来住的、不是用来炒的定位,租购并举,因城施策,完善长租房政策,扩大保障性租赁住房供给,重点解决好新市民住房问题。

第六,坚持物质文明和精神文明"一起抓",大力推进文化强国建设,促进人民精神生活共同富裕。促进共同富裕与促进人的全面发展是高度统一的。从某种意义上说,精神富裕是比物质富裕更重要的,是人的自由全面发展的要件。为此,在推进全体人民共同富裕过程中,要特别重视强化社会主义核心价值观引领,加强爱国主义、集体主义、社会主义教育,发展公共文化事业,完善公共文化服务体系,不断满足人民群众多样化、多层次、多方面的精神文化需求。要加强促进共同富裕舆论引导,澄清各种模糊认识,防止急于求成和畏难情绪,为促进共同富裕提供良好的舆论环境。

目 录

Ⅰ 总报告

B.1 中国全体人民共同富裕的演进历程、指标体系、
指数测算及实现途径…………… 高惺惟　孙生阳　曹高航 / 001

Ⅱ 专题篇

B.2 第三次分配促进共同富裕目标实现的逻辑与路径……… 崔　琳 / 030

B.3 区域协调发展促进共同富裕目标实现的逻辑与路径…… 李　晨 / 046

B.4 普惠金融促进共同富裕目标实现的逻辑与路径
……………………………………… 罗　煜　汪雯羽 / 062

B.5 税收促进共同富裕目标实现的逻辑与路径
…………………… 陈　宇　刘天顾　黄小纯　吕钰瑾 / 080

B.6 中国经济高质量发展与共同富裕……………… 张慧敏 / 101

B.7 经济增长与收入分配差距…………………………… 王　博 / 115

Ⅲ 区域篇

B.8 浙江省高质量发展建设共同富裕示范区的实践………… 杜建新 / 140

B.9 陕西省推进共同富裕的现状、问题与对策……………… 陈心宇 / 154

B.10 辽宁省推进共同富裕的现状、问题与对策 …………… 潘　志 / 169

Ⅳ 附录

B.11 中国推进共同富裕大事记 ……………………………… 涂　强 / 183

Abstract ……………………………………………………………… / 210

Contents ……………………………………………………………… / 213

皮书数据库阅读**使用指南**

总 报 告
General Report

B.1
中国全体人民共同富裕的演进历程、指标体系、指数测算及实现途径

高惺惟 孙生阳 曹高航*

摘　要： 我们党在不同历史时期，总是根据人民意愿和事业发展需要，提出富有感召力的奋斗目标，团结带领人民为之奋斗，从新民主主义革命胜利到社会主义制度的确立，从解决温饱问题到达到小康水平，从全面建设小康社会到全面建成小康社会，从富裕到全体人民共同富裕。总报告设计的共同富裕指数，由经济发展、社会结构、居民收入与财产、公共产品可及性、人民生活质量、收入分配公平度和生命健康7个二级指标以及28个三级指标构成。总报告测算了全国及各地区2013~2020年的共同富裕指数，并进行分析比较。从共同富裕指数的测算结果来看，中国共同富裕

---

* 高惺惟，中共中央党校（国家行政学院）经济学教研部副教授，经济学博士，主要研究方向为经济金融体制改革；孙生阳，中共中央党校（国家行政学院）经济学教研部讲师，经济学博士，主要研究方向为发展经济学；曹高航，中共中央党校（国家行政学院）经济学教研部硕士研究生，主要研究方向为政治经济学。

程度近年来得到显著提升,2013~2020年,中国共同富裕指数从24.67增长至44.23,增长了79.3%。2020年7个二级指标分别比2013年提高了90.4%、297.9%、208.4%、28.3%、32.1%、17.2%、107.1%,总体上保持着持续上升的趋势。从全国各地区来看,共同富裕指数的高低与各地区经济发展总体水平在全国所处的位置高度相关,经济越发达的地区,共同富裕指数排名越靠前。从各地区共同富裕水平提升速度来看,欠发达地区共同富裕指数的增长率明显高于发达地区,各地区的共同富裕水平总体呈现收敛态势。我国要在高质量发展中促进共同富裕,需要毫不动摇地坚持公有制为主体、多种所有制经济共同发展,构建初次分配、再分配、三次分配协调配套的基础性制度安排,完善社会主义市场经济体制。

关键词: 共同富裕　共同富裕指数　经济发展

一　中国全体人民共同富裕演进历程

中国共产党成立以来,一代又一代党中央领导集体始终围绕实现中华民族伟大复兴、实现共同富裕的奋斗目标,"一张蓝图"绘到底。邓小平同志指出:"社会主义国家有个最大的优越性,就是干一件事情,一下决心,一作出决议,就立即执行,不受牵扯。"① 为了实现共同富裕的目标,一代又一代的中国共产党人继承了马克思主义的基本立场、观点和方法,不仅从理论上不断丰富共同富裕的思想,也在实践中根据不同历史时期的特征不断推动共同富裕目标的实现。

---

① 《邓小平文选》第3卷,人民出版社,1993,第240页。

中国全体人民共同富裕的演进历程、指标体系、指数测算及实现途径

（一）中国共产党人从理论上对共同富裕思想的传承与发展

共同富裕，是马克思主义的一个基本目标，也是自古以来我国人民的一个基本理想。中国共产党人共同富裕思想的形成，既受马克思和恩格斯经典理论的影响，又受我国传统文化中"大同"思想的影响。当然，最直接的来源是毛泽东的共同富裕思想。改革开放之后，邓小平明确提出共同富裕是社会主义的本质要求。党的十九届五中全会要求我们在推进共同富裕上取得实质性进展。马克思和恩格斯指出："过去的一切运动都是少数人的，或者为少数人谋利益的运动。无产阶级的运动是绝大多数人的，为绝大多数人谋利益的独立的运动。"[①] 共产党有自己的政治经济纲领，其最高的纲领是实现共产主义。未来共产主义社会必然要实现共同富裕，必然要在满足全体社会成员物质和精神需求的基础上实现人的全面发展。

中国共产党人始终坚持共产主义的理想。在这个问题上，中国共产党历代领导人有着一以贯之的思想和理论。毛泽东同志历来重视经济建设工作、人民生活水平的提高和全体人民的共同富裕。邓小平同志从社会主义本质的角度来看共同富裕，强调："社会主义不是少数人富起来、大多数人穷，不是那个样子。社会主义最大的优越性就是共同富裕，这是体现社会主义本质的一个东西"[②]。"三个代表"重要思想与共同富裕的目标高度一致，生产力发展水平直接影响到老百姓的生活水平，抛开生产力，共同富裕是不可能实现的，只会导致共同贫穷。江泽民同志指出："要注意教育和引导先富起来的非公有制经济人士，不忘共同富裕这个社会主义的大目标，不要只满足于一己之富，而应该致富思源、富而思进，报效祖国，奉献社会。"[③] 中国自古就提倡"饱而知人之饥，温而知人之寒"，主张义利兼顾，反对为富不仁。从本质上说，社会主义制度是比资本主义制度优越的社会制度。人类

---

① 《马克思恩格斯选集》第1卷，人民出版社，2012，第411页。
② 《邓小平文选》第3卷，人民出版社，1993，第364页。
③ 《江泽民文选》第3卷，人民出版社，2006，第206页。

最终总要摆脱任何剥削阶级占统治地位的社会而进入崭新的社会主义社会，这是历史发展的必然。社会主义制度保证人民当家作主，坚持公有制为主体，解放和发展生产力，消灭剥削制度，消除两极分化，推动物质文明和精神文明协调发展，最终实现全体人民共同富裕。只要我们坚持并不断完善社会主义制度，中国一定会强盛，中国人民一定会走向共同富裕，中华民族一定会实现伟大复兴。胡锦涛同志指出："科学发展观，第一要义是发展，核心是以人为本，基本要求是全面协调可持续，根本方法是统筹兼顾。"① 科学发展观就是要促进人的全面发展，走共同富裕的道路。以科学发展观推动共同富裕，必须始终坚持以经济建设为中心，聚精会神搞建设，一心一意谋发展。只有坚持以经济建设为中心，不断增强综合国力，才能为抓好发展这个党执政兴国的第一要务、为实现共同富裕打下坚实物质基础。

习近平同志强调："人民立场是马克思主义政党的根本政治立场。"② 实现共同富裕的目标，就是要坚持人民主体地位，使发展成果更多更公平惠及全体人民。共同富裕是全体人民的富裕，是要实现 14 亿人共同富裕，不是少数人富裕、一部分人富裕。共同富裕是物质生活和精神生活都富裕，不仅仅是物质富裕。当然，物质富裕是前提和基础，如果温饱都无法满足，何谈人的全面发展。因此要坚持在高质量发展中实现共同富裕。高质量发展和共同富裕是你中有我、我中有你的关系：只有通过高质量发展，才能实现共同富裕；必须依托共同富裕，才能增强高质量发展的后劲。

（二）中国共产党人推进共同富裕的实践历程

我们党在不同历史时期，总是根据人民意愿和事业发展需要，提出富有感召力的奋斗目标，团结带领人民为之奋斗。新民主主义革命的胜利，社会主义基本制度的建立，为当代中国一切发展进步提供和奠定了根本政治前提

---

① 《胡锦涛文选》第 2 卷，人民出版社，2016，第 623 页。
② 《习近平谈治国理政》第 2 卷，外文出版社，2017，第 189 页。

和制度基础。改革开放有力地推动了经济社会发展和人民生活改善，创造了经济快速发展和社会长期稳定两大奇迹。在全面建设社会主义现代化国家的新征程上，要在高质量发展中实现全体人民的共同富裕。

1. 从新民主主义革命胜利到社会主义制度的确立

社会主义制度的建立，为实现最广大人民群众的根本利益，为消除、减缓贫困、实现共同富裕奠定了厚实的制度保障基础。新中国成立后，党领导开展了经济、政治、思想文化等多方面的建设，各方面的建设紧紧围绕着恢复和发展生产这一中心任务。1949年10月19日，政务院宣布成立，下设有内务、外交、财政等30个工作部门，其中有关财政经济的部门有16个，这表明经济建设在新的政府工作中占有重要地位。从1953年起，我国开始了经济建设的第一个五年计划，经济建设工作在整个国家生活中已经居于首要的地位。1954年，第一届全国人民代表大会召开，周恩来在《政府工作报告》中对我国实现四个现代化目标进行了概括，即建设现代化的工业、现代化的农业、现代化的交通运输业和现代化的国防，迈出了走向共同富裕的第一步。

第一，新民主主义革命取得胜利。新中国的诞生是中国共产党人为争取绝大多数人民的人权即基本生存权而浴血奋斗的硕果。它标志着中国人民受奴役、受欺凌，以及生存权、发展权无法得到保障的历史已经一去不复返了。新中国成立之前，由于几千年封建制度的桎梏，以及鸦片战争以来三座大山的压迫，广大劳动人民长期过着食不果腹、衣不蔽体的贫困生活。新中国和社会主义制度的建立，为中国反贫困事业翻开崭新一页。在中国共产党的领导下，人民当家做了主人，这就为摆脱贫困和实现共同富裕提供了根本条件。2020年全面建成小康社会、解决了几千年来没有解决的温饱问题这个事实，无可辩驳地说明，我国的社会主义制度具有巨大的优越性，是彻底消除贫困和实现共同富裕的最大优势。

第二，确立党在过渡时期的总路线。党在过渡时期的总路线和总任务，可以用"一化三改"来形容。实现党在过渡时期的总路线，就是要把现有的非社会主义工业变为社会主义工业，使社会主义工业成为我国整个国民经

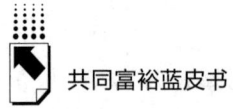

济发展起决定作用的领导力量。

第三,完成土地制度改革。封建土地制度是造成农民贫穷和农业生产落后的总根源。土地改革是消灭封建剥削制度的社会变革,土地改革的完成使我国农村的土地占有关系发生了根本变化,在中国延续2000多年的封建土地所有制被彻底废除,"耕者有其田"的理想在共产党的领导下变成了现实,长期被束缚的农村生产力获得了历史性的大解放,对我国经济、政治、文化和城乡社会都产生了极为深刻的影响,是中国共产党领导中国人民反对封建主义斗争的历史性标志,为新中国的经济恢复发展与社会进步奠定了基础。

2. 从解决温饱问题到达到小康水平

毛主席在《湘江评论》创刊词中讲道:"世界什么问题最大? 吃饭问题最大。"① 实现共同富裕需要长期努力,但最为迫切的就是满足贫困群众对温饱的需求。党的十一届三中全会以后,中央提出了一系列反贫困思想、论断,成为指引我国反贫困实践的伟大旗帜。这一时期,在对贫困本质的认识上,提出"贫穷不是社会主义,发展太慢也不是社会主义"②。世界历史表明,社会主义不是在资本主义相对发达的国家首先取得胜利,而恰恰是在经济比较落后的国家首先获得胜利,这就决定了坚持和发展社会主义的长期性和艰巨性。社会主义必须大力发展生产力,逐步消灭贫穷,不断提高人民的生活水平,最终实现共同富裕。我国幅员辽阔、人口众多,但基础差、底子薄。面对这样的具体国情,怎样才能使全国人民消除贫困,走共同富裕之路呢? 过去搞平均主义,吃大锅饭,实际上是共同落后、共同贫穷。只有让一部分人先富起来,通过富帮穷、先富帮后富,才能实现共同富裕。中国要谋求发展,摆脱贫困和落后,就必须开放。这个时期,改革开放成为我国消除、减缓贫困,实现共同富裕的根本途径。

第一,实行家庭联产承包责任制。以家庭联产承包责任制为核心的

---

① 中共中央文献研究室编《毛泽东年谱》(上卷),中央文献出版社,1993,第41页。
② 《邓小平文选》第3卷,人民出版社,1993,第255页。

土地制度改革，采取了统一经营与分散经营相结合的原则，使集体优越性和个人积极性同时得到发挥。家庭联产承包责任制以农户为承包单位，扩大了农民的自主权，发挥了小规模经营的长处，克服了管理过分集中和平均主义的弊病，高度激发了农民的生产积极性，彻底解决了农业生产上长期激励不足的难题，极大地解放了农村的生产力，促进了农业生产力的发展，粮食总产量从 1978 年的 3047.5 亿公斤，增至 1984 年的 4073 亿公斤。同时，家庭联产承包责任制又继承了以往合作化的积极成果，坚持了土地等基本生产资料的公有制。家庭联产承包责任制的实行，极大地提高了农民的收入，大幅度减少了农村贫困人口，成为以体制改革解决贫困问题的典范。

第二，发展乡镇企业。20 世纪 80 年代以来，我国的乡镇企业获得迅速发展，对充分利用乡村地区的自然及社会经济资源、向生产的深度和广度进军，对促进乡村经济繁荣和人民物质文化生活水平的提高，改变单一的产业结构，吸收数量众多的乡村剩余劳动力，以及改善工业布局、逐步缩小城乡差别和工农差别，建立新型的城乡关系均具有重要意义。乡镇企业不仅成为中国农民脱贫致富的必由之路，而且成为国民经济的一个重要支柱。乡镇企业是独立自主的经济实体。它有如下特点：一是产供销活动主要靠市场调节；二是职工大都实行亦工亦农的劳动制度和灵活多样的分配制度；三是与周围农村联系密切，便于利用本地各种资源；四是分布点多、面广，便于直接为各类消费者服务；五是经营范围广泛，几乎涉及各行各业；六是规模较小，能比较灵活地适应市场需求的不断变化；七是在当时大多是劳动密集型的经济组织，技术设备比较简陋，能容纳大量农村剩余劳动力。这些特点不仅使得乡镇企业具有极大的适应性和顽强的生命力，而且有利于乡镇企业因地制宜，积极开发利用当地优势资源，大力发展农副产品加工业、农用工业等，促进了农村工业小区和集镇建设。我国大力发展乡镇企业的实践证明，乡镇企业极大地繁荣了农村经济，改变了农村落后的面貌，解决了农村富余劳动力就业问题，增加了农民收入，改善了农民生活。同时，在这一时期，政府放松了对人口流动的限制，促进了农村劳动力非农化转移。这些体制改

革成为我国农村扶贫的主要推动力，促进了农村经济增长，极大地提升了人民群众的生活水平。

第三，开展大规模有针对性的开发式扶贫。这一时期反贫困开发政策可以概括为以下几个方面。一是坚持开发式反贫困工作方针，即在国家必要支持下，充分利用贫困地区自然资源，进行开发性生产建设，逐步形成我国贫困地区、贫困户的自我积累和发展能力，最终依靠自身力量解决温饱问题、脱贫致富。二是以县为单位确立国家反贫困重点，形成按区域实施反贫困计划的基础。三是增加扶贫资金、物资投入，扶持能够为贫困农户提供参与经济发展机会的生产开发项目。这一时期确定的开发式反贫困以区域开发作为切入点，从而带动扶贫工作的推进。四是实施《国家八七扶贫攻坚计划》。《国家八七扶贫攻坚计划》提出的扶贫攻坚的奋斗目标是把解决贫困人口温饱问题作为首要任务。千头万绪，温饱第一。《国家八七扶贫攻坚计划》要求到20世纪末，使全国绝大多数贫困户年人均纯收入按1990年不变价格计算达到500元以上，扶持贫困户创造稳定解决温饱问题的基础条件，减少返贫人口；对集中连片的重点贫困地区安排大型开发项目。优先向贫困地区安排了一批水利、交通等基础设施项目和资源开发项目，带动当地农户就业，脱贫致富。

3.从全面建设小康社会到全面建成小康社会

到2020年全面建成小康社会，是中国共产党向人民、向历史作出的庄严承诺。党的十八大提出全面建成小康社会的目标，与党的十六大提出的全面建设小康社会奋斗目标和党的十七大提出的实现全面建设小康社会奋斗目标新要求相衔接，是实现共同富裕的关键一步。

第一，实施西部大开发战略。实施西部大开发战略，加快中西部地区发展，是为了贯彻邓小平同志提出的"两个大局"战略思想作出的重大决策。我国的陆地边界，西部地区占了80%，加快西部地区的发展，对于我国未来的繁荣昌盛和长治久安、对于解决西部的贫困问题和全面建成小康社会，具有极其重大的意义。一是加快了西部地区基础设施建设。基础设施薄弱是制约西部地区发展的主要因素，不把基础设施搞上去，西部开发就会遇到极大困难。中央加强了西部地区公路、铁路、机场、天然气管等交通运输基础设施建设，同时，加强了西部地区电网、通信和广播电视等基础设施建设，加快农村电网的改造，实施广播电视"村村通"计划。加强了农村水利设施建设，大力推行农业节水灌溉，着力抓好一批重点骨干工程。二是加强了生态环境保护和建设。西部地区加快恢复林草植被，加快治理水土流失问题，坚决实行"退耕还林（草）、封山绿化、以粮代赈、个体承包"的措施。同时，我国把退耕还林还草同扶贫开发结合起来，结合当地实际情况选择树种草种，宜林则林，宜草则草，做到了生态林、用材林、经济林的合理搭配，既保证了农民的近期生活，也解决了农民长远生计问题，使农民得到了实惠。三是发展了西部地区的旅游业。西部地区自然风光多姿多彩，历史古迹闻名遐迩，发展旅游业具有得天独厚的优势。通过保护好生态环境、改善交通卫生条件、提高服务质量，吸引天下游客来观光，使旅游业成为西部地区农民增收的重要渠道。

第二，确立 21 世纪扶贫计划。21 世纪初，在《国家八七扶贫攻坚计划》完成之后，我国农村贫困问题明显缓解，贫困人口大幅度减少。到 2000 年底，除了少数社会保障对象和生活在自然环境恶劣地区的贫困人口，以及部分残疾人以外，全国农村贫困人口的温饱问题已经基本解决，《国家八七扶贫攻坚计划》确定的战略目标基本实现。但是，初步解决温饱问题的群众，由于生产生活条件尚未得到根本改变，他们的温饱还不稳定，巩固温饱成果的任务还很艰巨，温饱的标准还很低，需要继续把扶贫开发放在国民经济和社会发展的重要位置。为此，国家实施了新的扶贫计划——《中国农村扶贫开发纲要（2001~2010年）》，就是要尽快解决少数贫困人口的温饱问题，进一步改善贫困地区的生产生活条件，巩固温饱成果，把我国的扶贫开发事业推向一个新的阶段，为达到小康水平创造条件。一是坚持开发式扶贫方针。以经济建设为中心，以市场为导向，帮助贫困地区开发当地资源，发展商品生产，改善生产条件，走出一条适合自身的发展道路。这是贫困地区脱贫致富的根本出路。二是坚持综合开发、全面发展。把扶贫开发纳入国民经济和社会发展计划，既加强了水利、交通、电力、通信等基础设施建设，又重视科技、教育、卫生、文化事业的发展。三是坚持可持续发展。将扶贫开发与资源保护、生态建设相结合，实现资源、人口和环境的良性循环。四是确定扶贫开发的重点。按照集中连片的原则，国家把贫困人口集中的中西部少数民族地区、革命老区、边疆地区和特困地区作为扶贫开发的重点，在这些地区确定扶贫开发工作重点县。

第三，实施精准扶贫方略，打赢脱贫攻坚战。党的十八大以来，我国开始实施精准扶贫方略，目的就是要拿出"绣花"的功夫，做到对症下药、精准滴灌、靶向治疗，不能再搞大水漫灌、走马观花、"手榴弹炸跳蚤"。具体来看，就是注重抓六个精准：扶贫对象精准、项目安排精准、资金使用精准、措施到户精准、因村派人精准、脱贫成效精准。为了做到上述六个精准，就需要解决好以下四个方面的问题。一是解决好"扶持谁"的问题。精准识别贫困人口是精准施策的前提，只有知道谁是贫困户、贫困人口，才能有针对性地采取扶贫对策。因此，各地花了大量时间和精力进行建档立卡，就是要弄清楚精准扶贫的对象是谁。二是解决好"谁来扶"的问题。党中央、国务院主要负责统筹制定脱贫攻坚的大政方针，出台重大政策举措。地方上"五级书记一起抓，层层签订军令状"，尤其是县级党委和政府承担主体责任，县委书记和县长是第一责任人。三是解决好"怎么扶"的问题。针对不同因素导致的贫困，开出不同的"药方"，实施"五个一批"工程。四是解决好"如何退"的问题。建立了第三方评估机制，杜绝了"数字脱贫"，提升了脱贫工作绩效的可信度。

4. 从富裕到全体人民共同富裕

"富裕"更多强调生产力发展水平，即"做大蛋糕"；"共同"更多强调社会主义先进生产关系，即"分好蛋糕"；因此，"共同富裕"就要同时强调生产力和生产关系，既要"做大蛋糕"，又要"分好蛋糕"。党的十八大以来，党中央把握发展阶段新变化，把逐步实现全体人民共同富裕摆在更加重要的位置上。共同富裕是社会主义的本质要求，是中国式现代化的重要特征。实现中国式现代化与推动共同富裕阶段目标也高度一致，在2035年基本实现社会主义现代化的时候，全体人民共同富裕也要取得更为明显的实质性进展，基本公共服务实现均等化；到21世纪中叶建成社会主义现代化强国的时候，全体人民共同富裕的目标要基本实现。

共同富裕不是"养懒人"，"等靠要""懒惰""躺平""内卷"只会离共同富裕越来越远。天上不会掉馅饼，世界上也从来没有"免费的午餐"，什么时候都不要想象可以敲锣打鼓、欢天喜地实现共同富裕，唯有奋斗和辛勤劳动，不断跨越新时代的"雪山草地""娄山关""腊子口"，才能实现共同富裕。共同富裕的程度和经济社会发展的水平是一个水涨船高的关系，水浅划小船，水深行大船。经济社会发展是一个从低水平向高水平不断推进的过程，共同富裕也必将经历一个从低级到高级、从不均衡到均衡的过程，即使达到很高水平也会有差别，不是同步同等富裕。各地区在推进共同富裕的进程上会有差异，不可能完全同步；在水平上也会有差异，不可能完全同等。不同人群不仅实现富裕的程度有高有低，时间上也会有先有后，不可能齐头并进。这就需要立足国情、立足经济社会发展水平来思考设计推动共同富裕的政策，既不要裹足不前、铢施两较、该花的钱也不花，也不要吊高胃口、好高骛远、口惠而实不至。

二 中国全体人民共同富裕指标体系的构建

（一）中国全体人民共同富裕指标体系的构建原则

"共同富裕"是社会主义的本质要求。作为中国式现代化的基本特征之一，"共同富裕"是我国经济社会发展的根本目标，也是中国共产党初心使命的具体体现。习近平总书记指出："既要做大蛋糕，更要分好蛋糕，着力解决公平公正问题。"[①] 这为本报告建立"共同富裕"评价指标体系提供了理论参考与科学依据，也是我们实现"共同富裕"的根本遵循。

2021年3月十三届全国人大四次会议通过的《中华人民共和国国民

---

① 《习近平谈治国理政》第2卷，外文出版社，2017，第543页。

经济和社会发展第十四个五年规划和2035年远景目标纲要》（以下简称《纲要》）明确指出，展望2035年，人民生活更加美好，人的全面发展、全体人民共同富裕取得更为明显的实质性进展。从经济学意义的角度分析，"共同富裕"反映了人民的生活质量、收入水平和财富的拥有程度。共同富裕，不仅指现代货币意义上的收入和财产，也覆盖了社会文明程度、生态文明建设水平、民生福祉水平和国家治理效能等方面的进步与提高，即统筹了经济发展与人民生活的双重目标。为此，设计全体人民"共同富裕"的评价指标体系，需要遵循上述目标特别是《纲要》提出的总体目标。在具体操作层面，"共同富裕"评价指标体系既要充分体现"共同富裕"的概念内涵和目标，也要为中央和地方政府评价全面实现"共同富裕"的发展程度提供理论参考和评价工具。因此，应遵守如下原则。

第一，指导性与前瞻性原则。指标体系的设计要遵循"五位一体"总体布局，从经济、政治、文化、社会、生态文明五个方面准确把握"共同富裕"的基本特征。此外，还要兼顾全面建成小康社会（2020年）、基本实现社会主义现代化（2020~2035年）和建成富强民主文明和谐美丽的社会主义现代化强国（2035年至本世纪中叶）三个发展阶段中对全面实现"共同富裕"的相关制度安排，将各阶段的发展目标反映到指标体系之中。

第二，科学性与现实性原则。指标体系的设计必须建立在科学的基础上，本报告评价"共同富裕"的核心内容主要聚焦于人民生活水平提高、中等收入群体占比提高、城乡发展差距缩小以及基本公共服务均等化等方面，客观真实地反映了"共同富裕"的现状以及未来的发展方向。此外，本报告所建立的指标体系也兼顾现实性原则。鉴于我国发展的实际情况和数据可获得性等，尽最大可能选取能够全面真实反映当前我国发展水平的衡量指标，以求对"共同富裕"发展现状有一个真实、可靠的评价。

第三，系统性与层次性原则。指标体系的设计是一项复杂的系统工程，所选择指标既要从"共同富裕"的基本理论出发,又要从"共同富裕"的发展方向出发。考虑到所选取指标的代表性,力求所选取的每一个指标均能够在最大程度上代表"共同富裕"的内涵特征与时代特征。但需要指出的是,所选取的指标体系不仅要全面反映"共同富裕"的总体特征,符合"共同富裕"的内涵要求,而且也要避免不同指标在意义上的重复,尽最大可能使指标设计与评估目的有效地结合起来。指标体系从宏观到微观层层深入,形成一个完善的测评系统,以反映不同地区、不同层面的从综合到分类的水平和能力。

第四,可测性与可比性原则。指标体系的设计应考虑到不同类型指标之间的可测性与可比性,且指标能够通过统计数据或调查等方式获得。对于那些重要程度较低且统计口径存在较大差异的指标,经反复论证后,不予考虑。

第五,指标权重设置原则。指标权重根据德尔菲法(专家打分法)和熵权TOPSIS法确定。

(二)中国全体人民共同富裕指标体系的内容与含义

结合上述指标体系的构建原则,本报告从经济发展、社会结构、居民收入与财产、公共产品可及性、人民生活质量、收入分配公平度和生命健康7个方面设计指标体系。总体来看,"共同富裕"作为一级指标,其评价指标体系由7个二级指标和28个三级指标构成。

1. 经济发展指标

经济发展是全面实现"共同富裕"的基础。经济发展指标是按照《纲要》中提出的:国内生产总值年均增长要保持在合理区间,常住人口城镇化率提高到65%,现代化经济体系建设取得重大进展而设置的。为此,经济发展指标共包括2个三级指标:人均国内生产总值和城镇化率。其中,人均国内生产总值不仅是衡量国家经济发展状况和水平的最佳指标,而且能够体现国家的人均经济实力以及市场规模。以人为中心的城镇化是实现共同富裕的根本途径,城镇化率不仅可以衡量社会生产力的发展以及产业结构的调整,而且能够体现以农业为主的传统乡村型社会向以非农产业为主的现代城市型社会逐渐转变的历史过程,进而反映了全体人民实现共同富裕的基本过程。

2. 社会结构指标

根据《纲要》中提出的中等收入群体显著扩大和多层次社会保障体系更加健全的要求,我们设置了社会结构指标。社会结构指标共包括3个三级指标:中等收入群体占比、城市低保人数占城市人口比重和农村低保人数占农村人口比重。其中,中等收入群体占比是基于中国家庭追踪调查(CFPS)数据、刘志国和刘慧哲的数据[①],进行指数函数拟合插值,估算得出2013~2020年的数据。城市居民最低生活保障是指在期末家庭平均收入在当地规定的最低生活保障线以下,城市低保人数占城市人口比重=城市最低生活保障人数/城市人口。按照类似的定义,农村低保人数占农村人口比重=农村最低生活保障人数/农村人口。

3. 居民收入与财产指标

根据《纲要》中提出的居民人均可支配收入增长与国内生产总值增长基本同步,分配结构明显改善的要求,我们设置了居民收入与财产指标。居民收入与财产指标共包括4个三级指标:人均可支配收入、人均年末存款占有量、人均汽车保有量和人均住房面积。其中,人均可支配收入由《中国统计年鉴》获得,反映居民的收入水平;人均年末存款占有量=年末金融机构存款余额/年末总人口;人均汽车保有量是指购买以消费为主的各种家用汽车数量,反映居民的财产水平;人均住房面积反映居住条件与财产状况,人均住房面积=住宅建筑面积/居住人口,其中住宅建筑面积本文以城市建设用地面积中的居住用地代替。

4. 公共产品可及性指标

根据《纲要》中提出的民生福祉达到新水平,我们设置了公共产品可

---

① 刘志国、刘慧哲:《收入流动与扩大中等收入群体的路径:基于CFPS数据的分析》,《经济学家》2021年第11期。

及性指标。公共产品可及性指标共包括8个三级指标：城市养老保险比例、城市职工医疗保险比例、小学生师比、劳动力受教育年限、铁路里程占全省面积比例、生活垃圾无害化处理率、人均公园绿地面积、生活污水处理率。

5. **人民生活质量指标**

根据《纲要》中提出的人民生活更加美好，我们设置了人民生活质量指标。人民生活质量指标主要包括5个三级指标：城镇登记失业率、商品房价格、恩格尔系数、全国居民人均教育文化娱乐支出和人均国际游客旅游收入。其中，恩格尔系数＝城镇人均居民食品烟酒消费支出／人均消费支出。

6. **收入分配公平度指标**

根据《纲要》中提出的缩小地区、城乡和收入差距，我们设置了收入分配公平度指标。收入分配公平度指标主要包括2个三级指标：城乡收入差距和城乡收入泰尔指数。

7. **生命健康指标**

根据《纲要》中提出的把保障人民健康放在优先发展的战略位置，我们设置了生命健康指标。生命健康指标主要包括4个三级指标：人均预期寿命、每千人口卫生技术人员数、每千人口医疗卫生机构床位数和孕产妇死亡率。

（三）指标及数据来源与处理

1. 指标及数据来源

"共同富裕"评价指标体系研究的指标及数据主要源于《中国统计年鉴》《中国城市统计年鉴》《中国城乡建设统计年鉴》《中国劳动统计年鉴》《中国房地产统计年鉴》以及其他相关机构出版的统计报告（见表1）。

表1 "共同富裕"评价指标的数据来源

指标	数据来源
人均国内生产总值、城镇化率、人均可支配收入、人均年末存款占有量、人均汽车保有量、城市养老保险比例、城市职工医疗保险比例、小学生师比、铁路里程占全省面积比例、生活垃圾无害化处理率、恩格尔系数、人均国际游客旅游收入、全国居民人均教育文化娱乐支出、城乡收入差距、每千人口卫生技术人员数、每千人口医疗卫生机构床位数、孕产妇死亡率、城镇登记失业率	《中国统计年鉴》
城市低保人数占城市人口比重、农村低保人数占农村人口比重	民政局官网汇总
生活污水处理率、人均公园绿地面积	《中国城市统计年鉴》
商品房价格	《中国房地产统计年鉴》
劳动力受教育年限	《中国劳动统计年鉴》
人均住房面积	《中国城乡建设统计年鉴》
中等收入群体占比	基于中国家庭追踪调查（CFPS）数据、刘志国和刘慧哲（2021）的数据自行计算
人均预期寿命	《中国统计年鉴》《中国人口和就业统计年鉴》

除了上述可以在统计年鉴、公报或文献中直接获取的数据以外，本文也对部分指标进行了数据处理。需要特别指出的是城乡收入泰尔指数。本文通过计算全国各个省份的城乡收入泰尔指数（T），来准确衡量我国各地区城乡收入的差距：

$$tl_{i,t} = \sum_{j=1}^{2} \left(\frac{p_{ij,t}}{p_{i,t}}\right) \ln\left(\frac{p_{ij,t}}{p_{i,t}} \Big/ \frac{z_{ij,t}}{z_{i,t}}\right) \tag{1}$$

其中，i为第i个省份，在这里代表全国31个省、自治区或直辖市；$j=1, 2$分别表示城镇和农村地区，z_{ij}表示i地区城镇或农村人口数量，z_i表示i地区的总人口，p_{ij}表示i地区城镇（$j=1$）或农村（$j=2$）的总收入（用相应的人口和人均收入之积表示），p_i表示i地区的总收入。表2为"共同富裕"测算指标数据的描述性统计。

表 2 "共同富裕"测算指标数据的描述性统计

测算指标	单位	观测值	平均数	标准差	最小值	最大值
人均国内生产总值	元	256	57125.10	27162.22	22825.00	164927.10
城镇化率	%	256	58.50	12.40	23.71	89.60
城市低保人数占城市人口比重	%	256	2.32	1.89	0.13	9.10
农村低保人数占农村人口比重	%	256	7.71	4.56	1.03	22.83
中等收入群体占比	%	256	24.81	5.48	14.38	31.08
人均可支配收入	元	256	25115.00	11088.12	9740.40	72232.40
人均年末存款占有量	元	256	90660.79	63302.06	24977.58	356896.90
人均汽车保有量	辆/人	256	0.16	0.08	0.05	0.45
人均住房面积	米²/人	256	41.45	13.65	16.05	131.79
城市养老保险比例	%	256	47.64	13.96	18.56	93.83
城市职工医疗保险比例	%	256	37.07	13.67	21.61	90.88
小学生师比		256	16.76	2.71	10.50	22.00
劳动力受教育年限	年	256	10.37	1.57	5.84	18.41
铁路里程占全省面积比例	公里/公里²	256	270.96	205.29	4.32	992.47
生活垃圾无害化处理率	%	256	95.16	8.36	42.29	100.00
人均公园绿地面积	公顷/人	256	4.30	2.73	0.47	16.32
生活污水处理率	%	256	94.38	9.13	31.43	100.00
城镇登记失业率	%	3.22	0.64	1.21	4.60	3.22
商品房价格	元	256	8306.42	5632.82	3886.00	37665.00
恩格尔系数		256	30.23	4.47	19.31	48.15
全国居民人均教育文化娱乐支出	元	256	2010.22	751.41	266.70	5495.10
人均国际游客旅游收入	美元/人	256	58.57	68.23	0.39	339.52
城乡收入差距		256	2.58	0.41	0.25	3.80
城乡收入泰尔指数		256	0.09	0.04	0.02	0.21
每千人口卫生技术人员数	人/千人	256	6.52	1.51	3.64	15.46
每千人口医疗卫生机构床位数	张/千人	256	5.54	0.95	3.53	7.95
孕产妇死亡率	十万分之一	256	15.72	16.47	1.10	154.50
人均预期寿命	年	256	76.65	2.24	70.14	82.55

2. 权重设置

(1) 标准化方法

权重设置首先需要消除量纲的影响。其中，运用标准化方法对变量进行无量纲化处理是国内外学者最常用的方法之一。此外，最大最小值法可以根据变量的方向性将数据以线性的方式映射在[0，100]区间内。值得注意的是，为了使全国以及各省级层面数据的变量和口径一致、具有可比性，本文将全国以及各省级层面的数据混合后进行标准化处理。

对于正向指标，采取如下公式处理：

$$\text{st\_}x_{ij} = \frac{x_{ij} - \min\{x_{ij}\}}{\max\{x_{ij}\} - \min\{x_{ij}\}} \times 100, \forall i,j \tag{2}$$

对于负向指标，采取如下公式处理：

$$\text{st\_}x_{ij} = \frac{\min\{x_{ij}\} - x_{ij}}{\max\{x_{ij}\} - \min\{x_{ij}\}} \times 100, \forall i,j \tag{3}$$

(2) 赋权方法

本文对二级、三级指标采取不同的赋权方法。

二级指标权重根据德尔菲法确定。经专家打分并结合课题组对共同富裕内涵的综合判断，将经济发展、社会结构、居民收入与财产、公共产品可及性、人民生活质量、收入分配公平度、生命健康的权重分别设置为20%、10%、10%、20%、15%、15%、10%。

三级指标权重根据熵权TOPSIS法确定。作为客观赋权方法的一种，熵权法主要根据各评价指标数值的变异程度所反映的信息量大小来确定权数。而TOPSIS法的核心思想是定义决策问题的最优解和最劣解的距离，最后计算各个方案与理想解的相对贴进度。熵权TOPSIS法本质上是对TOPSIS法的改进，即首先通过熵权法确定评价指标的权重，然后再通过TOPSIS法利用逼近理想解的技术确定评价对象的排序。具体步骤如下。

①假设被评价对象有 m 个，每个被评价对象的评价指标有 n 个，构建判断矩阵：

$$X = (x_{ij})_{m \times n}, 其中 i = 1,2,\cdots,m; j = 1,2,\cdots,n \quad (4)$$

②对于混合的全国、省级层面数据标准化后,计算第 i 年份第 j 项指标值的比重:

$$Y_{ij} = \frac{st\_X_{ij}}{\sum_{i=1}^{m} st\_X_{ij}} \quad (5)$$

③计算变量的信息熵:

$$e_j = -k \times \sum_{i=1}^{m} Y_{ij} \times \ln(Y_{ij}), 其中 k = \frac{1}{\ln m} \quad (6)$$

④计算信息熵冗余度:

$$d_j = 1 - e_j \quad (7)$$

⑤计算指标权重:

$$w_j = \frac{d_j}{\sum_{j=1}^{n} d_j} \quad (8)$$

⑥计算加权矩阵:

$$R = (r_{ij})_{m \times n}, r_{ij} = w_j \cdot x_{ij}, 其中 i = 1,2,\cdots,m; j = 1,2,\cdots,n \quad (9)$$

⑦确定最优解 S_j^+ 和最劣解 S_j^-:

$$S_j^+ = \max(r_{1j}, r_{2j}, \cdots, r_{nj}), S_j^- = \min(r_{1j}, r_{2j}, \cdots, r_{nj},) \quad (10)$$

⑧计算各方案与最优解和最劣解的欧式距离:

$$sep_i^+ = \sqrt{\sum_{j=1}^{n} (s_i^+ - r_{ij})^2}, sep_i^- = \sqrt{\sum_{j=1}^{n} (s_i^- - r_{ij})^2} \quad (11)$$

⑨计算综合评价指数:

$$C_i = \frac{sep_i^-}{sep_i^+ + sep_i^-}, C_i \in [0,1] \quad (12)$$

式中:C_i 值越大表征评价对象越优。

（3）指标合成

采用加法规则，由三级指标按权重加总得出二级指标，二级指标按权重加总得出一级指标共同富裕指数。经过相关数据处理后，全国以及各省级层面指标具有可比性（见表3）。

表3 各类指标在共同富裕指标体系中的权重

单位：%

二级指标	三级指标	指标权重
		100.00
经济发展		20.00
	人均国内生产总值	16.01
	城镇化率	3.99
社会结构		10.00
	城市低保人数占城市人口比重	1.58
	农村低保人数占农村人口比重	1.89
	中等收入群体占比	6.53
居民收入与财产		10.00
	人均可支配收入	2.26
	人均年末存款占有量	3.69
	人均汽车保有量	2.61
	人均住房面积	1.44
公共产品可及性		20.00
	城市养老保险比例	1.97
	城市职工医疗保险比例	5.83
	小学生师比	2.43
	劳动力受教育年限	1.01
	铁路里程占全省面积比例	4.46
	人均公园绿地面积	0.28
	生活垃圾无害化处理率	3.77
	生活污水处理率	0.24
人民生活质量		15.00
	城镇登记失业率	6.20
	商品房价格	6.15

续表

二级指标	三级指标	指标权重
收入分配公平度	全国居民人均教育文化娱乐支出	1.03
	人均国际游客旅游收入	1.19
	恩格尔系数	0.42
		15.00
	城乡收入差距	4.39
	城乡收入泰尔指数	5.31
生命健康		10.00
	每千人口卫生技术人员数	3.69
	每千人口医疗卫生机构床位数	3.84
	孕产妇死亡率	0.32
	人均预期寿命	2.15

三 全国及各地区共同富裕指数

根据前一部分所述的研究方法，本部分测算了全国2013～2020年的共同富裕指数，并进行分析比较。

2013～2020年，我国共同富裕指数从24.67增长至44.23[①]，增长了79.3%（见表4）。这充分体现了党的十八大以来，我国在推进实现全体人民共同富裕方面取得了显著成就，而且这个成就是全方位的，包括经济发展、社会结构、居民收入与财产、公共产品可及性、人民生活质量、收入分配公平度和生命健康等各个方面。图1展示了2013～2020年各二级指数的变化趋势，表5展示了2020年二级指数和二级指数的情况。[②]

---

① 本报告没有设置共同富裕的合格线，熵值法测算出来的是相对数而不是绝对数。
② 以上数据均为加权后的得分。

表 4 2013~2020 年全国共同富裕指数

年份	总指数	经济发展指数	社会结构指数	居民收入与财产指数	公共产品可及性指数	人民生活质量指数	收入分配公平度指数	生命健康指数
2013	24.67	4.18	2.35	1.19	4.95	2.15	7.04	2.81
2014	28.47	4.63	4.21	1.43	5.09	2.11	7.77	3.24
2015	31.48	5.03	5.67	1.66	5.17	2.35	7.98	3.62
2016	34.17	5.52	6.83	1.91	5.31	2.57	8.03	4.00
2017	36.76	6.30	7.75	2.20	5.34	2.82	7.85	4.51
2018	39.26	7.03	8.50	2.48	5.49	2.99	7.80	4.95
2019	41.95	7.63	9.02	2.81	5.62	3.31	8.12	5.45
2020	44.23	7.96	9.35	3.67	6.35	2.84	8.25	5.82

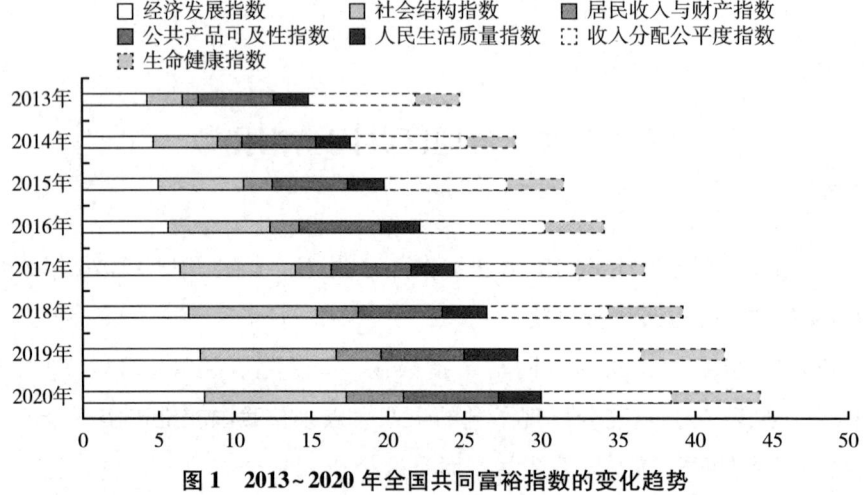

图 1 2013~2020 年全国共同富裕指数的变化趋势

第一，经济发展指数从 2013 年的 4.18 上升到 2020 年的 7.96，增长了 90.4%。据世界银行数据库统计，我国 GDP 总量从 2013 年的 9.57 万亿美元增长到 2020 年的 14.7 万亿美元，GDP 总量稳居世界第二，对全球经济增长贡献率超过 30%。如果从经济增速来看，2013 年我国 GDP 增长率为 7.8%，比世界平均水平高出 4.9 个百分点；到 2019 年，我国 GDP 增长率为 6%，比世界平均水平高出 3.3 个百分点，2020 年我国的 GDP 增长率为 2.3%。

表5　2020年中国共同富裕指数

单位：分

指数类型	指数值	指数类型	指数值
共同富裕指数	44.23	生活垃圾无害化处理率	0.09
经济发展	7.96	人均公园绿地面积	1.20
人均国内生产总值	6.37	生活污水处理率	0.08
城镇化率	1.59	人民生活质量	2.84
社会结构	9.35	城镇登记失业率	1.17
城市低保人数占城市人口比重	1.47	商品房价格	1.16
农村低保人数占农村人口比重	1.77	恩格尔系数	0.08
中等收入群体占比	6.11	全国居民人均教育文化娱乐支出	0.19
居民收入与财产	3.67	人均国际游客旅游收入	0.24
人均可支配收入	0.83	收入分配公平度	8.25
人均年末存款占有量	1.35	城乡收入差距	2.42
人均汽车保有量	0.96	城乡收入泰尔指数	2.92
人均住房面积	0.53	生命健康	5.82
公共产品可及性	6.35	每千人口卫生技术人员数	2.01
城市养老保险比例	0.63	每千人口医疗卫生机构床位数	2.09
城市职工医疗保险比例	1.85	孕产妇死亡率	0.17
小学生师比	0.77	人均预期寿命	1.54
劳动力受教育年限	0.32		
铁路里程占全省面积比例	1.42		

值得关注的是，随着供给侧结构性改革的深入推进，我国经济结构不断优化，高科技、数字经济等新兴产业蓬勃发展，这也为我国经济持续稳定增长提供了制度保障与动力支撑。

第二，社会结构指数从2013年的2.35上升到2020年的9.35，增长了297.9%。据民政部统计，城市低保人数从2013年的2070万人降至2020年的805万人，农村低保人数从2013年的5370万人降至2020年的3621万人。此外，根据国家统计局数据，中等收入群体规模超过4亿人，如果以14亿人的基数计算，中等收入人口占比约为30%。即使在当前经济下行压力加大的复杂背景下，我国民生保障力度不减反增。在各级政府的共同协作

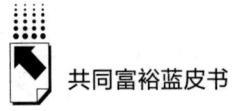

努力下,我国脱贫攻坚战取得了全面胜利,这也为改善社会结构做出了重要贡献。

第三,居民收入与财产指数从2013年的1.19上升到2020年的3.67,增长了208.4%。《中国统计年鉴》显示,人均可支配收入从2013年的18311元上涨至2020年的32189元,增长了75.8%。这一增长率与GDP总量增长率或是人均GDP增速基本保持一致。此外,与2013年相比,2020年人均年末存款占有量与人均汽车保有量分别增长了96.9%和107.9%。

第四,公共产品可及性指数从2013年的4.95上升到2020年的6.35,增长了28.3%。《中国统计年鉴》显示,与2013年相比,2020年公路里程增长了将近15%,铁路里程增长了将近40%。但城市养老保险比例与城市职工医疗保险比例上涨并不显著,劳动力受教育年限上涨也不显著。因此,与其他指标相比,公共产品可及性指数近年来上涨速度较慢。与人民群众对高质量教育的需求相比,目前的教育质量仍面临严峻挑战,因此亟须推进教育改革创新和服务能力提升。此外,教育区域间差异仍然显著,主要是由优质教育资源供给不足、分布不均衡所导致,因此中西部地区学校的办学条件亟待改善、教育水平有待提高。医疗保障不足、教育改革统筹协调不足等问题若不能及时得到解决,将会极大地削弱居民收入感受程度。

第五,人民生活质量指数从2013年的2.15上升到2020年的2.84,增长了32.1%。2020年,教育、文化、娱乐和旅游等行业均受到较大冲击,生活质量指数较2019年大幅下降。但总体而言,近年来居民消费已有新的突破点,由于信息行业的蓬勃发展,大量的新产品、新服务、新业态成为消费主流。因此,居民消费升级步伐加快,居民消费能力不断提高。此外,中国经济进入新常态后增速放缓,但就业不降反增。自2013年以来,全国城镇失业人员再就业人数基本维持稳定状态,且登记失业率和调查失业率都处于下降的态势。

第六,收入分配公平度指数从2013年的7.04上升到2020年的8.25,增长了17.2%。据《中国统计年鉴》计算,城乡收入比由2013年的2.8缩小到2020年的2.5，城乡收入泰尔指数由2013年的0.11缩小到2020年的0.08。在国家脱贫攻坚的政策背景下，乡村振兴战略、农业农村改革向纵深推进，农村居民收入大幅提高，因此城乡居民相对收入差距问题不断得到改善。

第七，生命健康指数从2013年的2.81上升到2020年的5.82，增长了107.1%。《中国统计年鉴》显示，每千人口卫生技术人员数由2013年的5.2人增加到2020年的7.5人，每千人口医疗卫生机构床位数由2013年的4.5张增长到2020年的6.4张，人均预期寿命由2013年的75.7岁增加到2020年的77.3岁。近年来，我国已建成基本医疗保险为主体、医疗救助为托底、补充医疗保险共同发展的医疗保障体系。虽然生活健康指数增长速度极快，我国基础医疗水平较高，基础医疗供给也基本上满足人们需要。但在重大疾病防控方面仍存在一些问题，一方面重大疾病保障与现实需求相距甚远，另一方面统筹能力不足导致大病保险不能精确落实到每一位大病患者身上。因此仍有众多大病患者需要承受高额医疗负担，因病致贫和返贫现象较为普遍。由此可见，保障生命健康方面仍有较大提升的空间。

从共同富裕指数的测算结果来看，总体上能够得出以下结论。

第一，中国共同富裕程度近年来得到显著提升。2020年中国共同富裕指数为44.23，比2013年提高了79.3%。共同富裕指数下的经济发展指数、社会结构指数、居民收入与财产指数、公共产品可及性指数、人民生活质量指数、收入分配公平度指数以及生命健康指数，2020年分别比2013年提高了90.4%、297.9%、208.4%、28.3%、32.1%、17.2%、107.1%，总体上保持着持续上升的趋势。

第二，社会结构、收入分配公平度指数高于其他指数。从2020年中国共同富裕指数的7个二级指数来看，收入分配公平度指数、社会结构指数高于经济发展指数、居民收入与财产指数等其他指数，并且这种二级指数间的相对优势在过去7年间始终保持，从而表明了，我国在推进共同富裕过程中，实现社会结构的调整取得的成绩相对最为突出，收入分配公平调整、公共卫生事业发展、经济高质量发展等方面近年来表现较好，而切实提高人民生活质量、增进居民的

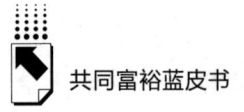

财产与收入、促进教育等公共事业发展等方面有待进一步加快提高。

第三，发达地区共同富裕水平高于欠发达地区。从2020年各地区的共同富裕指数来看，共同富裕水平与各地区经济发达程度总体呈现正相关关系，发达地区的共同富裕水平普遍高于欠发达地区。其中，发达地区在经济发展、居民收入与财产、人民生活质量等领域的水平领先欠发达地区的幅度较大。居民拥有财产的规模以及人民的生活质量是以经济发展水平为基础的，良好的发展基础能够助力发达地区持续深化改革开放，为市场经济、现代法治、富民惠民、绿色发展等方面提供坚实的物质保障。

第四，欠发达地区共同富裕速度快于发达地区。从各地区共同富裕水平提升速度来看，欠发达地区共同富裕指数的增长率明显高于发达地区，各地区的共同富裕水平总体呈现收敛态势。其中，欠发达地区在经济发展与居民收入与财产两个方面的共同富裕水平提升速度明显快于发达地区。一方面，欠发达地区抓住国家发展战略，加快经济结构转型步伐，积极依托共建"一带一路"、长江经济带建设、西部大开发等，有效提升了经济发展水平。另一方面，欠发达地区抓住了近年来农村扶贫、美丽乡村建设、乡村振兴等战略的历史机遇，有效地降低了农村贫困程度，居民收入显著提升。

根据上述结论，接下来进一步推进共同富裕需要从以下几个方面着力。一是要明确，实现共同富裕，做大做好"蛋糕"是切好分好"蛋糕"的现实基础。从共同富裕指数以及各二级指数能够看到，共同富裕的实现程度和经济发展的水平是一个"水涨船高"的关系，水浅行小舟，水深走大船。要想实现共同富裕，重要前提是做大做好"蛋糕"，然后是切好分好"蛋糕"。什么时候也不能忘记，发展是解决我国一切问题的基础和关键，以经济建设为中心是坚持党的基本路线的根本要求。如果没有"以经济建设为中心"的发展成果，没有"以人民为中心"的生活质量改善，实现共同富裕就是"空谈"。只有经济持续健康发展，贯彻落实高质量发展要求，才能不断实现共同富裕。二是要明确，实现共同富裕的过程一定是循序渐进的，不可能是同步同等的。经济社会发展是一个从低水平向高水平不断推进的过程，共同富裕也必将经历一个从低级到高级的过程。各地区在推进共同富裕的进程上会有差异,不可能完全同步,也不可能齐头并进。在推进共同富裕的过程中,需要立足国情、立足经济社会发展水平。三是发达地区在继续保持较高的经济发展水平的同时,应更加注重挖掘收入分配公平、人民生活质量进一步提升的潜力。以浙江为代表的经济发达地区要发挥先锋模范作用,率先探索实现高质量发展的可推广经验,促进城乡居民收入增长与经济增长更加协调,构建产业升级和消费升级协调共进、经济结构和社会结构优化互促的良性循环,更好地满足人民群众品质化多样化的生活需求,在富民惠民安民方面走在全国前列。在不断提高城乡居民收入水平的同时,缩小收入分配差距,率先在优化收入分配格局上取得积极进展。四是欠发达地区在继续缩小与发达地区经济发展差距的同时,应更加注重加快社会结构的调整以及提升公共产品可及性。经济欠发达地区要立足地区基础产业、资源、劳动力等优势,支持地方特色、优势产业的发展和培育,改造提升传统产业,促进服务业发展,严格控制产能过剩行业。此外,要巩固拓展脱贫攻坚成果,建立防止返贫的监测和帮扶长效机制,防范化解规模性返贫风险,加强产业和就业帮扶,大力发展县域富民产业。同时应完善基础设施建设,让乡村与县域经济融合发展,享受现代经济的发展红利,重点加强普惠性、基础性、兜底性民生建设,逐步使相对贫困地区具备基本现代生活条件。

四 从实现途径准确理解共同富裕

实现共同富裕,首先是做大做好"蛋糕",然后是切好分好"蛋糕"。社会上有一种观点认为,目前贫富差距大是我国面临的主要问题,因此"分好蛋糕比做大蛋糕更重要、更紧迫",主张将分配提升到优先于发展的位置。这种观点是不对的,要想实现共同富裕,首先是做大做好"蛋糕",然后是切好分好"蛋糕",什么时候也不能忘记,发展是解决我国一切问题的基础和关键,改革开放以来的经验已经证明了这一点。如果没有扎扎实实的发展成果,没有人民生活的不断改善,实现共同富裕就会成为"空谈"。

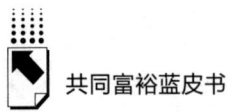

坚持以经济建设为中心是党的基本路线的要求，是兴国之要，只有经济持续健康发展，才会有国家的繁荣富强、人民的幸福安康、社会的和谐稳定，才会有真正的共同富裕。

实现共同富裕，需要坚持的是"两个毫不动摇"。党的十八大以来，习近平同志多次重申坚持基本经济制度，坚持"两个毫不动摇"。公有制经济和非公有制经济都是社会主义市场经济的重要组成部分，都是我国经济社会发展的重要基础，都是推动实现共同富裕的重要力量。我们既要强调国有企业在推动共同富裕中的重要作用，也要强调民营企业在推动共同富裕中的重要作用。改革开放40多年来，我国民营经济不断发展壮大，已经具有"五六七八九"的特征，成为推动共同富裕不可或缺的力量，成为创业就业的主要领域、国家税收的重要来源。

实现共同富裕所需要的分配制度，是构建初次分配、再分配、三次分配协调配套的制度安排，不是劫富济贫。促进共同富裕，需要正确处理效率和公平的关系，构建初次分配、再分配、三次分配协调配套的基础性制度安排，想方设法扩大中等收入群体，千方百计增加低收入群体收入，合理调节高收入，取缔非法收入，形成中间大、两头小的橄榄型分配结构。首先，初次分配是基础，要做到兼顾效率与公平。我国以公有制为主体、多种所有制经济共同发展的基本经济制度决定了我国实行按劳分配为主体、多种分配方式并存的收入分配制度，要把按劳分配和按生产要素分配结合起来，健全劳动、资本、土地、知识、技术、管理、数据等生产要素由市场评价贡献、按贡献决定报酬的机制，这一制度安排有利于调动各方面积极性，有利于实现效率和公平有机统一。初次分配就是要千方百计增加居民收入，让每一种生产要素各尽其能，给每一个奋斗者以公平的机会。其次，再分配是关键，要做到加大力度促进公平，兼顾效率。再分配就是要解决市场失灵的问题，以此缩小收入差距。财政分配的依据是公共权力，由此采用的手段以强制性为主。最后，三次分配是自愿、是辅助、是彰显爱心。中央强调发挥三次分配的作用，并不是强迫高收入者"均贫富"，不是劫富济贫，而是要借助一定的制度安排，激励人们自愿捐助。

实现共同富裕所需要的体制支撑，是"使市场在资源配置中起决定性作用，更好发挥政府作用"，不是平均主义。实现共同富裕，"看不见的手"和"看得见的手"都要用好，努力形成市场作用和政府作用相互促进、共同发力的格局。一方面，实现共同富裕，就是要创造更多的财富，就是要不断提高全要素生产率，就是要以尽可能少的资源投入生产尽可能多的产品、取得尽可能大的效益。从计划经济到市场经济的理论和实践都证明，市场配置资源是最有效率的形式，因为市场是"真金白银"在投入，最具有敏锐性，所以要使市场在资源配置中起决定性作用，减少政府对资源的直接配置，减少政府对微观经济活动的直接干预，加快建设统一开放、竞争有序的市场体系，让1.5亿个市场主体"海阔凭鱼跃、天高任鸟飞"，迸发出最大的活力，发挥最大的能力去创造财富。这就必然会导致一部分人和一部分地区先富起来，不会是同步富裕，更不能成为平均主义。另一方面，实现共同富裕也要更好发挥政府作用，切实转变政府职能，健全宏观调控体系，不断改善营商环境，促进社会公平正义和社会稳定，促进共同富裕。

实现共同富裕是"持久战"，不是"突击战"。任何事物的发展都需要一个从量变到质变的过程，实现共同富裕同样如此，是一个长期的历史过程，不可能毕其功于一役，不可能一蹴而就，不能把长期目标短期化、系统目标碎片化。我国仍处于并将长期处于社会主义初级阶段，这是我国的基本国情，没有变；我国仍然是世界上最大的发展中国家，这是我国基本的国际地位，也没有变。我国当前尚存在大量短板，发展不平衡不充分的问题突出，城乡、区域、收入之间的差距明显，供给结构对需求的适配性不高，统筹发展和安全的压力较大，住房、教育、医疗、养老等民生领域的短板问题有待解决，中等收入群体所占比例不到1/3，实现共同富裕是一个长期艰巨的任务，只能一步一个脚印、脚踏实地向前推进。

专题篇
Special Reports

B.2 第三次分配促进共同富裕目标实现的逻辑与路径

崔 琳[*]

摘 要： 有序推进第三次分配，构建初次分配、再分配、三次分配协调配套的基础性制度安排是实现共同富裕的内在要求，体现了社会主义的本质和价值追求。第三次分配超越了纯粹经济学的范畴，具备鲜明的社会性、利他性和精神文明性等理论特质。现阶段第三次分配进入政策体系，主要由于初次分配、再分配不足以完全有效调节收入差距，同时超大规模的经济体量与中等收入群体、社会公益慈善事业的不断发展为推动第三次分配奠定了重要物质基础和社会基础。以第三次分配助推共同富裕应坚持法治原则、制度原则和数字化方向，不断完善规则体系、促进分配制度协同发力，推动"大数慈善"长足发展。

关键词： 第三次分配 共同富裕 分配制度 数字慈善

---

[*] 崔琳，中共中央党校（国家行政学院）经济学教研部讲师，经济学博士，主要研究方向为组织经济学与博弈论。

2021年8月,中央财经委员会第十次会议提出"构建初次分配、再分配、三次分配协调配套的基础性制度安排",12月召开的中央经济工作会议再次重申要"支持有意愿有能力的企业和社会群体积极参与公益慈善事业",正式将第三次分配纳入到扎实推动共同富裕的政策体系当中,引发了社会关于第三次分配的理论探讨。实际上,第三次分配的概念提出于20世纪90年代,但现阶段我国经济与社会发展的特征与挑战都发生了深刻的变化。因此,进一步探究第三次分配的理论内涵、现实基础和实践逻辑,对于廓清第三次分配的政策含义,避免第三次分配的理解误区,明晰第三次分配最鲜明的时代特征,进而探索以第三次分配助推共同富裕的理论机制与实践路径具有重要意义。

一 第三次分配的理论内涵与发展历程

第三次分配是新时代扎实推动共同富裕的重要战略举措,明晰第三次分配的内涵和本质,探究第三次分配的历史渊源,尤其是新中国成立以来第三次分配的发展历程,对于深入理解第三次分配具有重要意义。

(一)第三次分配的理论内涵

第三次分配首先由厉以宁提出,1991年他在《论共同富裕的经济发展道路》中提出市场机制、政府与道德力量是影响收入分配的三类机制。进一步,在1994年出版的《股份制与现代市场经济》中,他明确提出了市场分配是以效率为原则的初次分配,政府税收调节是兼顾效率与公平的再分配,慈善捐献是道德力量主导的第三次分配。[①] 在此基础上,国内学者从形式、本质与实现途径等视角深入剖析第三次分配的具体内涵,形成二类代表性观点。一是慈善捐赠论,认为第三次分配就是个人或企业出于道德自愿,将部分可支配收入捐赠出去,侧重于直接捐赠。而现实中,慈善公益组织通

---

① 张乐:《厉以宁教授关于"三次分配"的论述》,《中国经济评论》2021年第9期。

过扶贫助困项目实现的间接捐赠也属于这一范畴。① 此类阐释对第三次分配的实现形式进行了清晰的界定。二是资源配置论，即认为第三次分配无论形式如何，本质上都是在市场和政府之手以外，在初次和再分配之后，对社会财富的再配置，是对第三次分配本质与功能的概括。三是制度论，将第三次分配视为涵盖所有社会慈善事业、民间捐赠在内的一系列制度机制，突出第三次分配机制设计的重要性，是对第三次分配实现途径的探索。

实际上，第三次分配虽在概念表达上具有强烈的经济学属性，但其实践内涵与意义却已超越了纯粹经济学的范畴，其理论基因可以用社会性、利他性和精神文明性来概括。首先，第三次分配超越了政府与市场这两类资源配置的主体，是有关社会个体和社会组织经济资源配置作用发挥的特殊叙事。从理论维度看，西方主流经济学以政府和市场作为资源配置的两类主体，在二元对立的视角下讨论二者之间在资源配置效率上的优劣。这类争论往往无法突破"市场失灵"和"政府失灵"的理论框架，在一定程度上也忽略了"社会"的作用。而第三次分配的主体是社会个体与社会组织，客观上弥补了初次分配和再分配在调节收入差距、促进社会公平方面的不足，是"社会之手"在资源配置中发挥作用的直接方式，更是促进经济与社会协调发展的必要手段。这也决定了第三次分配在性质、作用方面与初次分配、再分配存在显著差异②，如表 1 所示。

表 1 三次分配特征对比

	初次分配	再分配	第三次分配
价值目标	效率	效率与公平	精神需求
实现主体	市场	政府	社会
实现方式	按劳分配为主体、多种分配方式并存	税收、转移支付扶贫、社会保障	企业、公益组织和个人的慈善行为
实现机制	市场机制	政策机制	社会机制

---

① 贾康、程瑜、于长革：《优化收入分配的认知框架、思路、原则与建议》，《财贸经济》2018 年第 2 期。
② 王名等：《第三次分配：理论、实践与政策建议》，《中国行政管理》2020 年第 3 期。

其次，第三次分配补充了经济理论中缺失的个体利他主义视角。宏观经济学理论对于各类经济政策有效性的探讨普遍建立在个体效用与行为可线性加总为社会总体效用与行为的基础之上，微观经济理论的理性范式对于个体决策的分析往往基于自利前提下的效用最大化假设。可以说，经济学完成了社会经济规律抽象的任务，但对于丰富广泛的社会个体化行为关怀不足。第三次分配发挥了道德力量对于经济和分配的重要调节作用，根本驱动力在于利他主义，刻画以提高他人福利为目标的行为动机。[①] 这在个人捐赠行为中有着鲜明的体现，从社会财富的视角，捐赠仅为财富的转移，从绝对量上并没有提升，但捐赠者的利他效用得以提升，受捐者的财务或生活状况得以改善，社会总效用总体上是提升的。

最后，第三次分配归属于并塑造着物质文明与政治文明之外的社会精神文明形态。初次分配在兼顾公平基础上按照效率原则推进，目标在于促进社会物质财富的积累和创造，属于人类物质文明的范畴。再分配在效率的基础上，突出公平，通过行政手段创设各类规则，运用国家机器促进社会公平正义，是政治文明作用于物质文明的集中体现。第三次分配同人类的精神追求密切相关，体现了在保障生活所必需的物质条件得以满足的前提下，人类对于他人与社会的普遍关怀。第三次分配制度的逐渐完善也将进一步塑造社会的精神文明形态，对于构建共享共治的和谐社会、贯彻落实新发展理念具有重大意义。

（二）第三次分配的发展历程

如果从以上三种理论基因重新定义、审视第三次分配，我们可以发现，第三次分配在古今社会的实践中广泛存在。据考证，商汤时期就有"饥者食之，寒者衣之，不资者振之"的举措。[②]北宋庆历改革中创立的学田制度，旨在以政府划拨官田作为学田，以其入充作为官学办学经费，官

[①] 叶航、汪丁丁、罗卫东：《作为内生偏好的利他行为及其经济学意义》，《经济研究》2005年第8期。

[②] 王卫平：《论中国传统慈善事业的近代转型》，《江苏社会科学》2005年第1期。

田的来源除却政府拨付或购置以外,当地官绅捐赠也是一个重要途径。①明末清初,民间慈善组织数量迅速增长,并逐渐发展为近代慈善公益事业。近代以来西方慈善文化传入,出现了中国红十字会和中华慈幼协会等慈善组织。

新中国成立后的近半个世纪,在高度集中的计划经济体制和生产资料完全公有制的社会主义体制下,慈善事业并未得到重视和发展。然而,随着社会主义市场经济体制改革的深入推进与收入差距的逐步拉大,政府和社会对慈善事业的认知发生重要转向。1993年吉林省慈善总会成立,成为新中国首家地方性慈善组织②,1994年中华慈善总会成立,是我国第一家非政府组织,在此之后各地慈善组织如雨后春笋般涌现,为构建我国第三次分配的基本格局打下了组织与社会基础。根据2019年中国慈善事业报告,截至2019年底,我国共有86.7万个社会组织,其中经全国登记认定的慈善组织超过7500个③,具有公开募捐资格的慈善组织占比近17%。截至2021年3月,全国登记认定的慈善组织更是达到10085个,慈善事业在国家治理体系中发挥着越来越重要的作用。

围绕慈善事业发展,党中央出台了一系列政策、法规,为第三次分配建立了坚实的制度与法制基础。党的十六届六中全会通过的《中共中央关于构建社会主义和谐社会若干重大问题的决定》明确了完善社会捐赠减免税政策,其为发展慈善事业的政策导向。2007年全国人大通过的《中华人民共和国企业所得税法》允许企业在纳税时将公益性捐赠支出在年度利润总额12%以内的部分进行扣除。2016年,《中华人民共和国慈善法》(以下简称《慈善法》)正式颁布实施,作为我国第一部慈善专门立法,它的出台极大提升了慈善治理的规范化水平,更好地适应了我国慈善事业的新形势,

---

① 李清凌:《学田制度:庆历改革的一项创举》,《西北师范大学学报》(社会科学版) 1995年第6期。
② 田凯:《组织外形化:非协调约束下的组织运作———个研究中国慈善组织与政府关系的理论框架》,《社会学研究》2004年第4期。
③ 杨团主编《中国慈善发展报告(2020)》,社会科学文献出版社,2020。

标志着我国第三次分配迎来法治时代。

当前,中国特色社会主义进入新时代,我国社会主要矛盾发生重大转变。为建设社会主义现代化国家,扎实推动共同富裕,党中央对第三次分配进行了一系列全新、重要部署,释放了明确的政策信号。党的十九届四中全会、五中全会均提出发挥第三次分配作用、发展慈善事业以改善收入和财富分配格局的战略要求,第三次分配首次被正式纳入到官方文件当中。2021年8月的中央财经委员会第十次会议提出"构建初次分配、再分配、三次分配协调配套的基础性制度安排","鼓励高收入人群和企业更多回报社会";① 2021年12月召开的中央经济工作会议再次重申要"支持有意愿有能力的企业和社会群体积极参与公益慈善事业",为以第三次分配助推共同富裕提供了根本政治遵循。②

二 第三次分配的现实基础与时代特征

第三次分配逐步进入国家政策体系,体现了鲜明的问题导向。现有收入分配制度难以有效缩小收入差距是第三次分配的直接动因,而我国经济总量、中等收入群体规模的扩大和社会慈善事业的有序发展为推进第三次分配奠定了物质基础和社会基础。新时代,我国第三次分配已呈现公益性、自愿性、广泛性、法治化和数字化五大特征。

(一)第三次分配的现实基础

首先,从现实动因来看,党的十八大以来,我国收入分配制度改革成效显著,但分配结构仍需优化,突出表现为初次分配差距过大,再分配对收入分配的调节作用不显著。初次分配中,近5年居民收入占国民收入比重增长缓慢,2000~2018年大部分时间呈下降态势(见图1)。根据国家

---

① 《在高质量发展中促进共同富裕 统筹做好重大金融风险防范化解工作》,《人民日报》2021年8月18日,第1版。
② 孙春晨:《第三次分配的伦理阐释》,《中州学刊》2021年第10期。

统计局测算，按全国居民五等份收入分组，低收入组人均可支配收入不及高收入组人均可支配收入的1/10（见图2），收入差距过大制约了共同富裕进程。

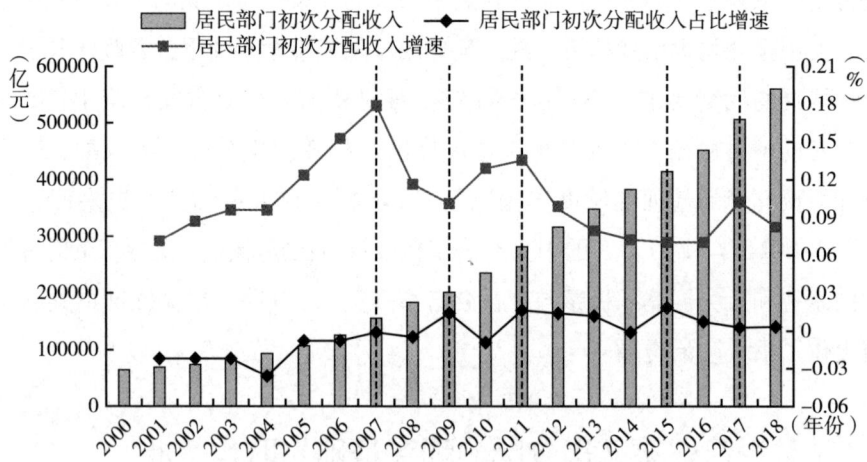

图1　居民部门初次分配收入、增速与占比增速变化

资料来源：《中国统计年鉴》。

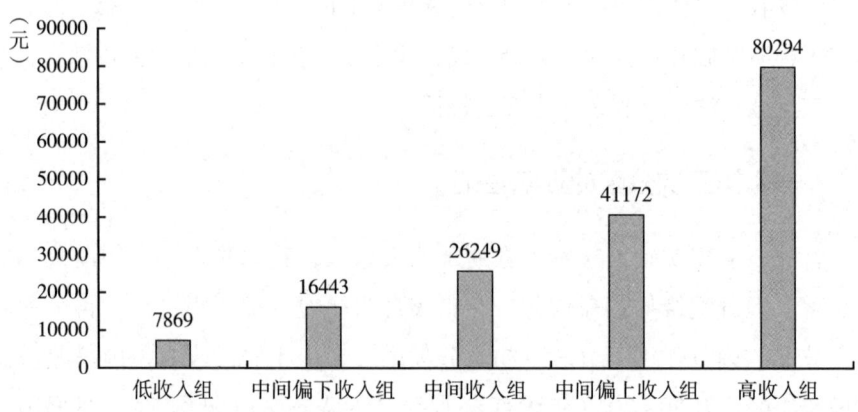

图2　2020年不同收入组人均收入

资料来源：《中国统计年鉴》。

再分配领域，我国现有税收制度呈现"三低"特征，不利于缩小收入差距。一是直接税比重低。我国直接税比重在40%左右，而西方发达国家直接税占比均超过50%，美国2012年直接税比重高达82.2%。① 这导致我国直接税对收入分配的调节作用有限，难以实现"抽肥补瘦"的作用。二是个人所得税占直接税比重偏低。2019年我国个人所得税占税收比重仅为6.6%，远低于发达国家。三是个人所得税中对财产课税比重低。我国个人所得税主要针对工资、劳务以及个体工商户生产所得征税，比重超过70%，其中劳动报酬边际税率为45%；但利息、股息、红利、财产转让所得征税占比为30%，其中资本所得边际税率仅为20%。② 以上数据表明，我国税收制度难以发挥调节收入差距的作用。为有效弥补现有分配制度在缩小居民收入差距上的不足，应加快完善第三次分配的制度体系。

其次，我国当前经济体量足以为第三次分配构建稳定的"资源池"，奠定物质基础。2020年我国GDP总量达1015986.2亿元，人均GDP为72000元，实现2.3%的增长，稳居世界第二大经济体的地位，然而相比于我国的经济体量，第三次分配占GDP的比重却较低。据统计，2019年我国社会公益资源总量为3374亿元，其中社会捐赠总量仅为1330亿元，分别占当年名义GDP（986515亿元）的0.34%和0.13%。而2019年美国慈善公益捐助规模占GDP的2.1%，通过第三次分配的财富占比更是高达9%。③ 这意味着我国发展第三次分配存在较大的潜力，如果政府能够通过加大政策支持和宣传力度、改革现有分配制度等方式在一定时期内（如2050年前）将我国社会捐赠占比提高到1%以上，那么能够用在第三次分配的社会财富总量将至少稳定在1万亿元以上，这将直接成为共同富裕的坚实物质支撑。

最后，从社会基础上看，一方面我国拥有世界上规模最大的中等收入群体，据测算，2017年收入在10万～50万元的人口大约占总人口的28.6%，超过4亿人、1.4亿家庭，而目前这一群体规模在5亿～7亿人。

---

① 宋晓梧：《深化收入分配改革，促进国内经济循环》，《经济与管理研究》2021年第2期。
② 宋晓梧：《深化收入分配改革，促进国内经济循环》，《经济与管理研究》2021年第2期。
③ 商文成：《第三次分配：一个日益凸显的课题》，《兰州学刊》2004年第4期。

这部分人群的收入和消费都处于相对稳定的中高水平,有意愿也有能力加入到第三次分配中,随着慈善捐助的数字化、普及化,有望带动第三次分配规模进一步扩大。另一方面,脱贫攻坚任务的完成为第三次分配打通了关键渠道,建立了相对稳定的社会救助与产业扶贫机制,尤其是形成了贫困信息与贫困资源的流动机制,为提高第三次分配的政策针对性、慈善组织活动的有效性打下基础。更重要的是,我国慈善事业近年来取得长足发展,为深入推进第三次分配奠定了组织基础、人才基础、舆论基础。慈善援助基金会(CAF)自2009年至今连续发布世界慈善捐赠指数报告,通过调查访问的方式评估各国慈善捐赠情况,主要关心以下三个问题:过去一个月受访者是否帮助过陌生人,是否向慈善组织捐过款,是否参与过志愿活动,其访问受众在收入、职业方面具有随机性。中国2021年慈善指数在114个国家中排名95位,其中慈善捐款一项排名85位,而2009年却基本排名末位,成为慈善指数改善最大的国家之一。[1] 2019年底全国登记的慈善组织净资产达到1600亿元[2],1260家慈善组织获得公开募捐资格,共备案12641个公开募捐方案。[3] 以上数据表明我国慈善事业已初具规模,推进第三次分配具备较强的社会基础,能够在此基础上发挥规模效应的优势,但与西方发达国家的慈善事业相比仍处于相对初级阶段,这也意味着我国第三次分配存在较大的发展空间。

(二)第三次分配的时代特征

现阶段,我国第三次分配呈现公益性、自愿性、广泛性、法治化和数字化五大时代特征,理解第三次分配需要对以上特征进行深入分析。在此基础之上,更应该澄清关于第三次分配的两个概念误区,避免对第三次分配政策

---

[1] CAF. World Giving Index 2021: A Global Pandemic Special Report, 2021-07-08, https://www.cafonline.org/about-us/publications/2021-publications/caf-world-giving-index-2021.
[2] 罗争光、杨凌伟、杨湛菲:《全国登记认定慈善组织超7500个》,《人民日报》2020年1月22日,第13版。
[3] 《〈慈善法〉实施三周年十大进展》,中国公益研究院网站,http://www.bnu1.org/show_1413.html,最后访问日期:2022年5月16日。

导向的误读，对经济发展带来负面影响。

公益性是指第三次分配能够有效促进社会总福利的提高与社会公平正义的实现，对于社会经济发展具有一定正外部性。首先，公益慈善事业并不以营利为目的①，出发点就在于扶危济困，对于受助者而言，由财富收入和发展机会组成的个体效用将因第三次分配而显著提高。其次，通过第三次分配所建立起的社会资源流动机制有助于财富转移至低收入群体，根据边际消费倾向随收入递减规律，低收入群体的收入提高将提振社会整体消费水平，以此带动社会总福利的增加和贫富差距的缩小，这对于构建以国内大循环为主体、国内国际双循环共同发展的新发展格局具有重要意义。自愿性是指第三次分配多出于自愿而非强制，不能够以行政命令的方式摊派慈善任务。真正有效、长期、稳定的第三次分配是在道德、习惯、文化的多重作用下，社会成员自发行动、自觉遵循的默认准则。广泛性是指第三次分配的参与主体广泛。从需求侧看，当前我国虽然已经解决了现有标准下的绝对贫困问题，但由于社会保障机制尚未健全，截至2020年末，仍分别有4亿和5600万人未被纳入养老与医疗保险。在社会公共服务、教育公平、医疗体系、养老问题等方面的民生保障短板为第三次分配提供了发挥作用的平台。从供给侧看，2019年我国慈善捐赠的62%源于企业，企业社会责任和影响力投资是国内企业参与公益慈善的主要形式，个人捐赠占比为12%，社会组织占比为6%；这与美国恰恰相反，2019年美国个人捐款占比为69%，企业仅占5%。这也意味着虽然参与主体具有广泛性，但内部结构仍存在改善空间，提高个人捐款比重将成为我国第三次分配重要的发展方向。

近年来，我国第三次分配发展还日益呈现法治化与数字化的新特征，为新时代慈善治理提供了新动能。2016年《慈善法》正式出台，标志着我国第三次分配进入法治化阶段，慈善组织、募捐、捐赠、信托、信息公开与监督管理等方面有了更为细致的规定，逐步形成以《慈善法》为主体，以行

---

① 白光昭：《第三次分配：背景、内涵及治理路径》，《中国行政管理》2020年第12期。

政法规和部门规章为支撑的慈善法律体系。① 随着互联网技术、移动支付、网络社交媒体的发展，众多互联网企业参与到慈善公益事业，包括阿里巴巴公益、腾讯公益、水滴筹等网络慈善众筹平台规模逐渐扩大，成为新时代我国第三次分配的鲜明特征。2019年，由民政部指定的20家互联网平台募捐数额占社会募捐总量的4.1%，对互联网慈善项目的累计点击超过108亿次②，极大拓展和提升了第三次分配的覆盖范围和参与程度。

理解第三次分配的时代特征，还需要增加"政策视角"。政策是社会行为与社会选择的重要导向，在第三次分配被党中央正式纳入政策文本后，社会各界围绕第三次分配展开密集讨论，主要在以下两方面存在观点分歧。

第一个问题，第三次分配是否仅针对高收入群体？第三次分配上升到国家战略层面后，社会上出现了对其政策含义的片面解读，部分人群甚至产生了国家推进第三次分配就是要"劫富济贫"的隐忧。有恒产者方有恒心，这种错误的认知将会干扰市场正常的投资行为，根据不完全契约理论，企业对政策不确定性的担忧将直接缩减投资规模，不利于经济的健康稳定发展。2021年中央经济工作会议明确提出共同富裕的实践逻辑应是在长期历史过程中，先做大、做好蛋糕，再切好、分好蛋糕，否定了通过"逼捐"等方式迅速推进第三次分配的错误思想。第三次分配不是均贫富，更不是劫富济贫，必须建立在自愿的基础之上，通过设计合理的激励机制，发挥改善分配结构的补充作用。与此同时，慈善捐助从来都不是高收入者的"特权"，参与第三次分配的主体具有广泛性，广大中低收入群体在慈善捐赠与志愿服务领域也都是第三次分配中不可或缺的力量。根据世界慈善捐赠指数报告，2020年慈善指数最高的国家恰恰不是富裕的发达国家，而是印度尼西亚，美国、英国在参与排位的114个国家中，分别位列第19和第22名。由此可见，推动第三次分配绝非仅针对高收入群体，而是一项全民参与、全体共治

---

① 徐道稳：《改革开放以来中国慈善事业的转型发展——以国家发展战略为分析视角》，《社会科学》2021年第1期。
② 张卫、张硕：《"互联网+慈善"新模式：内在逻辑、多重困境与对策》，《现代经济探讨》2021年第11期。

的事业。然而，现实中政府对于平台企业反垄断的调查，对于高收入群体、"网红主播"的税收调查和处罚等系列操作，也明确传递出支持、引导、规范资本发展，为资本设置"红绿灯"的政策信号。这就引出社会争论的第二个问题，第三次分配的原则究竟是道德自愿还是激励制度引致的自愿？依法加强对资本的监管能够利用行政手段合理规范高收入群体资本所得，属于再分配中调节过高收入的有力举措，但并不意味着要逼迫高收入人群将所得投入慈善事业。自愿性是慈善行为的重要特征，但如果将第三次分配的政策效果完全寄希望于人类普适的、自发的善心，就难以将第三次分配从个别的、暂时的甚至偶然的善心之举提高到普遍的、稳定的社会制度层面。因此，第三次分配的基础是"有条件"的自愿，慈善行为生发于道德力量，但在政策层面却不能简单地以道德标准衡量慈善行为。现有文献对我国企业捐助占比较高的一种解释就是政治因素，企业通过慈善捐助、履行社会责任以获得政治关联、政策红利，或者转移外界注意力，掩盖其不良经营行为等，这为部分亏损企业仍然从事慈善捐款提供了相对合理的理论阐释。[①] 因此，我们更需要关心的是如何通过建立合理的激励制度，提高社会群体参与第三次分配的自愿程度。美国个人捐款比重较高就与其特殊的税收制度密切相关，遗产税的征收阻碍了代际财富转移，促使富人选择将其财富转化为公益性基金，提高声誉的同时也避免了高昂的税赋，同时缩小代际收入差距。而美国当前第三次分配格局的形成也并非一蹴而就，慈善基金会也曾经历过国会三次大规模的调查，意在限制基金会通过避税积累财富或依靠社会影响力干预政治选举。在经历调查之后，基金会的管理规范程度有所提升，避免了基金会滥用免税权力的机会主义行为，逐渐使慈善事业走向法治化与规范化。[②] 对于我国而言，第三次分配的发展方兴未艾，无论从相关机构数量、捐赠数额、参与志愿服务人数等实效层面，还是从对慈善活动的监管有效程

[①] 杜勇、陈建英：《政治关联、慈善捐赠与政府补助——来自中国亏损上市公司的经验证据》，《财经研究》2016年第5期。
[②] 曲国丽：《中美第三次收入分配透明度比较研究》，博士学位论文，东北师范大学，2013，第22~25页。

度、与第三次分配密切相关的税制安排等制度层面，都存在较大的改善空间，而根本之举就在于设计有效的激励约束机制。

三 以第三次分配推进共同富裕的作用机制与实践逻辑

共同富裕是社会主义的本质要求，我国已全面建成小康社会，迈向全面建设社会主义现代化国家的新征程，在高质量发展中促进共同富裕已经成为中国特色社会主义进入新时代后的重要命题。[①] 发展第三次分配，构建初次分配、再分配、第三次分配协调配套的基础性制度安排，将推动全体人民共同富裕取得更为明显的实质性进展，主要体现在以下三种作用机制。

首先，第三次分配为共同富裕构筑更为广泛的物质基础，做大共同富裕的蛋糕。马克思主义政治经济学关于生产力和生产关系的理论深刻指出，生产力决定生产关系，而生产关系反作用于生产力。这在分配制度和社会财富的关系上有着十分鲜明的体现。在初次分配中，市场按照效率原则将财富配置给各要素所有者，在这一"分蛋糕"制度安排的激励下，社会成员创造财富的积极性被充分激发出来，也做大了社会财富的蛋糕。而再分配中，政府通过设计税收、转移支付、社会保障等制度机制，促进发展成果在社会成员中共享；第三次分配则利用道德和自愿的力量实现资源在社会成员之间的又一次流动，它们虽然也都属于"分蛋糕"的安排，但政府掌握的社会财富与政策资源、可用于第三次分配的财富总量也是决定这两项制度能否顺利推进、进而促进共同富裕的重要物质基础。当前我国慈善捐助规模占GDP比重较低，意味着存在于第三次分配中的专用性资源不足。由于第三次分配在分配制度中是直接面向共同富裕，能够切实起到扶危济困、调节收入差距作用，推动第三次分配的发展、扩大第三次分配环节可用的资源规模将直接做大"共同富裕的蛋糕"，为扎实推进共同富裕提供资源支持。

---

① 郑功成：《以第三次分配助推共同富裕》，《中国社会科学报》2021年11月25日，第1版。

其次，第三次分配为共同富裕提供更多维度的支撑方式，促进社会公共服务均等化。第三次分配所涉及的领域多为当前民生保障的短板，在救灾、扶贫、济困、助学、助医等领域发挥着重要的支持作用。据统计，我国慈善捐赠中投向教育、扶贫和医疗的资金是最多的，而在慈善捐赠之外，志愿服务也是第三次分配的重要内容。截至2020年一季度，我国实名注册志愿者数达到1.7亿，志愿团体116.4万个，累计志愿服务时间22.7亿小时，在教育、养老、文化、体育、环保、医疗等社会治理领域发挥着不可或缺的作用。第三次分配不仅弥补了初次分配和再分配在调节收入差距方面的不足，也对社会公共服务与社会保障形成了实质上的有效补充，充分调动了社会力量在推进公共服务均等化、提高公共服务可及性方面的积极作用，有力支撑共同富裕。

最后，第三次分配为共同富裕营造共享互助的社会氛围，形成共同推进共同富裕的社会风尚。第三次分配是"有爱社会"的集中体现①，公益慈善事业的发展程度是衡量社会文明程度的重要标志之一。大力发展宣传第三次分配有助于为共同富裕营造良好的社会氛围，使公益慈善内化为社会共同意识，形成共同参与、共同奉献、共同受益的良性循环。当更多的社会成员认同并参与到第三次分配中来，社会精神文明程度、共同富裕的推进程度都将得以提高，凝聚为推进国家治理体系和治理能力现代化建设的精神之力。

当前，我国第三次分配仍处于相对初级的发展阶段，为了进一步推进第三次分配，切实发挥以第三次分配推进共同富裕的作用，在实践中应从以下三个方面持续发力。

第一，坚持法治原则，完善第三次分配的规则体系。第三次分配由在道德、习惯、自愿基础上的各类公益慈善行为构成，以地方慈善会、红十字会为代表的各类慈善组织是推进第三次分配稳定有序发展的重要组织形式和行为主体。从委托代理的关系上看，这类组织是受捐赠人之托，履行社会公益

---

① 唐任伍、李楚翘：《共同富裕的实现逻辑：基于市场、政府与社会"三轮驱动"的考察》，《新疆师范大学学报》（哲学社会科学版）2022年第1期。

责任的代理人，而当代理人目标与委托人目标不完全一致时，就会导致代理人的道德风险行为，制约第三次分配的发展，一旦出现信任危机，将极大地减弱民众参与第三次分配的热情。在缺乏系统的法律规定和严格的法律监督背景下，信任危机的出现近乎必然，2011年的"郭美美事件"引发了公众对于红十字会的信任危机，至今仍存在影响；水滴筹平台利用病童诈捐、挪用善款等丑闻也极大地挫伤了公众参与互联网慈善的积极性。因此，推动第三次分配的治本之策，应当是完善慈善法律体系，加强对慈善公益组织的管理和监督，一方面要加强立法，对《慈善法》作出更符合现实的修订，以应对互联网慈善时代的法律规制挑战；另一方面，要加强法律监督和法律宣传。监管力量不足、监管力度偏低是当前《慈善法》执行中的突出问题，即使法律已经对慈善组织的不规范操作行为作出了规定，但法律实施以来，地方行政机关却几乎没有依法对相关行为进行过行政处罚；与此同时，民众对于《慈善法》也并不了解，根据2020年组织的《慈善法》实施检查情况报告，仅有不到20%的受访者表示听说过或了解《慈善法》①，这为法律执行增加了额外的成本，造成执法者和民众之间的沟通鸿沟，不利于慈善事业有序发展。

第二，坚持制度原则，促进三类分配机制协调共进。推进第三次分配需要激励制度的支撑，重点还是在再分配领域方面作出有助于推进第三次分配的制度改革。税收是国家财政的基础，未来应着力推进税制改革，在第三次分配中发挥税收的激励引导作用。一是要通过提高个人慈善捐赠准予扣除的比例，激发高收入群体参与第三次分配的意愿，目前此类扣除比例为30%，而美国为50%。由于我国实行累进制的个人所得税率，对于富人来说，捐赠免税的激励作用更强，有助于解决我国个人捐赠占比低的问题。② 二是要征收房产税、遗产税、赠与税和资本所得税，调整当前劳动边际税率远高于

---

① 张春贤：《全国人民代表大会常务委员会执法检查组关于检查〈中华人民共和国慈善法〉实施情况的报告》，《中国人大》2020年第24期。
② 余森杰、曹健：《新发展格局中的共同富裕》，《新疆师范大学学报》（哲学社会科学版）2022年第1期。

资本利得税率的现状，尤其是通过遗产税的征收提高高收入群体的财富代际转移的成本，促使他们转而将财产投入慈善捐赠事业。三是要着力营造第三次分配的良好社会舆论环境和政策制度环境，如政府以税收减免和购买服务的方式支持公益慈善组织的发展、对热心公益的团体或个人予以宣传和褒奖等。

第三，坚持数字化方向，推动"大数慈善"长足发展。"互联网+慈善"是数字经济时代下我国第三次分配最为鲜明的时代特征。得益于社交网络媒体和移动支付的发展，数字慈善方式呈现对社会资源的强大动员能力，从多个维度拓展了慈善事业的覆盖面。以腾讯公益主导的"99公益日"活动为例，2019年该活动为慈善组织、个人提供了多渠道的捐助平台，共有4800万网友、2500家企业参与，共筹得善款24.9亿元。水滴筹作为网络个人募捐平台，仅2019年就有超过4亿人参与，累计筹得130亿元。数字经济的发展极大促进了第三次分配的"大数化"，即参与主体不仅限于高收入群体，每位富有爱心的民众都能够更为便捷地参与到慈善事业中去。虽然数字慈善现在还面临着法律法规不完善、监管体系有漏洞、信息公开不及时等问题，但区块链技术的广泛应用将为数字慈善提供有力的信任技术支撑，促进捐赠流程公开透明化，提高第三次分配的精准度和有效性。

B.3
区域协调发展促进共同富裕目标实现的逻辑与路径

李 晨*

摘 要： 实施区域协调发展战略是实现共同富裕目标的必然要求。本文从中国六大区域之间的发展差距、不同省域之间的发展差距、南北地区的发展差距、各省份内部的城乡发展差距出发，指出中国区域发展差距是制约共同富裕目标顺利实现的主要难题。针对这一实际，从共同发展、共建发展、共享发展三个维度提出新时代中国推动实现共同富裕目标的具体原则。最后，提出推动共同富裕的区域协调发展战略实施思路，主要包括：努力提高发展模式的质量、加快形成优势互补的区域发展格局、着力完善区域协调发展新机制以及从发达地区与欠发达地区两大主体同时着手缩小区域发展差距。

关键词： 共同富裕　区域协调发展　新时代　共享发展

实现全体人民共同富裕，是马克思主义的根本立场，是社会主义的本质要求，更是中国共产党成立100多年来矢志不渝的奋斗目标。① 然而，中国幅员辽阔、人口众多，各地区发展基础和条件各异，使得区域发展差异大、发展不平衡成为中国的基本国情。当前，区域经济发展不平衡不充分已然成为中国推动实现共同富裕道路上的一大桎梏。为了更好地建设现代化经济体

---

* 李晨，中共中央党校（国家行政学院）经济学教研部讲师，经济学博士，主要研究方向为区域协调发展。
① 韩保江：《实现全体人民共同富裕：逻辑、内涵与路径》，《理论视野》2021年第11期。

系、推动经济高质量发展并最终实现共同富裕，推动区域协调发展已经成为中国现代化进程中必须面对的重大课题。实施区域协调发展战略是新时代中国缩小区域差距并实现共同富裕目标的重要举措。从历史逻辑看，区域协调发展战略充分体现了区域发展战略与共同富裕目标的长期关联性，从最早的内陆与沿海地区的关系、"两个大局"设想的实践到西部大开发等一系列重大区域战略的提出，再到最早区域协调发展战略的形成，提高区域发展水平与缩小区域发展差距始终是实现共同富裕目标的重要举措。从现实逻辑看，我国区域发展不平衡不协调问题突出、区域经济发展差距较大，缩小区域差距是助推中国区域经济高质量发展的重要动力。从理论逻辑看，实现共同富裕是中国特色社会主义市场经济制度体系的本质要求，所有其他领域的经济学理论都应服务于此，作为区域经济学领域的重要内容，顺利缩小区域差距是从区域经济理论层面破解共同富裕难题的关键所在。因此，有必要对区域协调发展战略与共同富裕的关系进行深入研究。

一 实施区域协调发展战略对共同富裕的重要意义

自 2020 年习近平总书记在党的十九届五中全会上提出要"推动全体人民共同富裕取得更为明显的实质性进展"[①] 后，共同富裕就成为中国各项工作的重点考量因素。区域协调发展战略是习近平总书记 2017 年提出的旨在缩小区域差距的重要举措。[②] 从两者的具体内涵与相互关系看，实现共同富裕目标和实施区域协调发展战略具有密不可分的联系。

一方面，实现共同富裕目标要求通过区域协调发展战略来缩小区域发展差距。共同富裕是社会主义发展的终极目标，是一项系统工程和复杂过程，实现共同富裕肯定要求缩小所有不同类型的发展差距，例如区域差距、城乡差距和行业差距等。在这其中，区域差距是影响共同富裕目标顺利实现的重

[①] 习近平：《论把握新发展阶段、贯彻新发展理念、构建新发展格局》，中央文献出版社，2021，第 526 页。
[②] 《习近平谈治国理政》第 3 卷，外文出版社，2020，第 26 页。

要差距类型，这是因为区域是现实经济活动的空间载体，也是影响经济发展效率的主要因素，区域之间的发展差距不仅会直接影响整个国家的共同富裕水平，同时也会对其他不同类型的发展差距产生重要影响。换言之，如果区域发展差距没有缩小，其他类型的发展差距也很难缩小，最终会导致共同富裕目标难以实现。然而，由于中国地域辽阔、行政区域数量众多，不同区域之间的自然禀赋、区位条件和发展能力各不相同，不同区域的发展难以呈现相同的发展趋势。同时，市场经济的理论与实践都已经证明，区域发展在市场经济机制的作用下往往会呈现马太效应，即区域之间的发展差距会越来越大而不会逐渐缩小。在此背景下，想要顺利实现缩小区域发展差距从而顺利实现共同富裕目标就需要依靠政府的力量，而实施区域协调发展战略就是新时代中国政府缩小区域发展差距的主要举措。从这个角度看，实施区域协调发展战略是实现共同富裕目标的必然要求。

另一方面，实现共同富裕目标要求通过区域协调发展战略来提高区域发展水平。缩小区域差距只是实现共同富裕的目标之一。由于共同富裕目标与国家经济发展水平直接相关，国家经济发展水平越高，共同富裕目标实现的可能性才越大，而区域经济作为国家经济发展的主要载体，区域经济发展水平的高低对国家经济发展水平的高低具有直接影响，这就意味着提高区域发展水平是实现共同富裕目标的重要前提之一。某种程度上，相比于缩小区域发展差距这一目标，提高区域发展水平是实现共同富裕目标的重要前提条件。进一步看，由于中国长期实施东部沿海地区率先发展战略，目前东部已经培育出了一大批发展水平较高、发展能力较强的先发地区，这部分地区未来的发展势头将直接影响共同富裕目标的顺利实现。在众多影响先发地区经济发展水平的因素中，市场一体化程度和区域之间的产业分工程度尤为重要。总体而言，市场一体化程度越高、区域间产业分工质量越高，先发地区的发展优势就会发挥得更加充分，区域经济发展水平就越高。[①] 因此，通过

[①] 李雪松、张雨迪、孙博文：《区域一体化促进了经济增长效率吗？——基于长江经济带的实证分析》，《中国人口·资源与环境》2017年第1期。

实施新时代区域协调发展战略，进而提高区域之间的一体化发展程度，加快构建良好的区域间产业分工体系，先发地区就能够享有更大的发展空间和实现更高水平的发展，最终也能为实现共同富裕目标提供更为坚实的经济基础。

二 中国区域发展差距的现状

由于长期实施非均衡区域发展战略，中国区域发展差距在很长时间内都处于较高水平。虽然1999年实施的西部大开发战略以及后续的振兴东北老工业基地与中部崛起战略有效地缩小了区域差距，但整体来看，目前中国区域差距仍然较大，深入贯彻落实区域协调发展战略的过程中需要重点关注以下四个方面的区域差距。

（一）中国六大区域之间的发展差距

中国经济区域的划分具有多种不同思路，例如传统的三大地带和四大板块区域划分方法。为了更详细地揭示中国区域发展的差距，本文按照经典的六分法将中国大陆划分为华北、东北、华东、中南、西南和西北六个经济区域，通过观察六大区域的GDP比重变化情况来分析中国区域之间的发展差距演变情况，详见表1。

表1 六大区域1999~2020年的GDP比重演变情况

单位：%

地区	2020年	2019年	2018年	2017年	2016年	2015年	2014年	2013年	2012年	2011年	2010年
华北	12.0	12.1	12.1	12.3	12.3	12.5	12.8	13.2	13.5	13.6	13.7
东北	5.0	5.1	5.2	5.4	5.7	6.0	6.5	6.8	6.9	6.9	6.9
华东	38.3	38.0	38.2	38.2	38.3	38.1	37.6	37.6	37.5	37.8	38.2
中南	27.5	27.9	27.7	27.6	27.5	27.3	26.8	26.5	26.5	26.7	26.8
西南	11.6	11.4	11.2	11.0	10.7	10.5	10.4	10.2	10.0	9.6	9.2
西北	5.5	5.6	5.6	5.5	5.4	5.5	5.8	5.7	5.6	5.5	5.3

续表

地区	2009年	2008年	2007年	2006年	2005年	2004年	2003年	2002年	2001年	2000年	1999年
华北	13.8	13.9	14.0	14.0	14.1	14.1	13.9	13.5	13.3	13.1	13.0
东北	7.3	7.5	7.6	7.7	7.8	8.0	8.5	9.0	9.2	9.5	9.5
华东	38.2	37.9	38.2	38.4	38.3	38.1	37.8	37.7	37.4	37.4	37.5
中南	26.7	26.6	26.6	26.4	26.3	26.0	26.1	26.0	26.1	26.1	25.8
西南	9.1	8.9	8.7	8.6	8.6	8.8	8.9	9.0	9.0	9.1	9.4
西北	5.1	5.1	5.0	5.0	4.9	4.9	4.9	4.8	4.9	4.9	4.8

资料来源：根据国家统计局数据，由作者计算得到。

由表1可知，一方面，从绝对份额看，六大区域的发展水平差距极大。2020年华北、东北、华东、中南、西南和西北地区GDP占全国经济总量比重分别为12%、5%、38.3%、27.5%、11.6%和5.5%，华东地区GDP占全国经济总量的比重是西北和东北地区的6倍以上，是华北与西南地区的3倍以上，可见六大区域之间存在较大的发展差距。另一方面，从GDP增速来看，华北、东北、华东、中南、西南和西北地区的GDP增速呈现非常明显的分化态势。华北地区GDP占全国经济总量比重从2005年的峰值14.1%下降至2020年的谷值12%；东北地区GDP占全国经济总量比重从1999年的峰值9.5%下降至2020年的谷值5%；华东地区GDP占全国经济总量比重从2006年的峰值38.4%下降至2012年的谷值37.5%后，又开始逆势上涨至2020年的38.3%；西南地区GDP占全国经济总量比重从2006年的谷值8.6%上升至2020年的峰值11.6%，增幅达到3个百分点，是近20年GDP占比提升幅度最大的地区；中南地区GDP占全国经济总量比重从1999年的谷值25.8%一直波动上升至2020年的27.5%，提高了1.7个百分点，是近20年提升幅度第二的地区；西北地区GDP占全国经济总量比重从1999年的谷值4.8%一路波动上升至2020年的5.5%。可见，西南地区、中南地区、华东地区是过去10余年里经济增速最快的几个地区，而这三个地区恰恰又都是经济总量较大的地区，这就意味着这些地区不仅经济总量大，而且经济增速快，这无疑会继续拉大区域发展差距。

（二）中国不同省域之间的发展差距

除了六大区域之间的发展差距外，中国省域之间的发展差距也是中国整体区域发展差距的主要组成部分。为了保持分析逻辑一致，仍然选择各省份的 GDP 占全国经济总量比重变化情况来观察区域发展差距的具体特征，详见表2。

表2　省域经济 1999~2020 年的 GDP 比重演变情况

单位：%

地　区	2015~2020 年的均值	2009~2014 年的均值	2003~2008 年的均值	1999~2002 年的均值
北京	3.59	3.56	3.80	3.45
天津	1.48	1.65	1.61	1.62
河北	3.66	4.21	4.56	4.68
山西	1.71	2.07	2.16	1.90
内蒙古	1.79	1.94	1.86	1.58
辽宁	2.64	3.32	3.92	4.68
吉林	1.30	1.56	1.50	1.79
黑龙江	1.48	2.00	2.43	2.83
上海	3.91	4.10	4.82	4.85
江苏	10.21	9.93	9.44	8.76
浙江	6.32	6.39	6.92	6.40
安徽	3.63	3.32	3.02	3.23
福建	4.13	3.69	3.46	3.80
江西	2.47	2.33	2.11	2.05
山东	7.51	8.04	8.33	8.44
河南	5.41	5.38	5.35	5.11
湖北	4.47	4.08	3.46	3.60
湖南	4.08	3.85	3.42	3.57
广东	10.93	10.77	11.61	11.03
广西	2.15	2.08	2.01	2.14
海南	0.54	0.50	0.48	0.54
重庆	2.39	2.08	1.83	1.88
四川	4.59	4.30	3.88	4.01

续表

地 区	2015~2020年的均值	2009~2014年的均值	2003~2008年的均值	1999~2002年的均值
贵州	1.65	1.22	1.04	1.05
云南	2.27	2.01	1.88	2.05
西藏	0.17	0.13	0.13	0.13
陕西	2.59	2.51	2.04	1.85
甘肃	0.90	0.98	0.99	1.06
青海	0.30	0.28	0.27	0.28
宁夏	0.38	0.38	0.32	0.31
新疆	1.35	1.34	1.33	1.36

资料来源：根据国家统计局数据，由作者计算得到。

由表2可知，一方面，中国省域之间的GDP差距较大。例如，2015~2020年，广东与江苏的GDP占全国比重都超过10%，但与此同时中国还有5个省份的GDP占全国经济总量比重低于1%，与广东和江苏的差距均在10倍以上。2020年中国所有省份GDP占全国经济总量比重的均值为3.2%，但是包括天津、山西、内蒙古、辽宁、吉林、黑龙江、江西、广西、海南、重庆、贵州、云南、西藏、陕西、甘肃、青海、宁夏和新疆在内的18个省份的GDP占全国经济总量比重都低于这一均值，只有13个省份的GDP占全国经济总量比重高于这一均值。可见，目前中国的区域发展差距是比较大的。另一方面，中国不同省域之间的GDP增速也存在较大差异。从不同省域的GDP占全国经济总量比重的变化趋势看，一个最显著的特征是1999~2008年与2009~2020年的变化趋势发生了明显改变。在1999~2008年，很多北方省份的GDP占全国经济总量比重都出现了一定程度的增长，例如北京、山西、内蒙古、河南、陕西和宁夏的GDP占全国经济总量比重都有所增长。但是在2009~2020年，除了北京、河南、陕西、青海、宁夏和新疆之外，其他北方省份的GDP占全国经济总量比重均有所下降，其中河北的GDP占全国经济总量比重下降了0.55个百分点，辽宁的GDP占全国经济总量比重下降了0.68个百分点，黑龙江的GDP占全国经济总量比重下降了 0.52 个百分点,山东的 GDP 占全国经济总量比重下降了 0.53 个百分点。考虑到南方地区的经济总量原本就要高于北方地区,北方省份的经济增速下滑也意味着中国省域经济发展差距面临继续扩大的压力。

(三)中国南北地区的发展差距

随着改革开放的全面深入推进,中国南方地区在全国区域经济体系中的地位逐渐提高而北方地区的经济地位则逐渐下滑,1999~2020 年中国南方地区和北方地区的 GDP 占全国经济总量比重的演变情况见表 3。

表 3 南北地区经济 1999~2020 年的 GDP 比重演变情况

单位:%

地区	2015~2020 年的均值	2009~2014 年的均值	2003~2008 年的均值	1999~2002 年的均值
北方地区	36.09	39.22	40.47	40.94
南方地区	63.91	60.78	59.53	59.06

注:根据许宪春等的划分标准,北方地区包括北京、天津、河北、山西、内蒙古、辽宁、吉林、黑龙江、山东、河南、陕西、甘肃、青海、宁夏和新疆,南方地区包括上海、江苏、浙江、安徽、福建、江西、湖北、湖南、广东、广西、海南、重庆、四川、贵州、云南和西藏。参见许宪春等《中国南北平衡发展差距研究——基于"中国平衡发展指数"的综合分析》,《中国工业经济》2021 年第 2 期。

资料来源:根据国家统计局数据,由作者计算得到。

由表 3 可知,自 1999 年以来,北方地区的 GDP 占全国经济总量比重持续下滑。1999~2002 年北方地区的 GDP 占全国经济总量比重的均值为 40.94%,2003~2008 年下降至 40.47%,2009~2014 年略微下降至 39.22%,2015~2020 年则快速下降至 36.09%,20 多年间,北方地区的 GDP 占全国经济总量比重的下降幅度已经超过了 4.8 个百分点。与此同时,从单个省份的经济发展形势来看,北方省份与南方省份的 GDP 差距也在逐渐扩大。例如,在北方地区中,经济规模排名第一的山东 1999~2002 年的 GDP 占全国经济总量比重为 8.44%,而 2015~2020 年山东的 GDP 占全国经济总量比重下降为 7.51%,降幅为 0.93 个百分点。相比之下,作为南方经济规模最大的两个省份,江苏和广东的 GDP 占全国经济总量比重分别由 1999~2002 年的 8.76%和 11.03%变为 2015~2020 年的 10.21%和 10.93%,江苏的 GDP 占全国经济总量比重上升了 1.45 个百分点,而广东的 GDP 占全国经济总量比重虽然相对于 1999~2002 年略有下降,但是相比于 2009~2014 年的 10.77%则实现了占比的重新提高,这与山东 GDP 比重持续下滑的趋势是完全不同的。因此,南北地区的发展差距问题值得高度重视。

(四)各省份内部的城乡发展差距

除了省域之间的发展差距外,由于长期以来中国的城乡二元经济结构问题突出,各个省份内部的城乡发展差距也是中国区域发展不平衡不充分的重要原因之一。可以用城乡居民可支配收入的比值来分析各省份内部城乡发展差距的演变情况,详见表4。

表4 2013~2020年各省份内部城乡居民可支配收入比值变化情况

地区	2020年	2019年	2018年	2017年	2016年	2015年	2014年	2013年
北京	2.510	2.553	2.567	2.575	2.567	2.570	2.572	2.606
天津	1.855	1.859	1.863	1.852	1.848	1.845	1.852	1.888
河北	2.264	2.325	2.350	2.372	2.370	2.366	2.370	2.419
山西	2.507	2.578	2.641	2.700	2.713	2.732	2.732	2.800
内蒙古	2.496	2.668	2.775	2.835	2.840	2.839	2.842	2.894
辽宁	2.314	2.469	2.548	2.546	2.552	2.582	2.599	2.627
吉林	2.079	2.162	2.195	2.187	2.188	2.199	2.154	2.181
黑龙江	1.924	2.065	2.115	2.167	2.175	2.181	2.163	2.225
上海	2.189	2.218	2.240	2.250	2.261	2.282	2.305	2.336
江苏	2.194	2.252	2.264	2.277	2.281	2.287	2.296	2.336
浙江	1.964	2.014	2.036	2.054	2.066	2.069	2.085	2.120
安徽	2.373	2.435	2.457	2.480	2.488	2.489	2.505	2.575

续表

地 区	2020年	2019年	2018年	2017年	2016年	2015年	2014年	2013年
福建	2.259	2.331	2.364	2.388	2.401	2.412	2.429	2.470
江西	2.271	2.314	2.339	2.356	2.362	2.379	2.403	2.434
山东	2.332	2.381	2.427	2.433	2.437	2.440	2.459	2.515
河南	2.157	2.255	2.305	2.324	2.328	2.357	2.375	2.424
湖北	2.251	2.294	2.300	2.309	2.309	2.284	2.291	2.339
湖南	2.514	2.588	2.604	2.624	2.622	2.623	2.641	2.697
广东	2.495	2.557	2.583	2.597	2.597	2.602	2.625	2.669
广西	2.420	2.541	2.608	2.693	2.734	2.790	2.841	2.911
海南	2.279	2.383	2.384	2.389	2.403	2.427	2.470	2.546
重庆	2.445	2.507	2.532	2.547	2.564	2.593	2.650	2.715
四川	2.401	2.464	2.492	2.513	2.529	2.557	2.592	2.652
贵州	3.100	3.199	3.252	3.279	3.306	3.327	3.380	3.487
云南	2.920	3.045	3.110	3.143	3.172	3.200	3.259	3.340
西藏	2.819	2.889	2.952	2.969	3.057	3.088	2.992	3.112
陕西	2.844	2.929	2.971	3.001	3.027	3.041	3.072	3.151
甘肃	3.270	3.357	3.403	3.438	3.445	3.427	3.474	3.556
青海	2.877	2.942	3.032	3.083	3.088	3.094	3.063	3.149
宁夏	2.572	2.670	2.724	2.745	2.756	2.762	2.769	2.826
新疆	2.479	2.642	2.736	2.786	2.795	2.788	2.661	2.688

注：从2013年起，国家统计局开展了城乡一体化住户收支与生活状况调查，2013年及以后数据源于此项调查。由于2013年之后的调查与2013年前的分城镇和农村住户调查的调查范围、调查方法和指标口径均有所不同，从数据可比的角度考虑，本表只选用2013~2020年的数据进行分析。

资料来源：根据国家统计局数据，由作者计算得到。

从表4看，中国各省内部的城乡发展差距仍然比较明显，2020年各省份的城乡居民可支配收入比值的均值为2.43。2020年城乡居民可支配收入的比值小于2的省份只有天津、黑龙江和浙江，其城乡居民可支配收入的比值分别是1.855、1.924和1.964。此外，贵州和甘肃的城乡居民可支配收入的比值超过3，是城乡发展差距最大的两个省份，其他26个省份的城乡居民可支配收入的比值则都为2~3。可见，目前中国的城乡发展差距是比较大的。与此同时，观察各个省份的城乡居民可支配收入差距比值变化可知，近4年城乡居民收入差距开始缩小，如果考虑到2020年的疫情影响，只观察2016~2019年的城乡居民可支配收入比值变化，可以发现绝大部分省份的城乡居民可支配收入差距缩小极为缓慢，2016~2019年的城乡居民可支配收入比值降低幅度超过0.1的省份只有山西、内蒙古、黑龙江、广西、贵州、云南、西藏、青海和新疆，其他22个省份的城乡居民可支配收入比值的降低幅度都在0.1以内。这也从侧面反映了城乡收入差距缩小的艰巨性。

三 实现共同富裕目标的原则

从实现共同富裕的本质要求看，想要通过推动区域协调发展来实现共同富裕目标需要坚持以下三个方面的原则。

（一）实现共同富裕的根本要求——共同发展

确保所有区域的发展水平都能够得到提高是实现共同富裕目标的必然要求。一方面，继续推动中国重要先发地区的经济增长是确保整体区域和国家综合实力提升的基础条件，也是推动共同富裕目标实现的有力保障。另一方面，也要高度重视数量众多的欠发达地区、中小城市和小城镇的可持续发展能力。从实现共同富裕的角度看，这部分地区的发展是未来制约共同富裕目标顺利实现的重中之重。就如同全面脱贫目标要求全国所有的贫困村都能够顺利脱贫，共同富裕目标的最终实现也必然要求所有的欠发达地区都能够达到一定的发展水平，否则共同富裕的目标就很难实现。习近平总书记也明确指出不同地区富裕程度还会存在一定差异，不可能齐头并进。这是一个在动态中向前发展的过程，要持续推动，不断取得成效。[1]

---

[1] 习近平：《扎实推动共同富裕》，《求是》2021年第20期。

从这一角度分析，这就是中国实现共同富裕目标的艰巨挑战。例如，在中国目前 2800 多个县级行政区中，人口规模在 10 万人以下的有 200 多个，其中 5 万人以下的有 100 多个，这些县大多集中于中部与西部地区，自身"造血"功能实际上已经大半丧失，如何让这部分地区也能够达到共同富裕的水平将是区域协调发展战略面临的巨大挑战。因此，共同富裕目标对区域协调发展战略的实施提出了明确要求：既要重视先发地区的继续引领发展，也要重视欠发达地区的共同发展。

（二）实现共同富裕的根本方法——共建发展

欠发达地区摆脱欠发达状态固然需要政府以及发达地区的帮助，但就如同习近平总书记针对全面脱贫曾经提出的要重视贫困地区的内生动力一样，想要让中国数量众多的欠发达地区都能够摆脱欠发达状态，也必须高度重视地区发展的内生动力。然而，对发达地区而言，由于此类地区发展基础好、发展水平高，其发展能力是比较强的，实现可持续的发展并无太大难题。但对欠发达地区尤其是不具有区位优势的欠发达地区而言，如何培育自身的内生发展能力则同样值得深入研究。[①]

根据中国贫困地区全面脱贫的宝贵经验，在帮助欠发达地区通过培育内生发展能力来实现共同富裕的过程中，关键在于具有市场竞争力产业的培育。一方面应该着力构建不同地区之间的产业分工体系，鼓励欠发达地区根据产业分工体系的结构和需求以及结合自身发展实际情况来有针对性地制定科学合理的发展战略，尽快培育自身具有比较优势和竞争优势的产业结构。另一方面，相关部门也要充分发挥自身积极作用，设立引导不同地区之间的合作平台，加快不同地区之间形成深度合作的产业分工体系，同时针对欠发达地区发展过程中遇到的问题，精准制定科学的发展能力培育方案，有效支持这些地区积极培育自身的发展能力。

[①] 汪三贵、曾小溪：《从区域扶贫开发到精准扶贫——改革开放 40 年中国扶贫政策的演进及脱贫攻坚的难点和对策》，《农业经济问题》2018 年第 8 期。

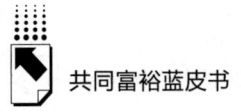

（三）实现共同富裕的根本保障——共享发展

除了发展问题外，缩小区域发展差距问题也是实现共同富裕必须破解的另外一个难题。从实践看，提高发展水平与缩小区域发展差距是并行不悖的。但是，中国过去的发展实践已经证明，发展水平的提高并不一定会导致区域发展差距的缩小，甚至还可能会出现暂时的区域发展差距扩大。针对这一情况，习近平总书记指出："我国经济发展的'蛋糕'不断做大，但分配不公问题比较突出，收入差距、城乡区域公共服务水平差距较大。在共享改革发展成果上，无论是实际情况还是制度设计，都还有不完善的地方。为此，我们必须坚持发展为了人民、发展依靠人民、发展成果由人民共享，作出更有效的制度安排，使全体人民朝着共同富裕方向稳步前进，绝不能出现'富者累巨万，而贫者食糟糠'的现象。"① 长远来看，我们必须要采取有力措施来确保区域发展差距能够被稳定缩小，这就要求在区域发展过程中充分体现共享发展理念，构建合理的利益分享机制。

一方面，要继续完善中央与地方之间的财政转移支付制度，在不断提高市场一体化程度的同时，加大对地方政府的财政转移支付力度，让所有区域都有机会分享发展的成果。同时，也应该提高财政转移支付的精准性，让所有区域既能够获得一定的利益分享，也能够得到与自己发展付出相匹配的额外利益。另一方面，要继续探索地方之间的利益补偿制度尤其是流域之间的生态补偿制度。近几年由于生态文明建设加速、双碳目标被正式提出，区域之间的生态补偿问题已经逐渐成为重点问题，党中央也高度重视生态补偿制度建设问题，自2015年国务院发布《健全生态保护补偿机制的意见》后，2021年中共中央办公厅、国务院办公厅印发《关于深化生态保护补偿制度改革的意见》，生态补偿制度建设也逐渐驶入快车道。但从目前各地发展实际看，生态补偿的具体标准、具体模式与补偿思路还有待完善。

---

① 习近平：《论把握新发展阶段、贯彻新发展理念、构建新发展格局》，中央文献出版社，2021，第42页。

四 推动共同富裕的区域协调发展战略实施思路

根据共同富裕目标与区域发展之间的关系，未来想要顺利实现共同富裕目标，需要加快实施区域协调发展战略，努力提高区域发展质量，为共同富裕目标的顺利实现奠定坚实基础。

（一）努力提高发展模式的质量

作为发展过程的结果，共同富裕目标的实现高度依赖于发展模式的质量提高。第一，要努力提高发展的协调性。要坚持社会主义市场经济体制，立足社会主义初级阶段，要坚持公有制为主体和多种所有制经济共同发展的方针，大力发挥公有制经济在促进共同富裕中的重要作用，同时要促进非公有制经济健康发展。第二，要努力提高发展的平衡性。着力构建支撑共同富裕目标的区域协调发展战略，提升区域发展的平衡性。始终坚持以区域协调发展战略为根本框架，深度融合多项区域重大战略，不断提高区域一体化发展程度，发挥我国巨型规模市场优势，同时健全转移支付制度，缩小不同行政区域之间的财力差距。第三，要努力提高发展的包容性。要高度重视低收入群体收入水平的保障与提升。既要加大普惠性人力资本投入，提高低收入群体及其子女的人力资本水平，提高其内生发展能力，又要逐步完善养老和医疗保障体系以及兜底救助体系，逐步提高城乡最低生活保障水平，兜住基本生活底线。

（二）加快形成优势互补的区域发展格局

习近平总书记在2019年对未来中国区域协调发展战略的整体目标做了全面阐述，指出中国区域经济的发展必须遵循客观经济规律，同时发挥各地区比较优势，促进各类要素合理流动和高效集聚，增强创新发展动力，加快构建高质量发展的动力系统，增强中心城市和城市群等经济发展优势区域的经济和人口承载能力，增强其他地区在保障粮食安全、生态安全、边疆安全等方面的功能，形成优势互补、高质量发展的区域经济布局。① 一方面，尊重客观经济规律要求产业和人口向优势区域集中，继续发挥城市群和都市圈在区域协调发展战略实施过程中的主要作用，加快构建区域内部一体化发展机制，让市场在资源配置中发挥决定性作用，破除行政区域对要素自由流动的制约和分割，进一步提升整体区域经济的发展效率。另一方面，尊重客观经济规律也需要各个地方的发展能够发挥各自的比较优势，基于自身发展实际和功能定位来培育和发展相关产业，例如农产品主产区需要着力保障粮食安全，生态功能区要努力保障生态安全，而城市化地区则需要着力发挥自身经济发展优势，集聚更多的从农产品主产区与生态功能区转移而来的人口，从而实现整体区域的快速发展。②

（三）着力完善区域协调发展新机制

区域协调发展机制是实现发达地区与欠发达地区共享发展的关键。③ 第一，要深化区域合作互动机制。建议以京津冀地区、长江经济带、粤港澳大湾区、长三角地区和黄河流域为重点对象，加快提升合作层次和水平。同时加强城市群内部城市间的紧密合作，推动城市间产业分工、基础设施、公共服务、环境治理、对外开放和改革创新等协调联动，加快构建大中小城市和小城镇协调发展的城镇化格局。第二，要加快推动基本公共服务均等化。基本公共服务均等化不仅是实现区域协调发展的必然要求，也是提升欠发达地区发展能力的重要前提。要深入推进财政事权和支出责任划分改革，建立权责清晰、财力协调、标准合理、保障有力的基本公共服务制度体系和保障机制，将更多的政策资源向贫困地区、薄弱环节和重点人群倾斜，加大对省域范围内基本公共服务薄弱地区的扶持力度，通过完善省以下财政事权和支出责任划分、规范转移支付等措施，逐步缩小县域间、市地间基本公共服务差

---

① 习近平：《推动形成优势互补高质量发展的区域经济布局》，《求是》2019年第24期。
② 蔡之兵：《高质量发展的区域经济布局的形成路径：基于区域优势互补的视角》，《改革》2020年第8期。
③ 覃成林：《区域协调发展机制体系研究》，《经济学家》2011年第4期。

距。第三，完善多元化横向生态补偿机制。区域之间的生态补偿是区域协调发展目标顺利实现的关键，要按照区际公平、权责对等、试点先行、分步推进的原则，不断完善横向生态补偿机制。鼓励生态受益地区与生态保护地区、流域下游与流域上游通过资金补偿、对口协作、产业转移、人才培训和共建园区等方式建立横向补偿关系。

（四）从发达地区与欠发达地区两大主体同时着手缩小区域发展差距

围绕中国发展实际，缩小区域发展差距应该从发达地区与欠发达地区两大主体同时着手。第一，加快推进西部大开发形成新格局。西部地区是中国欠发达地区比较集中的地区，缩小区域发展差距要高度重视西部地区的快速发展。要加快推动成渝地区双城经济圈的建设并打造陕西等内陆改革开放高地，继续深入推动"一带一路"建设，有效利用中欧班列的开通与带动作用，加快补齐西部地区特别是"三区三州"这些深度贫困地区的发展短板，让更多的西部欠发达地区能够融入全国的经济产业体系。第二，深入推进东北地区全面振兴。东北地区面临的发展问题已经成为中国南北差距不断扩大的重要原因，东北地区也是发展难度最大的地区之一。推动东北全面振兴应该着力持续优化营商环境，转变政府职能，提高政府效率，加快建设面向东北亚的开放合作平台，不断发展高端制造业并加快产业升级。第三，大力推动中部地区高质量发展。中部地区是近几年全国发展速度最快的地区之一，尤其是包括武汉、合肥、郑州和长沙在内的一批重点城市的高速发展更是显著改变了中国区域经济发展格局，有效地促进了中部地区的快速发展。考虑到中部地区承东启西、临南向北的地理位置，未来应该进一步制定推动实施中部地区高质量发展的政策文件，加快中部地区发展。第四，继续支持东部地区率先发展。作为中国的发达地区，东部地区的高速发展对中国经济发展水平的整体提高具有决定性作用，缩小区域发展差距必须毫不动摇地以东部地区发展水平的提高为前提，在整体区域经济发展水平提高的前提下缩小区域发展差距。

B.4 普惠金融促进共同富裕目标实现的逻辑与路径

罗 煜 汪雯羽*

摘　要： 普惠金融与共同富裕之间关系密切，特别是在发展目标、服务对象上高度一致，普惠金融是实现共同富裕的重要金融手段。近年来，普惠金融的发展对实现共同富裕有显著的效果。但是，目前在政策层面，普惠金融政策中的共同富裕目标仍不够明确；在市场层面，普惠金融从业者的共同富裕理念尚未形成，支持共同富裕的金融创新仍然不足；在微观主体层面，承接普惠金融与共同富裕的自身综合能力仍然不够。为了提高普惠金融助力共同富裕的效果，应从优化政府政策、提升从业者积极性与提升微观主体生产能力等角度出发。

关键词： 普惠金融　共同富裕　低收入群体

根据"十四五"规划和2035年远景目标，我国未来一段时间在发展中要坚持共同富裕方向。普惠金融是专门服务于受到传统金融排斥的小微企业和低收入群体的金融服务体系的统称。金融排斥对象中的个人往往在社会经济水平和生活水平也处于不利地位，是促进社会公平、实现共同富裕过程中最主要的关注对象。因此，可以说普惠金融与共同富裕之间存在天然的联

---

* 罗煜，中国人民大学财政金融学院副教授、中国普惠金融研究院研究员，经济学博士，主要研究方向为普惠金融；汪雯羽，中国人民大学财政金融学院博士研究生、中国普惠金融研究院研究员，主要研究方向为普惠金融。

系,普惠金融通过为低收入等群体及小微企业提供金融服务助力共同富裕的实现。近年来,我国普惠金融发展成效显著,小微企业和低收入群体面临的"融资难、融资贵"问题逐步解决,金融排斥群体的金融可得性极大地提升。普惠金融发展对小微企业和低收入群体的影响不仅仅体现在金融支持本身,在提供金融支持的过程中也提高了小微企业和低收入群体的综合能力,对实现共同富裕有深远意义。

一 普惠金融与共同富裕的内在联系

共同富裕强调让一部分人、一部分地区先富起来,先富的帮助后富的,缩小结构性差距,扩大中等收入群体,最终实现普遍性的致富。普惠金融强调金融服务的普遍性和包容性,通过提升金融排斥群体的金融服务可得性,缩小金融服务的结构性差异。普惠金融与共同富裕在思想上是一致的,共同富裕和普惠金融均体现了社会主义经济制度的优越性,在社会主义市场经济中,既讲求效率,也追求公平正义,在效率和公平中寻求最优的平衡。在当前阶段,普惠金融与共同富裕的服务对象也基本相同。有研究已经证实,普惠金融对实现共同富裕有促进作用,普惠金融通过包容增长、创新效应、创业效应等,提升收入水平,缩小收入差距,促进社会公平,实现共同富裕。[①]

(一)普惠金融支持低收入群体助力共同富裕实现缩小贫富差距目标

出于经济基础薄弱、思想观念保守、金融知识匮乏、抗风险能力不强等原因,低收入家庭难以提升家庭的经济水平和生活水平,长期处于温饱的低质量生活状态,而高收入群体由于各方面能力相对占优,财富积累速度越来越快,最终扩大了社会收入差距,难以形成共同富裕。普惠金融的发展不仅

---

① 邹克、倪青山:《普惠金融促进共同富裕:理论、测度与实证》,《金融经济学研究》2021年第5期。

授人以鱼，更是授人以渔，在解决低收入群体资金问题的过程中也培养了其综合能力，为低收入家庭提高经济水平和生活水平提供了必要的能力，有助于低收入家庭从根本上摆脱困境，缩小社会贫富差距，最终实现共同富裕。

共同富裕要求缩小社会贫富差距，普惠金融提升了生产能力，通过帮助低收入群体创业、降低生产经营风险，增加了低收入群体的收入，扩大中等收入群体，改善社会结构。普惠金融的发展提升了居民的金融能力，提高了其对金融服务的使用度，激发了创业行为，促进积累资产。[1] 同时，普惠金融对创业的激励作用对农村地区和中低收入家庭更大。[2] 例如小额信贷帮助低收入家庭解决生产经营的启动资金问题，普惠保险帮助低收入家庭规避生产经营中存在的风险，数字化支付提高低收入家庭的生产经营效率。生产是财富源泉，普惠金融通过提高低收入群体的生产能力最终帮助其扩大了收入来源，提高了收入水平。除此之外，随着互联网发展，小额理财普及增加了低收入家庭的投资收入，优化了家庭收入结构，加快了收入增长速度。根据中国家庭金融调查（CHFS）2017年的数据，普惠金融对家庭收入的贡献占比达到13.7%，与教育程度对家庭收入的贡献相当，家庭普惠金融指数每提高1分，家庭人均收入对数将显著提高1.46%。[3]

共同富裕要求实现人的全面发展，增进民生福祉，普惠金融支持人民提高综合素养，提升发展能力。一方面，普惠金融的发展提高了低收入群体的金融能力，提高了家庭配置资源的能力。普惠金融发展中重视普及金融知识、灌输金融理念，提高服务对象的金融素养，很多低收入群体通过接受普惠金融服务开始了解金融并进行财务规划，提高了家庭的资金使用效率，并利用保险工具规避家庭风险，提高了家庭面对不确定性时的韧性。另一方面，普惠金融提高了家庭生活质量，提高了家庭发展潜力。普惠金融扩大了

---

[1] 李建军、李俊成：《普惠金融与创业："授人以鱼"还是"授人以渔"？》，《金融研究》2020年第1期。

[2] 张正平、石红玲：《家庭普惠金融水平对家庭创业决策的影响：基于CHFS数据的实证研究》，《北京工商大学学报》（社会科学版）2019年第1期。

[3] 尹志超、彭嫦燕、里昂安吉拉：《中国家庭普惠金融的发展及影响》，《管理世界》2019年第2期。

金融的覆盖面,网点覆盖和支付结算等降低了低收入群体转账、支付的成本,提高了交易效率,为生活带来了便利。低收入家庭往往因为存在流动性约束而无法平滑消费,普惠金融提高了低收入群体的信贷可得性,低收入群体有更多机会运用信贷来帮助家庭实现跨期资源配置,特别对教育、医疗等项目的促进提升了家庭未来的发展潜力。现有研究也表明,普惠金融的发展不仅能够提升收入直接遏制城乡收入差距的扩大,同时也会通过贫困减缓间接缩小城乡收入差距。[①]

(二)普惠金融支持中小微企业助力共同富裕实现缩小行业差距目标

中小微企业提供了50%以上的税收,创造了60%以上的国内生产总值,完成了70%以上的发明专利,提供了80%以上的就业岗位,占企业总数的90%以上,特别是对于解决低收入群体的就业发挥了重要的作用。中小微企业的发展有助于我国实现繁荣经济、稳定就业、促进创新,是促进社会和谐和实现共同富裕的重要抓手,然而"融资难、融资贵"问题是阻碍中小微企业发展的重要因素。企业社会融资的主要渠道有发行股票、银行贷款、承兑汇票、企业发债、融资性信托、融资租赁、保理、小贷公司、互联网金融(网贷)、上市公司股权质押等途径,但是对于中小微企业来说,除了银行、小贷公司和互联网金融以外其他渠道都难以获得,其中银行是目前中小微企业融资的主要渠道。但是与大型企业相比,中小微企业很难在银行获得一样的融资机会。对于银行来说中小微企业的贷款业务规模较小,审贷、监督等成本高,传统信贷方式下银行的利润空间被极大压缩,银行的放贷意愿不强。普惠金融在发展过程中利用场景、服务等优势,弥补了传统金融服务的短板,降低了金融服务的门槛,为中小微企业提供个性化的金融产品与服务,不断满足中小微企业的信贷需求,坚持扩大中小微企业的信贷规模,降低交易费用和融资成本,中小微企业的信贷可得性极大地提高。

---

① 刘金全、毕振豫:《普惠金融发展及其收入分配效应——基于经济增长与贫困减缓双重视角的研究》,《经济与管理研究》2019年第4期。

共同富裕要求优化民营企业的发展环境，增加中小微企业发展机会，普惠金融发展保障了中小微企业平稳经营及扩大生产能力，维护了经济的稳定，有利于促进经济增长。中小微企业经营过程中会出于突发情况、季节性因素和经营账期等原因出现资金缺口，普惠金融发展使中小微企业可以便捷、及时、低成本地借入资金，解决资金周转问题，避免企业陷入财务困境。普惠金融助力中小微企业扩大经营规模，提高了实体经济的实力。部分中小微企业在经营中有潜力可以升级为大型企业，普惠金融解决了中小微企业扩大规模中的资金问题，帮助企业顺利升级，改善市场经济结构，企业规模扩大不仅提高了我国实体经济的实力，也有利于低收入群体收入的提高。

共同富裕要求支持中小微企业创新，普惠金融为中小微企业技术创新提供了资金支持，促进产业创新升级。普惠金融有助于中小微企业革新生产技术、升级产业结构，最终提升生产效率，提升市场中商品及服务的供给数量和质量，为人民追求美好生活提供相适应的物质基础。现有研究表明，发展普惠金融能显著地促进中小企业创新，特别是促进中小企业中的民营企业创新，且发展普惠金融对发明专利、实用新型专利、外观设计专利三类企业创新均有明显的促进作用，随着数字普惠金融的发展，普惠金融对中小企业的创新激励将进一步增强。①

二　普惠金融助力实现共同富裕的既有成果

（一）普惠金融主要举措

近年来，在政府政策支持和市场的自发探索下，我国普惠金融在多方面取得了重要进展。

---

① 孙继国、胡金焱、杨璐：《发展普惠金融能促进中小企业创新吗？——基于双重差分模型的实证检验》，《财经问题研究》2020年第10期。

首先，以提升贷款可获得性为主要目的，进一步规范和发展间接融资。银行业金融机构采取一系列措施提升中小微企业和弱势群体的信贷可得性。如创新信贷产品和服务，经营权、财产权、知识产权和各类动产不动产等新型抵押贷款不断涌现，探索银保合作、银担合作及银税互动；降低融资成本，提高贷款审批发放效率，降低服务成本；完善多层次多样化的银行服务体系，发展民营银行，民间资本参与发起设立村镇银行；加强金融基础设施建设，各银行增加县域基层的网点，网点覆盖面扩大，互联网和移动终端的运用完善了支付体系；充分利用金融科技，推进建设农村信用体系和全国信用信息共享平台，改造信贷流程和信用评价模型，完善贷款管理和贷款评审制度，提高信贷业务的审批和发放效率；改革银行机构组织架构，各银行逐步设立三农金融事业部和普惠金融事业部。

其次，构建多层次资本市场，扩大中小企业直接融资的规模和渠道。例如，设立科创板并试点注册制，推动中小企业上市融资；增加中小企业债务融资工具，支持符合条件的民营企业发行债券融资；设立创业投资引导资金和中小企业发展基金等，支持中小企业快速发展。

再次，发展保险和期货两个领域，增强风险应对能力。在保险领域，积极促进农业保险、巨灾保险、小额人身保险、小额贷款保证保险大力发展，特别是提高农村地区疾病、自然灾害和意外事故等风险的保险保障水平，农业大灾风险分散机制开始建立，形成政府、银行、保险共同参与、分担风险的合作经营模式，并规范发展互联网平台保证保险业务；在期货领域，深入推进农产品期货期权市场建设，稳步扩大"保险+期货"试点，探索"订单农业+保险+期货（权）"试点。

最后，完善普惠金融的配套保障措施。在金融消费者保护方面，相关法律法规和部门规章相继出台，各主要金融管理部门分别成立了内设金融消费者保护部门，推进建设了金融消费纠纷非诉第三方解决机制。信用体系建设方面，搭建全国信用信息共享平台与地方综合金融服务平台，推动符合条件的放贷机构介入金融信用信息基础数据库，通过下调征信服务收费标准，推进征信系统非金融信息采集。在财政补贴和税收支持方面，对深化民营和小微企业金融服务综合改革试点城市施行奖补政策,设立了普惠金融发展专项资金,包括县域金融机构涉农贷款增量奖励、农村金融机构定向费用补贴、创业担保贷款贴息及奖补、政府和社会资本合作(PPP)项目以奖代补四个使用方向。在金融教育方面,开展金融知识普惠活动,大力推进金融知识纳入国民教育体系。

(二)普惠金融发展主要成果

1.银行机构的服务能力提高

由于中小微企业、低收入群体存在缺乏信用记录、缺少合格抵押担保物、经营管理不规范、经营风险较高、金融能力较弱等问题,在融资时极易遭受金融排斥,长期面临"融资难、融资贵"的问题。为了解决小微企业和"三农"的"融资难、融资贵"问题,政府普惠金融政策的总体方向是引导金融机构降低融资成本、减少融资费用、扩大贷款规模,"增量、扩面、提质、降本"是近年来普惠金融发展的主要目标。普惠金融发展取得了明显的效果。

对小微企业,2013~2020年,小微企业的贷款规模和贷款效率持续扩大和提高。银行业金融机构小微企业贷款余额从17.62万亿元增长到42.7万亿元,年均增长率为14.24%,有贷款余额的小微企业户数从1050.09万户增长到2573万户,其中普惠型小微企业贷款余额从2018年的9.4万亿元增长到2020年的15.3万亿元,全年平均利率从2018年的7.34%降到2020年的5.88%,2021年10月,利率进一步降到4.94%,小微企业不仅信贷可得性提升,融资成本也持续下降(见图1)。

"三农"贷款中,2013~2020年,涉农贷款从20.89万亿元增长到38.95万亿元,年均增长为10.48%,其中,农林牧渔业贷款从3.04万亿元增长到4.27万亿元,年均增长率为5.85%,农户贷款余额从4.5万亿元增长到11.81万亿元,年均增长率为16.0%(见图2)。普惠金融对"三农"的支持为乡村振兴贡献了金融力量,有助于缩小城乡差距,实现共同富裕。

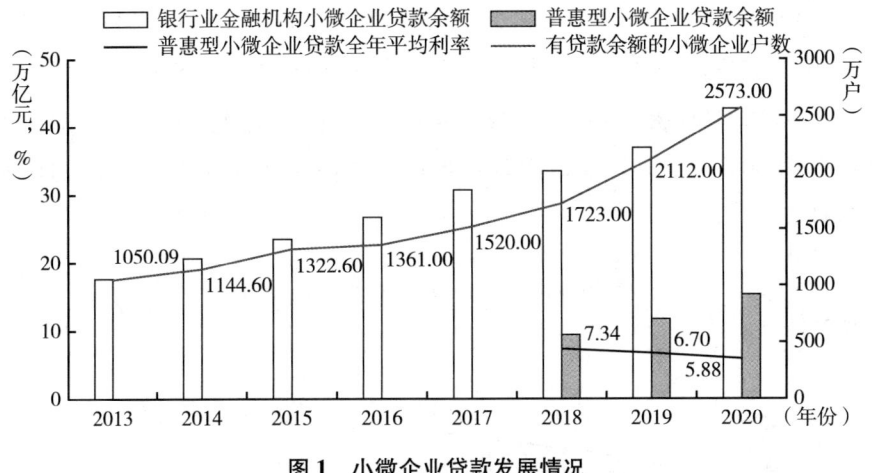

图 1　小微企业贷款发展情况

资料来源：根据《中国普惠金融指标分析报告》《中国银行业服务报告》整理。

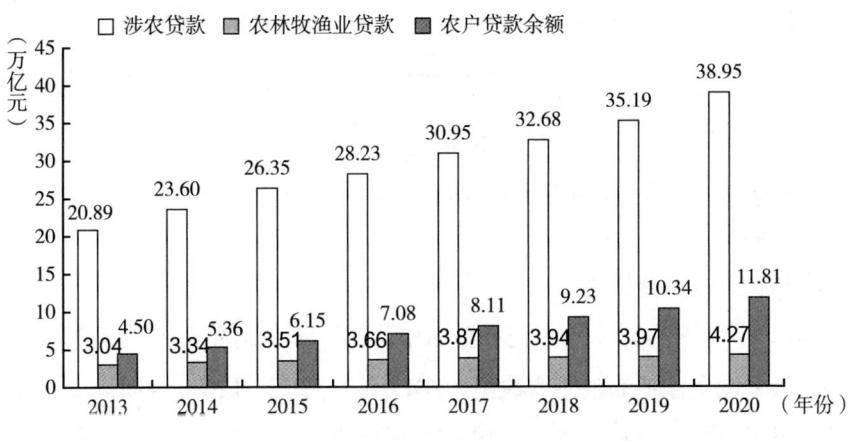

图 2　涉农贷款发展情况

资料来源：根据《中国农村金融服务报告》《中国银行业服务报告》整理。

2. 信用体系建设发挥效果

过去我国金融业务开展困难的主要原因在于金融基础设施薄弱，例如存在大量缺乏信贷记录甚至是没有信贷记录的"白户"，金融机构难以判断风险，因此难以提供信贷业务。随着我国信用基础设施的完善和利用数据能力的提升，以及产业链金融、信用担保基金等多种增信方式的尝试，信用贷款在"三农"和小微企业贷款中的占比逐渐提高，2016~2020年，农户信用贷款比例从13.05%提高到19.02%，小微企业信用贷款比例从12.18%提高到20.10%（见图3）。信用贷款方式解决了缺乏抵押担保物的小微企业、农户的融资难题，提高了小微企业和农户的信贷可得性。

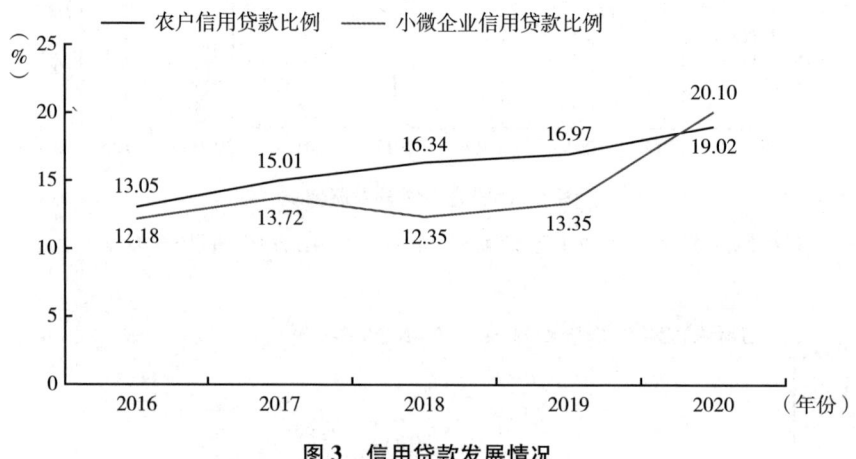

图3　信用贷款发展情况

资料来源：《中国普惠金融指标分析报告》。

3. 拓宽直接融资渠道

2018年11月习近平总书记在首届中国国际进口博览会开幕式上宣布设立科创板并试点注册制的重大决策，2019年7月22日首批科创板公司上市交易。根据科创板信息披露，2019年注册生效公司为77家，2020年新注册生效公司149家，2021年新注册生效公司162家，逐年增加。为了探索具有中国特色资本市场普惠金融之路，2021年习近平总书记在中国国际服务贸易交易会全球服务贸易峰会上阐明"设立北京证券交易所，打造服务创新型中小企业主阵地"①。北交所将支持引导私募基金、公募基金等加大投

---

① 《设立北京证券交易所——打造服务创新型中小企业主阵地》，百家号·新华网，https://baijiahao.baidu.com/s?id=1710152104756540947&wfr=spider&for=pc，最后访问日期：2022年5月16日。

资力度,推动保险资金、社保基金等长期资金入市,持续优化"小额、快速、灵活、多元"的发行融资制度。直接融资渠道的扩宽进一步解决了小微企业的"融资难和融资贵"问题。

4. 支付体系更高效

过去农村等偏远地区电子支付系统发展较慢,居民生活不便,日常交易繁琐且成本较高。2015 年,国务院印发的《推进普惠金融发展规划(2016~2020 年)》中鼓励银行机构和非银行支付机构面向农村地区提供安全、可靠的网上支付、手机支付等服务,并支持金融机构对 POS 机、自动柜员机(ATM)等各类机具的布放,提升银行卡助农取款服务的广度和深度,延伸乡村银行卡的受理网络。我国 ATM 的数量从 2013 年的 52 万台增加到高峰时期 2018 年的 111.08 万台,增长超过 1 倍(见图 4)。同时,随着网上支付和手机支付的普及,我国非现金支付业务在金融机构中所占的比重也逐渐提高,非现金支付业务从 2013 年的 501.58 亿笔增长到 2020 年的 3547.21 亿笔,增长超过 6 倍(见图 5)。普惠金融领域中电子支付结算的普及降低了小微企业和个人的交易成本,提高了经营和生活效率。

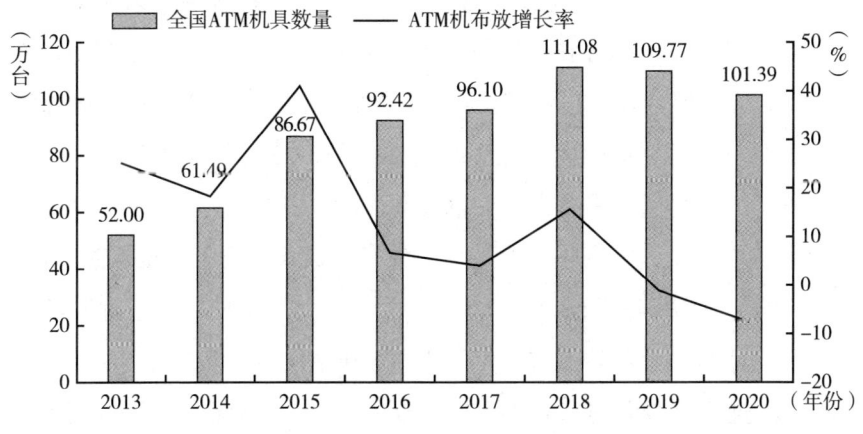

图 4 全国自动柜员机(ATM)数量变化

资料来源:《中国人民银行支付体系发展报告》。

图5 非现金支付业务发展情况

资料来源：《中国人民银行支付体系发展报告》。

5. 风险应对能力增强

2015~2019年，我国农业保险的深度由0.62提升为0.95（见图6）。截至2020年，我国基层农业保险服务网点已达40万个，基层服务人员近50万人①，基本覆盖所有县级行政区域、95%以上的乡镇和50%的行政村。结合金融科技，保险公司积极引入卫星定位、遥感、物联网、无人机等新技术，提升服务效率，提升农户的获得感。农业农村部从2015年开始，连续6年支持地方开展金融支农创新试点，引导地方农业农村部门与金融保险机构共同开展探索。在保险标的上，既包括水稻、马铃薯等大宗农产品和生猪、奶牛、水产等重要畜禽产品，也包括苹果、枸杞、茶叶等地方特色农产品；在保险产品上，既有收入保险、气象指数保险、质量安全保险等创新，也有与信贷、期货等多种金融工具融合的"农业保险+"。农业保险的普惠金融模式已形成一定的体系与规模。普惠金融中保险的发展提高了低收入群体和小微企业的保险服务可得性。对低收入群体，保险帮助家庭提高了面对不确定性时的韧性，防止家庭"因病返贫"和"因灾返贫"造成社会贫富

---

① 数据来源：《"十三五"时期农业保险发展情况报告》。

差距拉大。对于小微企业,在市场中缺乏话语权和定价能力,极易因上下游价格波动而遭受损失,保险为小微企业平稳运行应对市场风险提供了保障。

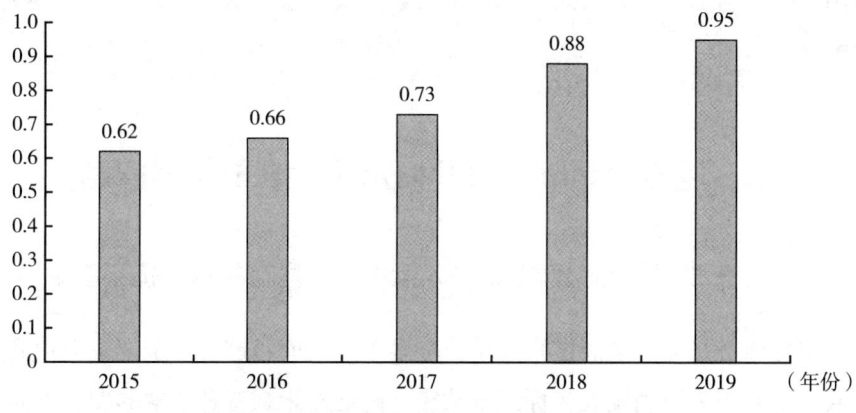

图6 2015~2019年我国全国农业保险深度

资料来源:农业农村部官网。

6. 扩大居民投资理财渠道

公募基金领域,1998~2021年,通过20余年的发展,公募基金管理公司已突破140家。公募基金便捷的参与方式天然具有包容性的普惠金融特性。随着普惠金融政策的深入贯彻,我国公募基金市场个人投资者占比不断提升。银河证券基金研究中心数据显示,截至2020年上半年末,从全部基金口径看,个人持有基金市值82925.81亿元,个人占比50%,总体比例已与机构参与者无太大差距。公募基金业的长期回报,也成为普惠金融实际惠及人民的重要方式。银河证券基金研究中心数据显示,截至2020年上半年末,自1998年首家公募基金公司诞生以来,公募基金累计分红达30725.03亿元。从2015年10月到2019年9月底,公募主动股票方向基金年化收益率为16.16%。2018年在普惠金融政策呵护下诞生的养老目标基金是公募基金践行普惠金融的创新方案。2018年,监管层出台了《养老目标证券投资基金指引》,借鉴海外经验,明确"FOF"是养老目标基金的主要运作模式。养老目标基金凭借其专业的投研实力成为普惠大众养老投资以及个人财富保值增值的有效选择。截至2021年12月31日,我国FOF养老目标基金已达169只，总规模达到1121.86亿元，逐渐成为我国居民养老理财的首选产品之一。投资理财产品种类丰富增加了家庭的投资机会，提高了家庭资金运用效率，增加了家庭收入来源，帮助家庭改善收入结构，有利于缩小收入差距。

三 以普惠金融助力共同富裕存在的主要问题

（一）在政策层面，普惠金融政策中的共同富裕目标仍不明确

普惠金融是促进共同富裕的重要金融手段，而目前普惠金融政策中尚未将共同富裕作为明确发展目标，未从宏观高度对未来普惠金融的发展方向做出指引，因此普惠金融促进共同富裕的作用难以完全发挥。另外，普惠金融及共同富裕均具有复杂性、多元性的特征，涉及的政府部门众多，要指导的市场经济部门业态丰富，在普惠金融发展中加入共同富裕目标后，普惠金融相关政策如何与财政政策、产业政策、就业政策等更加密切地协作，有效形成初次分配、再分配、第三次分配协调配套的基础性制度也极大地考验了政府的协调能力。

（二）在市场层面，普惠金融从业者的共同富裕理念尚未形成，支持共同富裕的金融创新仍然不足

普惠金融市场中的主体为商业性金融机构，不同于政策性机构，商业性金融机构是自主经营、自负盈亏、追求利润最大化、按照市场机制运行的营利性组织。商业性金融机构在经营中缺乏从实现共同富裕的高度去看待普惠金融发展的战略性格局，往往没有看到普惠金融发展对建设中国特色社会主义的价值，更倾向于将金融资源优先投向发达地区、大中型企业和高净值群体，而普惠金融与共同富裕的目标对象均为欠发达地区、小微企业和低收入群体，商业性金融机构的服务积极性并不高，因此市场中这些对象的供需缺口仍然较大。造成供需缺口大的另一个原因在于支持金融排斥群体的金融创新仍然不足，包括对

新技术的运用、对数据价值的挖掘、对金融模式的创新等方面。例如，数字技术的发展提升了各类数据的价值，提高了金融机构服务小微企业和低收入群体时的盈利能力，但是目前数据使用中存在数据保护不足、数据使用效率不高和数据共享性不够等问题，减弱了数据在服务小微企业和低收入群体时的作用。

（三）在微观主体层面，承接普惠金融与共同富裕的自身综合能力仍然不够

对低收入群体，目前的金融能力和生产能力相对较低。造成低收入群体金融排斥的原因除了金融市场发展程度较低、金融机构积极性差外，低收入群体本身金融素养和生产能力较低也是一个方面。与中高收入群体相比，低收入群体受教育程度更低，且居住位置更偏远，大部分居住于县级以下的地区甚至偏远山村，其获得金融教育的机会也更少，各方面都处于弱势地位最终造成低收入群体相较于中产及以上阶层，金融素养和生产能力更低。缺乏金融素养和生产能力让低收入群体难以利用好金融工具提升家庭的经济水平，例如无法对家庭的资产做出合理的投资与规划，当缺乏资金时不会在市场中寻找融资渠道，对于家庭面临的各类风险也缺乏风险规避的意识，甚至更容易遭遇金融诈骗，也难以更好地利用资金发展生产，提高收入。随着普惠金融的发展，市场中金融服务的供给越来越充分，而低收入群体相较于高收入群体在使用金融服务能力上的差异最终可能进一步拉大家庭经济水平间的差异，不利于共同富裕的实现。大多数小微企业在经营过程中财务管理不规范，选择投资项目的能力有限，制约了其从金融机构获得资金。

四 发展普惠金融促进共同富裕的建议与展望

（一）提升普惠金融促进共同富裕能力的建议

1. 加强普惠金融政策与共同富裕的动态联系

首先，在普惠金融的政策中明确共同富裕的发展目标，并在评估普惠金

融政策效果时将普惠金融对促进共同富裕的效果纳入评价体系，根据政策评估效果及时地调整普惠金融政策，与实现共同富裕的发展方向保持一致。其次，加强不同政府部门间的配合，提升政策的系统性与协调性。普惠金融业态丰富，共同富裕涉及的经济部门众多，没有相应的协调机制，不同业态分属不同监管主体会造成监管空白和监管过度的情况，因此在不同的部门之间、部门上下级之间以及金融部门与其他部门之间都要相互配合与合作，利用普惠金融政策促进共同富裕目标的实现。最后，建立良性反馈机制。打通反馈渠道，加强政府对普惠金融发展中的真实情况的了解，找准促进共同富裕的着力点，及时了解金融机构和市场主体的诉求，发现市场行为的不足，政府以此为依据制定符合市场真实特征的政策，弥补市场失灵，最终提升普惠金融促进共同富裕的效率。

2. 加强对金融机构的宣传与激励

首先，应加强对金融机构的培训。虽然在短期内共同富裕目标与金融机构的营利性目标存在差距，但是从长远来看共同富裕下的社会经济环境将为金融机构提供更多的市场空间和盈利机会，同时实现共同富裕目标也需要金融机构承担一定的社会责任。要让金融机构以共同富裕作为经营目标之一，需要加强对金融机构的培训与宣传，提高从业者的社会责任感和长远眼光。其次，应通过考核、激励等形式提升金融机构的积极性。将共同富裕纳入金融机构的业绩考核中，并对成果突出的金融机构给予免税、奖励等激励政策，提高金融机构探索实现共同富裕的创新模式。最后，金融机构应继续探索金融创新，提高助力共同富裕的能力。加强机构间创新合作，优势互补，充分发挥多元主体作用，包括传统金融机构与金融科技公司的合作，银行机构与保险机构的合作，保险机构与期货机构的合作，等等。探索服务低收入群体和小微企业的金融创新模式，如供应链金融、新型抵押贷款等。充分发挥数据的价值，搭建信息平台，积极开放部分政府数据，打通信息孤岛，丰富金融数据类型，充分挖掘各类数据的价值，让信息为企业信用"发声"，提高普惠金融的效率。

3. 加强低收入群体和中小微企业的金融能力建设和生产能力建设

金融能力和生产能力关乎低收入群体的收支管理、风险预防、财富积累及发展机会的把握等。随着数字技术在普惠金融领域的运用，一方面要重视数字金融能力的建设，另一方面在部分地区也可以利用数字渠道进行能力培训。建设金融能力时要基于金融客户的受教育程度和生产、生活需要，设计分层次、多样化的内容和形式。在经济较发达的地区，可以更多地通过数字渠道开展金融能力和生产能力建设。在偏远的农村地区，居民对新的金融服务可能存有排斥或戒备的心态，因此针对数字渠道失效的农村地区，可以探索建立以村、生产小组为单位的能力建设小组，让能力建设工作贴近地方需求和地方文化，提升适应性和实效性。对于中小微企业，加强其对现代管理工具的运用，引导其学习互联网销售在内的生产经营技能，提升中小微企业的发展能力。

（二）普惠金融发展展望

1. 金融服务更加数字化

随着技术进步和金融市场不断创新，数字技术在普惠金融发展中的重要性日趋明显。数字技术的深度应用打破了金融服务供需不平衡的局面，有效缓解了金融服务供给不足的问题，金融数字化也是未来普惠金融服务发展的主要趋势。一方面，传统金融机构借助金融科技的力量，不断提升自身服务效率和质量。2020年初，新冠肺炎疫情突袭而至，加速了经济环境恶化情况下金融科技化和供给侧数字化转型。在新冠肺炎疫情期间线下销售渠道受阻的背景下，金融机构以前无法决心上线的业务，被时势推动完成线上化，如线上路演、远程调研、远程签单、线上发行、产品赎回等，中后台业务的线上化进程提速，金融机构的业务运营模式正在趋于全线上化。人工智能、区块链、云计算、大数据等金融科技积极推动了银行业的数字化转型。银行业机构可在金融科技的帮助下，加强底层技术能力建设，持续优化算法模型、不断增强计算能力、获取海量多维数据信息，深入洞察客户的当前和潜在需求，有效管理风险并及时提供可靠的服务，从而提升效率、扩大规模，提升用户体验，降低成本和风险。金融科技的合理应用促进银行从过去以扩充物理网点、扩大资产负债表规模为导向的"重资产"模式，转变为以技术、人才、知识产权为导向的"轻资产"模式，提高资产质量和流转效率，从而进一步提升资产回报率以及全社会的资源配置效率。另一方面，依托互联网成立的金融科技公司打破传统金融机构的业务思维，借助技术优势深度挖掘数据价值，提供融资服务对小微企业和低收入群体的金融服务起到了补充作用。借助金融科技手段，金融科技公司以量化放贷为核心，以社交网络和电子商务交易为基础，以大数据技术为支撑，直接通过反映真实交易的线上交易数据和信息分析获取客户的信用情况，以此为依据在风险控制范围内提供融资服务。金融科技公司以其新的金融定价体系和风险控制机制显著削减单笔金融服务业务的固定成本，为客户提供融资服务。数字技术对普惠金融的发展起到了助推作用，在普惠金融发展中要加大对数字技术的利用，这有助于提升支持共同富裕的能力。

2. 普惠金融内涵更丰富

近些年普惠金融的发展极大提高了小微企业和低收入群体的信贷可得性，助力了共同富裕。对金融排斥群体，信贷约束只是他们面临的其中一项约束，例如理财、保险、证券等其他金融服务需求仍然有较大缺口未被满足，这些方面的缺失将拉大群体间的差距，不利于实现共同富裕。随着金融基础设施的完善和数字技术的发展，未来普惠金融在信贷服务之外的其他金融领域中将有广阔的发展空间，小微企业和低收入群体的其他金融需求也将逐步被满足。例如保险既能够提升小微企业和低收入群体对抗风险的韧性，也有助于提高整体经济的活力，发展普惠保险对实现乡村振兴和共同富裕也有重要作用。保险市场不完善是我国储蓄率高的原因之一，家庭需要通过储蓄来应对将来可能发生的意外风险，保险有助于化解家庭风险，减少损失，提升对未来的信心，并对未来发展做出更好的安排。在国家财政的大力支持、政府政策的引导和市场的自发探索下，我国已经形成了包括各种农业保险、城乡居民基本医疗保险、城乡居民基本养老保险及各类商业医疗保险在内的初具雏形的普惠保险生态，但是目前普惠保险的发展规模小、保障水平低、市场化程度较低，还难以为弱势群体提供完全的风险保障。同样，目前定期储蓄仍是金融排斥群体的主要理财方式，甚至在金融不发达地区仍然有大量家庭以现金及活期存款的形式持有家庭财富,这不利于家庭财富的积累。随着普惠金融的深度发展,未来金融市场将更有能力为弱势群体提供包括保险、理财、证券在内的其他金融服务,普惠金融的内涵将更加丰富,中小微企业和低收入群体的抗风险能力以及财富积累能力将进一步提升,普惠金融将从多个维度助力缩小贫富差距和产业差距,推动共同富裕的实现。

3. 服务群体将更加广泛

随着普惠金融的发展,金融市场的服务能力持续提升。近年来,普惠金融服务覆盖人群越来越丰富,从长期坚持的小微企业和"三农",扩大到创业企业、返乡下乡创业、大学生创业、扶贫产业、新兴产业、民办教育行业、养老行业、民营企业、外贸企业、小农户、个体工商户等受到金融排斥的群体。而随着经济不断发展,共同富裕要关注的主要对象也在不断调整,普惠金融发展保证了持续助力共同富裕的能力。

B.5
税收促进共同富裕目标实现的逻辑与路径

陈宇 刘天颀 黄小纯 吕钰瑾*

摘　要： 税收是影响收入分配格局的关键因素，也是政府调节收入分配差距、增进社会平等的重要手段。我国的税收政策存在劳动所得和资本所得税负不均、中小企业税费成本仍然较高以及消费税税目征收范围较窄且结构不均衡等问题。为进一步发挥税收调节收入分配差距的职能，为共同富裕的目标做出更大贡献，需要完善综合所得税制，平衡不同性质所得的税负水平；完善中小企业的税收支持体系；扩大消费税征收范围，涵盖更广泛的高端商品服务；等等。

关键词： 所得税　商品税　财产税　收入差距

税收是影响收入分配格局的关键因素，也是政府调节收入分配差距、增进社会平等的重要手段。税收制度调节收入分配的功能，是指通过税收对由市场机制形成的各类收入悬殊进行再分配，从而实现社会公平的目标。[①]"十四五"规划明确了税收在改善收入和财富分配格局中的定位和发展方向，提出要加大其调节力度并提升其精准性，健全直接税体系，完善综合与分类相结合的个人所得税制度，加强对高收入者的税收调节和监管。在习近平总书

---

* 陈宇，中央财经大学财政税务学院副教授，经济学博士，主要研究方向为财税理论与政策；刘天颀、黄小纯、吕钰瑾，中央财经大学财政税务学院硕士研究生，主要研究方向为税收理论与政策。

① 万海远、李实、孟凡强：《中国税收制度的收入分配效应》，社会科学文献出版社，2018。

记的重要文章《扎实推动共同富裕》中，指出要减轻中小企业主和个体工商户的税费负担，扩大中等收入群体规模，同时通过完善个人所得税制度、积极稳妥推进房地产税立法和改革、研究扩大消费税征收范围等途径，加强对高收入的规范和调节。① 步入中国特色社会主义新时代，为进一步缩小收入分配差距、实现共同富裕，有必要充分发挥税收缩小收入和财富差距的作用。

一 我国缩小收入差距的税收政策梳理

（一）我国缩小收入差距的所得税税收政策梳理

所得税作为直接税是调节收入分配的最为基本也是最为重要的税种。近年来国家对于所得税的部分内容进行了重大调整，强化其收入调节功能，如2018年《个人所得税法》修订、促进中小企业的税收政策等，但同时，我国所得税政策仍存在诸多不足。

1. 个人所得税相关政策

个人所得税直接影响居民的可支配收入，在调控收入分配差距上的作用最为突出。我国个人所得税制持续进行动态改进，2018年，第十三届全国人大常委会第五次会议表决通过了关于修改个人所得税法的决定，在课征模式、税率级次、扣除项目等方面进行了重大调整，进一步提升了我国个人所得税的收入分配调控作用。

2018年改革内容可以简要概括为"综合征""增扣除""扩级距"。"综合征"即我国个人所得税将四项劳动性所得合并为综合所得，实行分类与综合相结合的课征模式，综合征收更能反映个人总体税负，从而提升个人所得税制的公平性。"增扣除"即基本减除费用标准合理提高至每月5000元，另外在原来的专项扣除的基础上增设了六项专项附加扣除，覆盖教育、住房、养老等民生基本面。"扩级距"即优化调整个人所得税税率结构。以现

---

① 习近平：《扎实推动共同富裕》，《求是》2021年第20期。

行工薪所得3%~45%七级超额累进税率为基础，扩大前三档较低税率的级距，后三档较高税率级距保持不变，中间25%税率级距则相应缩小。

除《个人所得税法》的普适性调整之外，财政部和国家税务总局针对农业农村改革和贫困人口帮扶政策在过渡时期也出台了个人所得税相关优惠政策予以支持。例如2004年，财税30号文规定在我国农村税费改革试点期间，对个人或个体户取得的"四业"所得暂不征收个人所得税。2018年，财税135号文规定两年内对于易地扶贫搬迁贫困人口取得的相关补助、补偿和奖励金等均免征个人所得税。

2. 企业所得税相关政策

企业所得税同样会对收入分配产生影响，其作用机理为通过影响资本要素的价格起到调节收入分配的作用。我国的《企业所得税法》自2007年之后总体变化不大，但也陆续出台了相关政策，对部分行业或领域进行调节以达成特定目标。其中，城乡收入差距和行业收入差距的调节措施主要通过对农林牧渔业给予优惠，调节地区收入差距的政策主要体现在对西藏、新疆等西部地区给予特定优惠。

中小企业是吸收农业劳动力的重要力量，中小企业往往属于劳动密集型企业，劳动力容量大，就业门槛相对较低，尤其在服务行业更是如此，有助于消解更多基层和农村劳动力，增加基层群众收入，缩小收入差距。[1] 我国已出台了一系列中小企业的税收优惠政策，在税率、费用扣除和融资方面给予一定的优惠。

3. 促进三次分配的相关所得税政策

党的十九届四中全会与五中全会均强调了第三次分配与发展社会慈善事业的重要作用，与初次分配和再分配相比，第三次分配更具有灵活性与针对性，因此对于调节收入分配、缩小贫富差距同样具有重要意义，下面从个人所得税和企业所得税两个方面梳理我国促进三次分配的相关税收政策。

---

[1] 陈乐香：《论发展中小企业对缩减收入分配差距的作用》，《四川师范大学学报》（社会科学版）2009年第3期。

我国个人所得税中对于捐赠制定了扣除政策,向教育、扶贫、济困等公益慈善事业的捐赠,可以按规定比例在计算应纳税所得额时扣除,重要规定见表1。

表1 个人所得税支持三次分配的相关规定

分类	要素	具体规定
个人捐赠扣除	捐赠渠道	境内公益性社会组织; 县级以上人民政府及其部门等国家机关
	捐赠扣除比例	现金捐赠不超过纳税人申报的应纳税所得额30%的部分可以从应纳税所得额中扣除; 个人捐赠住房作为廉租住房、公租房,公益性捐赠支出未超过其申报的应纳税所得额30%的部分,准予从其应纳税所得额中扣除
	扣除次序	个人同时发生按30%扣除和全额扣除的公益捐赠支出,自行选择扣除次序

资料来源:根据国家税务总局资料整理。

企业所得税对非营利组织的非营利收入给予了免税的优惠政策,符合税法规定条件的非营利收入主要有五类,简要概括分别是接受的捐赠收入、按规定取得的政府补助收入、按规定收取的会费、不征税收入和免税收入孳生的银行存款利息收入以及规定的其他收入。上述免税收入如果用于支出产生的相关成本及费用,也允许企业税前扣除。

(二)我国缩小收入差距的商品税税收政策梳理

1. 增值税相关政策

增值税作为间接税,在调节收入分配方面的作用小于所得税,这是由于其固有的累退性特点,即低收入群体消费支出占其收入比重高于高收入群体相应比重。作为我国第一大税种,在增值税税制设计上强调以经济效率、筹集收入为首要功能,以税负公平、调节有度为辅助功能。[1] 在当前发展阶

---

[1] 熊惠君、谢玲玲:《增值税免税的收入分配效应和福利效应研究——基于投入产出模型》,《税务研究》2021年第10期。

段，有必要通过优化增值税税制设计，对调控收入分配发挥重要的补充作用。

目前增值税主要通过对低收入群体消费支出占比较大的项目实施减税、免税或实行零税率等税收优惠政策促进社会公平。对于需要政策支持的乡村、地区、行业，《增值税法（征求意见稿）》中制定了支持基础设施建设、推动涉农产业发展、激发就业创业活力等方面的优惠政策，包括免征税款、即征即退、核定征收等多种方式，切实减轻低收入群体的税收负担。

2. 消费税相关政策

消费税对收入分配的调节作用直接取决于其税目和税率，对于高收入者的主要消费品加征消费税有助于促进公平。消费税作为排在我国增值税和企业所得税后的第三大税种，其职能定位具有多重性的特点，同时兼具引导消费、调节收入分配、保护资源环境和筹集财政收入的职能。

消费税主要通过对于高档消费品加征税款，增加高收入人群在购买奢侈品时的税收负担。对高档消费品适度加征消费税，有助于兼顾消费税的各个职能。其一，高档消费品税目的需求价格弹性较大，可以起到兼顾引导高档消费品消费与调节居民收入分配的税收职能。其二，将更多的高档消费品纳入增值税税目，有助于实现筹集财政收入的目标。基于发挥调节作用的目标，表2列举了我国现行高端消费品课征的消费税税率税目情况。

表2 发挥调节作用的消费税政策

单位：%

序号	税目	税率
1	雪茄烟	36
2	高档化妆品	15
3	金银首饰、铂金首饰和钻石及钻石饰品	5
4	其他贵重首饰和珠宝玉石	10
5	气缸容量在4.0升以上的乘用车	40
6	高尔夫球及球具	10
7	高档手表	20
8	游艇	10

资料来源：根据国家税务总局资料整理。

（三）我国缩小收入差距的财产税税收政策梳理

我国现行的财产税有房地产税、契税、车船税等。房地产税是财产税的代表性税种之一，同时考虑到对收入调节作用的显著性，本部分主要围绕我国房地产税进行介绍和分析。

目前，我国对个人所使用的住宅免征房产税，而对个别住宅进行租赁的，则依照出租计征房产税。其计算方法为依照房子原值扣减 10%～30% 的余额计算征税，对缺乏房子原值作为基本依据的，由房屋所在地的税收部门依照同类房屋核定；房屋租赁的，以房屋出租收入当作房产税的计税基础。同时，对依照房子原值和租金征税的，也各自规定了不同的税率。从 2011 年 1 月 28 日起，上海、重庆已开始实施试点个人住宅房产税改造。上海市个人住宅房产税的计征对象是本市城乡居民新购房，并且该房产为第二套及以上住房和非本市居民新购房，暂以房地产市场价格为计税依据，待价格评估体系健全之后以市场评估价为计税依据，按 0.6% 的税率征收。重庆市的计征对象则为独栋别墅、高档寓所等，包括无工作、无户口、无投资人士购买的第二套房等，暂以成交价格为计税依据，待价格评估体系健全之后以市场评估价为计税依据，按 0.5%～1.2% 的浮动税率计算税收。总的来说，我国现行房产税具有化繁就简、便于征收、留有余地等特点，但也存在适用范围过窄等问题，需要进一步深化房地产税改革使其从"豪宅税"向"住宅税"转型。

近年来，我国房地产税的改革与发展主要经历了两个阶段。第一阶段为房地产税立法的准备阶段，2013 年 11 月《中共中央关于全面深化改革若干重大问题的决定》正式写明了加快房地产税立法并适时推进改革的任务，在此后的"十三五""十四五"规划中都将推进房地产税立法写入其中，房地产税立法工作在立法先行、充分授权、分步推进的原则指导下稳步开展。第二阶段为试点深化拓维，积极稳妥推进房地产税立法与改革成为社会广泛关注的热点。

（四）我国税收征管现状

1.国内税收征管现状

我国高度重视税收征管问题，对税收征管相关政策持续进行改革。2018年个人所得税改革之前，国家税务总局于2010年和2011年发布了国税发〔2010〕54号文件和国税发〔2011〕50号文件，对高收入群体的税源分布进行调查摸排，全面推进全员全额扣缴明细申报管理，加强年所得12万元以上纳税人自行纳税申报管理并积极推广应用个人所得税信息管理系统，加强对高收入群体主要所得项目的征收管理，包括财产转让、股息利息红利所得等，此外，加强规模较大的个人独资企业、合伙企业和个体工商户的生产、经营所得征收管理，并且开展高收入者个人所得税纳税评估和专项检查。

新版的《个人所得税法》已于2019年1月开始生效，其中第八条首次引入了针对高净值人群的个人所得税反避税条款。2021年3月24日，中共中央办公厅、国务院办公厅发布《关于进一步深化税收征管改革的意见》（以下简称《意见》）。《意见》中着重强调将针对高收入人群的税费征管问题，精确进行税务监督，逐渐完善以"信用+风险"为基本内容的全新管理机制。完善以"信息汇集+优秀咨询服务+督促纠错+执法稽查"为重点内容的自然人税费服务管理和监督制度。继续执法强化对高收入高净值人士的纳税公共服务管理和监督；强化重点行业问题预防与监督。针对逃避税现象多发的领域、区域和群体，针对税收风险适时增加"双随机、一公示"抽查比重。针对隐瞒总收入、虚列成本费用、转移利润或者使用"税务洼地"、"阴阳合同"和关联交易等手段规避征税的活动，强化预防性机制设计，加大执法预防与监管稽查力度。

此外，近年来网络"直播带货"的崛起成为我国数字经济快速发展的重要标志，"直播带货"销售规模的日益扩大逐渐引起公众的关注，税务部门也逐渐开始关注数字经济新业态中的涉税问题，新兴业态的征税难度在于数据的获取，收入信息的隐蔽性导致税务机关很难将其有效掌握。为深入贯彻落实习近平总书记关于促进共同富裕的重要指示，税务部门健全税收征管体系，严厉打击偷逃税行为，伴随一些明星和网络带货主播的偷逃税行为的查处，"千人补税潮"现象的出现也释放了对新兴业态以及高收入群体加大税收监管力度的信号。为适应税收监管工作新形势，提高监管科学有效性，税务部门优化税务执法方式，对一般性涉税违规行为，利用大数据持续健全动态"信用+风险"监管体系，对不法分子恶意偷逃税行为坚决严厉打击、毫不手软，并且加大对网络直播等新兴业态的涉税事项监管。

2. 国际税收征管现状

伴随全球化进程的不断加快，我国境内纳税人通过境外金融机构持有和管理资产，并将收益隐匿在境外金融账户以逃避我国纳税义务的问题日趋严重，加大了不同收入阶层之间的收入分配差距。为了进一步加强国际税收信息交换，在维护本国税收权益的同时调节收入分配差距，打击高净值人群的避税行为，我国签署了《多边税收征管互助公约》《金融账户涉税信息自动交换多边主管当局间协议》，发布了《非居民金融账户涉税信息尽职调查管理办法》（以下简称《管理办法》）和《银行业存款类金融机构非居民金融账户涉税信息尽职调查细则》，搭建了共同申报准则（Common Reporting Standard，以下简称CRS）下信息交换的国际、国内法律框架。

二　我国缩小收入差距的税收政策存在的问题

（一）所得税相关政策存在的问题

1. 劳动所得和资本所得税负不均

2018年改革后，我国个人所得税已经将劳动所得并入综合所得征收，在汇算清缴时适用综合所得税累进税率表，但是股息、利息、财产租赁和转让所得等资本性所得仍采用分类模式征收，仅适用20%的比例税率，另外，兼具劳动性和非劳动性双重性质的经营所得也暂未列入综合所得中，单独适用五级超额累进税率表。而高收入人群的相当部分收入来自利息、股息、红利、财产转让等资本性收入,这部分收入的累进性弱于劳动所得,实际中更存在部分人隐瞒这部分收入或通过恶意税收筹划等手段偷逃税,从而造成劳动所得和资本性所得的实际税负不公平,税收对高收入的调节作用大打折扣。

2.中小企业税收优惠政策改进空间较大

中小企业承载了大量的基层就业,调节其税负有助于间接缓解基层群众的税收负担。我国已陆续出台多项针对中小企业的优惠税收政策,但仍存在以下几个方面的问题。一是税收优惠形式单一,税费成本仍然较高。目前针对中小企业的税收优惠税种主要集中在增值税、企业所得税以及政府性基金等层面,以减免税额和降低税率等手段为主,但中小企业除此之外还需承担城镇土地使用税、城市维护建设税、房产税、车船税、车辆购置税等,此外,考虑到中小企业自身财务核算能力不高,所面临的税务合规风险和成本相对于其他大中型企业也较高,并且工商部门的调查结果显示,中小企业面临的行政收费项目高达60多项,因此降低中小企业的税费成本不仅在于增值税和企业所得税,更应着眼于中小企业综合成本的降低。二是折旧和部分费用扣除限制性高。在实践中,大多数中小企业固定资产投资并不符合加速折旧的要求,折旧只能按直线法计提,导致其计提年限较长,无法在一定程度上实现投资成本的回收目的。此外,中小企业的广告费和宣传费按照营业收入的一定比例计算扣除,由于中小企业的规模和营收存在较大不同,这种费用扣除规则会产生不利因素。三是融资难的问题依旧存在。尽管国家鼓励一些机构和投资者向中小企业提供贷款、担保,鼓励创投企业向初创型公司提供资金扶持,但由于中小企业的经营风险依然难以消除,风险与税收优惠争锋之下或许略胜一筹,在考量因素中比重更大,再加上我国优惠政策对于投资企业限制条件较多,中小企业融资问题仍然是"难啃的硬骨头"。

3.三次分配税收制度有待完善

近年来党和政府的重要会议中多次提及要重视发挥第三次分配的作用,但我国的三次分配税收支持政策相较于经济发展水平和国外实践来说仍有较大提升空间。这与我国税收政策激励性不强具有一定程度的关联。一是个人捐赠扣除比例不够大，优惠程度不高，超出应纳税所得额 30% 的部分成为纳税人自己的支出，不得结转至以后年限，增加其捐赠成本；二是捐赠扣除方式科学性有待提升，从纵向公平角度考量，收入水平不同的纳税人其负担能力和捐赠意愿有所差异，采取同一种扣除比例和方式易产生税负累退性；三是非营利组织免税收入范围狭窄，我国《企业所得税法》将其免税收入限制在五类非商业活动收入范围内，但在非营利组织业务逐渐扩张的现实情况下，资金获取渠道受限以及支出膨胀可能导致入不敷出现象愈加严重，不利于我国非营利组织的健康发展；四是非货币性资产捐赠规则有待完善，我国对于非货币性资产捐赠的价值认定，仍停留在"以其公允价值计算"这一笼统条款上。

（二）商品税相关政策存在的问题

1. 商品税税收收入与税负归属不一致

我国商品税在调节收入分配方面存在税收收入归属与税负归属不一致的问题，加剧了地区间收入不均。这也就是由于商品税税制在实质上按照产地原则，根据商品的产地进行课税，而其税负最终由消费者负担，而由于消费所在地的政府并不能分享到足额的税收收入，由生产地中央政府掌握了超配的税收收入，从而导致区域间公共商品与公共服务供应效率降低，地方政府之间的横向税制分配失调。[①] 目前，我国各地的资源禀赋、经济发展水平不均衡，在此情形下，按照生产地原则分配增值税与消费税税收收入，只会使"富者越富，贫者越贫"，不利于缩小地区间收入分配差距。随着数字经济的发展，这种不均衡的现象更为突出，表现为中西部地区的消费者购买的商品大多来自东部地区的制造业企业，造成了"财富逆流"。

2. 消费税税目内容有待完善

我国现行消费税已将部分奢侈性消费品纳入征收范围，但仍存在税目征

---

① 刘怡、张宁川：《消费地原则与增值税收入地区间横向分享》，《税务研究》2016 年第 12 期。

收范围较窄且结构不均衡的问题。一方面，有限的征收范围与消费税的多重调控目标不相匹配，在一定程度上限制了消费税调控作用的发挥。另一方面，收入高度集中在烟、成品油、小汽车与酒四类产品上，2018年，这四类产品的消费税收入占全部消费税收入的比重合计达98.17%①，意味着包括雪茄、贵重首饰和珠宝玉石、高档手表、高尔夫球及球具等高端消费品贡献的税收收入微不足道，缩小收入差距的效果有限。

我国目前的消费税税目仍有待完善，从发挥调节作用的目标出发应当进一步健全消费税税目，使更多高档消费品和消费行为纳入其中。从高档消费品的角度来说，高档箱包、服饰、家具及私人飞机等属于由高收入者主要消费的商品②，相较于高档化妆品等现行税目而言，这些高端消费品在现行税目中是缺位的。同时，对高档化妆品、手表等税目的界定与经济社会发展、居民消费水平变化未能保持同步性，导致部分中低收入者也成为消费税税负的承担者。从高档消费行为来看，目前消费税仅限于对高档商品征税，而未将高档消费行为纳入税收的调控范畴，具体表现为豪华邮轮海上巡游、高尔夫球场消费、高档会所娱乐休闲，以及新业态的网红打赏、明星打榜等高消费行为缺乏消费税的调节，导致其承担的税收负担在"营改增"后有减无增。

（三）财产税相关政策存在的问题

财产税是直接税的重要组成，对于调节存量财产的意义重大。目前，我国积极推进财产税改革，逐步推进财产税税收体系的建立健全。然而，当前财产税占比较小，原因可能在于财产税在我国的税基较窄，且针对个人的保有环节财产税缺失。③ 目前，房地产税还在试点推进过程中，而遗产税、资本利得税等税种还未步入起步阶段，整体的财产税税制体系有待完善。

近年来，房地产税的立法与改革多次在国家重大会议及文件中提及，表

---

① 罗秦：《新发展格局下的消费税改革再思考》，《税务研究》2021年第4期。
② 周波、李玉琦：《中国消费税职能定位及改革策略研究》，《财经问题研究》2021年第9期。
③ 梁季、陈少波：《完善我国直接税体系的分析与思考》，《国际税收》2021年第9期。

明了国家在推进房地产税方面的决心,是发挥房地产税调节作用的重要基础。通过增加购房和持有成本,抑制房地产市场过热的态势,避免住房这一刚性需求对人们的生活构成过大的负担,助力共同富裕目标的实现。但与此同时,我国利用税收政策调控房地产市场的能力与水平仍有待提升,从1986年实施《房产税暂行条例》至今,我国对于房地产税税制建设仍处于探索阶段。目前,房地产税的改革面临着显著性、流动性、累退性、波动性等方面的挑战,具体如表3所示。

表3 我国房地产税改革面临的挑战

问题	问题内容
显著性	对不动产征税意味着较强的显著性、较高的透明度,这固然有助于提升征管效率、完善行政问责制,但也会导致反对加税的呼声较大、税负痛感较强
流动性	对房产征收的税费通常是基于存量而非流量。虽然房产价值确实与纳税人的收入相关,但二者并非完全匹配。对于房产价值较高但收入较低的纳税人来说,这一纳税义务通常难以履行
累退性	对不动产征税可能存在累退性的问题,低收入纳税人缴纳的税款占房地产税总收入的比重较高
推定性	房地产税以房产价值作为计税基础,但不同的买家对同一房产的估价可能不同,难以推定出一个被所有人都认为公平的房产价值
波动性	房产价值往往会随着时间的推移而变化,需要不断对价值做出重新评估。重新评估之间的相距时间越久,增税幅度就可能会越大,更容易引发纳税人的反感
低弹性	房地产税税基对经济活动相对缺乏弹性,可能导致房地产税税收收入与政府支出之间的长期不匹配

资料来源:OECD, "Making Property Tax Reform Happen in China: A Review of Property Tax Design and Reform Experiences in Oecd Countries," *OECD Fiscal Federalism Studies* (November 30, 2021), https://www.oecd.org/tax/making-property-tax-reform-happen-in-china-bd0fbae3-en.htm.

(四)我国税收征管存在的问题分析

为打击高净值人群的国内国际偷税避税行为、加强对于数字经济等新兴业态的管理,我国不断优化税收征管技术手段,在全球范围内积极推行与其他国家的税收情报交换,但在制度设计、技术基础等方面还存在一定问题。

1. 税务部门信息系统对接不畅

我国当前的国内税收征管实践中,税务部门内部以及跨境税务部门之间在涉税信息的交换和对接方面存在征收、管理、稽查等职责不明或者互相脱节的问题,客观上为高净值人群的偷逃税以及避税行为提供了可乘之机。税务部门与金融机构、工商管理部门以及住建部门之间的信息交换旨在对高收入群体的收入、财产以及消费储蓄等经济行为进行有效监控,而部门之间信息传递的时效性和稳定性不足的问题弱化了目前的监管效果。从跨境税务部门之间的信息交换来看,税收情报交换的程序复杂,同时海量涉税信息也对税务机关征管的制度基础和技术设计提出了更高要求。

2. 自然人涉税信息获取渠道单一

目前税务机关主要利用金税三期进行涉税信息共享,但系统建设的重点在于企业,对于自然人特别是高收入群体的税收征管方面,依靠代扣代缴单位和纳税人主动申报的纳税信息,涉税数据获取的渠道单一。我国的个人所得税风险管理尚处于起步阶段,由于涉税数据获取的渠道单一,一定程度上制约了高收入群体税收风险管理工作中的选案准确率和稽查效率。

3. 新兴业态税收配套措施缺位

互联网直播业务属于新兴行业,和传统经营方式的纳税属地化不同,该业务经营范围的无界性、去实体化为税务监督增加了很多困难。目前的税务监督重点面向平台企业以及直播带货的互联网企业,针对高流量的互联网直播带货人,仍然在采用传统的自主申请报送、税务机关抽检的监察方式,在适应互联网直播企业经营形态、模式等方面仍有一些短板。

4. 税收数据的利用效率较低

CRS 在我国逐步深入推进,与他国之间的税收情报交换对我国税务机关的数据处理与分析能力提出了更高要求,数据处理效率与数据处理系统的构建与完善关系密切,2017 年 12 月,我国研发的多边税务数据服务平台上线运行,与金税三期一同为情报交换提供技术支持,但目前我国的数据系统设计功能较单一,税收数据的处理利用效率较低。

三 税收缩小收入差距的国际经验借鉴

利用税收政策调节收入差距受到各国重视，本文选取了部分税收制度和政策具有一定代表性的国家，对税收政策及征管的角度进行详细政策梳理，并总结其启示，以期为我国税制改革提供有效经验。

（一）外国缩小收入差距的所得税政策启示

1. 完善综合个人所得税税制

美国等国家的综合个人所得税税制统一了劳动性收入和资本性收入的税收待遇，有利于实现纳税人的横向公平，同时对于高收入群体收入构成中主要部分的资本性所得实行累进税制能够起到较好的调节收入差距作用。此外，美国等国家的劳动所得税抵免（Earned Income Tax Credit，以下简称EITC）政策对于调节收入分配具有一定的效果，是当前有效的支持低收入者的税收制度之一，EITC具有负所得税性质，税款可退回至纳税人手中，纳税人的获得感与满足感更强，其制度设计值得我们借鉴。

2. 完善中小企业的优惠政策和限制性政策

由于美国95%的企业都是穿透型企业，且中小企业占比较大，政府给予穿透型企业较普通C型企业更为优惠的税率，相当于扶持中小企业。特朗普下调公司所得税税率的过程中给予穿透型企业20%的扣除优惠，帮助企业平稳度过转型期，有助于中小企业逐渐发展壮大。但美国也不可避免存在税收政策被滥用的情况，对此美国出台了一般反滥用规则和滥用实体规则。此外，经济合作与发展组织（OECD）国家普遍重视税收对中小企业的支持，在初创和退出阶段都有相应支持政策，同时采取多种措施降低中小企业合规风险与成本，体现了贯穿中小企业全生命周期的完善税收支持体系。

3. 重视税收优惠对慈善事业的激励作用

与 OECD 的发达国家相比，我国的慈善事业发展相对落后，亟须借鉴发达国家的相关经验。针对慈善实体免税收入范围窄的问题，可以在收入和支出端分别完善相应规则。在收入端学习新加坡、美国等国家的经验，将免税收入范围适当放开至一些商业收入上，并设置上限；同时考虑支出端是否符合国家规定的合理目的。

针对个人现金捐赠扣除的问题，扣除法在政策效果上，对于采取累进税率的国家来说，税收扣除额的价值随着边际税率的增加而增加，富人的捐赠成本可能会更低。而税收抵免的价值对所有纳税人都是相等的（只要他们的纳税义务等于或大于抵免的价值）。针对个人非货币性资产捐赠的政策问题，我国对于非货币性资产捐赠的价值认定，仍停留在"以其公允价值计算"这一笼统条款上，应当参考美国、加拿大等国家，制定更加细化的评估标准和税收优惠待遇。

（二）外国缩小收入差距的商品税政策启示

1. 推进增值税课征模式向消费地原则转型

欧盟及加拿大的增值税制度均体现了消费地原则在增值税课征中的应用，有助于遏制地区间收入分配差距的扩大。在欧盟增值税制度下，成员国国内的交易与成员国间的交易实现了统一，从而消除了原本对两类交易区别对待的税务处理所带来的扭曲，并且强化了增值税抵扣链条的完整性。同时，实现了在数字经济背景下税收负担与税收收入的统一，使电商平台缴纳的税款归消费者所在国所有。在加拿大增值税制度下，各州根据增值税税基确定增值税收入，在计算公式中还考虑了人口增长率的因素，得出了较为准确的分享比例，体现了公平在清算中的作用。

2. 建立征收范围更广的消费税制度

当前，对于包括韩国在内的众多国家所采用的消费税制度，其征税范围较为宽泛，超过我国制定的 15 类商品的范畴。综合来看，东盟国家、美国、日本和韩国将更多的高端消费品、奢侈品纳入消费税税目，并针对博彩业、娱乐业和高档服务业的特殊消费行为加征消费税。适度扩大消费税征收范围有助于使高收入者在享受高端商品及服务时支付更多的税款，从而实现对收入分配差距的调节、发挥消费税筹集财政收入的作用。

（三）外国缩小收入差距的财产税政策启示

概括来看，一些国家通过财富税和遗产税调节收入分配取得了较好的效果，我国可关注并考虑在未来适时开征相应税种。同时，世界各国的房地产税政策各有千秋，对于我国正处于改革前夜的房产税政策具有较强的借鉴意义。对我国而言，应当立足于实际情况，吸收借鉴外国的积极因素，构建适应共同富裕目标的房地产税制度。

房地产税在发达国家的开征较为普遍，以其税源可见、收入稳定等优势构成地方政府的重要收入来源。从税基税率来看，各国房地产税税率普遍较低，基本都在1%左右。同时考虑到减轻纳税人的实际负担，不少国家普遍提供各种形式的税收优惠政策，主要形式有规定一定的免税金额、对纳税人主要住所免税、按照纳税人的家庭年收入确定税率、按家庭抚养儿童的数量给予税收优惠等。

（四）外国缩小收入差距的税收征管实践及启示

1.建立完善的自然人税收征管基础体系

美国及欧盟等多数发达国家建立了完善的自然人税收征管体系，利用自然人税务编码体系、第三方信息共享体系掌握每一位税收居民的个人收入情况，利用纳税奖惩激励体系和自然人纳税诚信体系鼓励纳税人依法纳税缴税，同时加大失信纳税人的不遵从成本，打击偷逃税行为。

2.加强对高净值人群的精细化管理

美国、瑞典等大多数国家针对高净值人群建立了专项管理项目以及专职管理机构，专门负责高净值人群的登记注册、退税管理、纳税服务、税收审计、征收欠税以及纠纷解决，提升高净值纳税人的税收遵从意识，降低偷逃税的可能性。此外，很多国家还建立了大企业纳税管理机构，将高净值人群

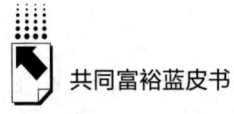

纳入大企业纳税人管理体系，加强高净值人群与企业之间的关联监管。

3.构建情报交换的技术基础

美国在税收情报交换的制度设计和技术系统设计方面均处于领先地位，良好的制度设计能够为海外账户税收合规法案（FATCA）的全球范围推行奠定坚实基础，此外，信息化和数据交换系统（IDES）的构建情况直接决定税收情报交换的效率。在大数据等新兴技术不断兴起的背景下，我国应注重税务征管系统的信息化建设，并且CRS在我国进入实施阶段，税收情报的跨境批量交换，需要以税务机关的数据搜集、处理与分析能力为基础。

4.提高税收情报数据的分析处理效率

美国目前在涉税数据信息的分析处理方面，构建了专门的分析处理系统，加强对于所收集的涉税信息的利用，同时对于税收遵从风险管理系统的构建也起到了重要作用，未来我国不仅需要加强涉税数据信息的交换以便于有效监管高净值人群的跨境涉税行为，同时对于收集到的相关信息也应充分发挥其作用，强化数据分析，对纳税人遵从风险等级进行识别、分析、评估以及排序，构建完善的税收遵从风险管理系统。

四 完善税收调节收入分配差距的政策建议

为进一步发挥税收调节收入分配差距的职能，需要根据现存问题、结合国际经验，完善所得税、商品税、财产税的税收政策，注重税收征管能力的建设，使税收为共同富裕的目标做出更大贡献。

（一）所得税税收政策建议

我国所得税政策作为调节收入分配的主要手段，对于调节收入差距发挥了重要作用。但同时也存在一定的改进空间。

1.完善综合所得税制，平衡不同性质所得的税负水平

不同于高收入群体，劳动所得是低收入群体的主要收入来源，因此需要

关注劳动性所得和资本性所得的税负公平。可考虑将经营所得纳入综合所得范围，同时调降综合所得的边际税率，适当减轻劳动性所得的税收负担。此外，可借鉴美国的 EITC 制度，对劳动所得设置额外的扣除优惠，并设置所得上限减少避税可操作空间。同时优化专项附加扣除制度，考量家庭实际情况，以劳动所得和子女数量为依据设置扣除额度。对于股息、利息等资本性所得，若采取一并划入综合所得范围内的方式均衡税负，容易造成资本外逃，导致国家财富流失，可在稳定法定税负的基础上，加强对这类所得的征管，实现应收尽收。

2. 完善中小企业税收政策体系，增加中低收入群体就业机会

中小企业承载了大量中低收入群体的就业，完善中小企业的税收支持体系能够有效地增加中低收入群体的就业机会，是改善收入分配的重要方面。一方面，将在现行的税费优惠基础上，在公平合理的区间内加大优惠力度，进一步扩大税收优惠覆盖面，同时在政策的制定修订过程中将中小企业的产业属性等差异性考虑进来，进行政策的细化。另一方面，政府根据特殊的产业如高新科技产业、环境保护产业、技术创新型产业等国家重点支持产业，出台针对性的税收政策，以满足相应行业的中小企业进一步发展壮大的需要，并引导更多仍在技术自助创新阶段的中小企业加入到相应产业中，以推动产业结构的进一步优化与升级。另外，政府目前的税收优惠政策形式也大多是对符合条件的中小企业予以减免税额或者降低税率的直接优惠政策。可以灵活结合间接的税收优惠政策，同时参考其他国家相关经验，OECD 和 G20 国家对中小企业的税收优惠贯穿了企业从设立、生产经营到最终退出市场的全过程[①]，我国目前的税收优惠更侧重于企业的生产经营过程，因而需提高税收优惠对改善小微创业投资艰辛、融资难、吸引留用人才难以及最终企业转让处置过程中税负重等实际问题的有效性和针对性。此外，还应当从税收征管方面进行革新，降低中小企业的税收遵从成本，进而降低中小企业

---

① OECD, "Taxation of SMEs in OECD and G20 Countries," OECD Tax Policy Studies (September 5, 2015), http://dx.doi.org/10.1787/9789264243507-en.

的综合成本。

3. 完善我国三次分配税收体系

党的十九届四中全会提出，重视发挥第三次分配作用，发展慈善等社会公益事业。① 在非营利组织的所得税优惠方面，一是在收入端建议放开非营利组织免税收入的范围限制，只要符合一定的活动范围及资格认定，即可享受企业所得税免税优惠，并为免税商业收入设置上限，从大多数发达国家的政策设计来看，建议这一比例设置为总收入的 15%～20%。二是在支出端，也可以为非营利组织收入设置相应的使用范围，如用于教育、医疗、研发等。

在捐赠的所得税优惠方面，进一步细化我国的捐赠扣除规则，根据我国的发展目标，对不同受赠对象设置差异化的扣除比例。此外，完善我国《慈善法》中对于非货币性资产捐赠的价值评估规则，对于价值超过一定额度的财产按照该规则严格评估，以确定其扣除标准。

（二）商品税税收政策建议

出于调节收入分配的目的，针对商品税的政策建议主要包括商品税征收模式转型以及消费税税目完善。一方面，现行的商品税体系因其税收收入与负担不匹配的问题，加剧了地区间的收入分配不均，有必要推动征税模式由生产地原则向消费地原则转型。另一方面，消费税的税目范围较窄，需要积极推进消费税改革，使其征税范围拓展到更多的高端商品服务。

1. 逐步引入消费地原则，防止地区间收入差距的进一步加大

从长期来看，为了解决我国目前存在的税收收入与负担不匹配问题，应对电子商务快速发展的新趋势，需要推进增值税和消费税征收模式从生产地原则向消费地原则的转型。由于这一转型可能导致地区间税收收入出现较大

---

① 《〈中共中央坚持和完善中国特色社会主义制度、推进国家治理体系和治理能力现代化若干重大问题的决定〉辅导读本》，人民出版社，2019，第 21 页。

幅度的变化，所以需要注重改革的渐进性、过渡性。结合国内研究及国际经验，本文认为短期可以先对部分消费税和增值税地方分成部分采用消费地原则与生产地原则相结合的方式进行分享，并从长期探索全面实行消费地原则的增值税模式。遵循消费地原则，有利于税收在地区间的合理分配，使税收收入与负担的背离问题得到解决。

2. 扩大消费税征收范围，涵盖更广泛的高端商品服务

目前，我国消费税征税范围偏窄已经成为影响其发挥调节收入分配职能的重要因素，应当适度拓展消费税的征收范围，将更多的高端商品、服务纳入其中。商品方面，对高档皮草、高档家具、私人飞机等新兴高档商品征收消费税，有利于兼顾消费税调节收入分配与筹集财政收入，促进环境保护。服务方面，头等舱出行、豪华酒店住宿、高端娱乐服务业以及直播打赏、明星打榜等新型高消费模式也应考虑纳入税目之中。在扩展消费税税目的同时，也应结合收入水平密切关注高档消费品的界定范围，避免将中低收入者参与购买的商品纳入征税范围，例如普通化妆品、手表等，从而减少消费税的累退性。综合来看，在消费税政策制定方面，可以参考物价水平、协会发布的产品标准等，适时调整税目范围。

（三）财产税税收政策建议

作为直接税的组成部分，完善财产税税收政策具有必要性。当前，财产性收入的绝对数额和相对比重持续上升，成为造成收入分配差距的动因。然而，我国现行财产税体系不够完善、调节力度有限，因此需要积极推进以房地产税为主的现行财产税税收立法与改革，同时借鉴国际经验积极研究开征遗产税、资本利得税等财产税税种的可能性。

在房地产税方面，要渐进构建"宽税基、低税率、严征管"的房地产税体系，合理设置房地产税优惠政策。要积极稳妥推进房地产税改革与立法，通过深化试点确保政策制定的可行性与有效性，渐进式建设征收范围更广泛、税制要素更合理、纳税能力与税收负担匹配度更高的房地产税体系，多渠道、多举措应对房地产税改革面对的挑战。

遗产税、资本利得税等其他财产税税种方面，要在充分研究探讨的基础上，逐步提出适合我国国情与社会发展方向的税收制度，弥补财产代际转移、存量财富方面的调节环节缺失问题，实现财产税对收入分配的全流程调节。

（四）税收征管政策建议

在共同富裕被摆在更重要位置、数字经济等新兴业态逐渐成为潜在经济增长动力的背景下，我国目前在国内征管以及国际征管层面，在税收的基础体系建设和征管具体举措层面存在诸多不足。针对自然人特别是高净值人群以及大企业的征管举措方面，我国目前在涉税信息共享、纳税信用体系的构建方面有所不足；在针对数字经济等新业态的具体征管措施层面，征管技术较落后并且税收监管缺位。从国际征管层面来看，我国在数据治理、数据安全保护以及税收情报信息的利用方面有待完善。基于以上问题，首先，应当构建更加完善的征管基础体系，健全第三方信息共享体系和纳税信用体系以加强对于高净值人群的监管；其次，对于数字经济等新业态应完善征管技术，推进以数治税；最后，针对国际征管层面的相关问题，应当构建更为先进的税收情报交换技术基础，重视数据安全保护与数据的有效利用，打击跨境偷逃税行为。

B.6
中国经济高质量发展与共同富裕

张慧敏*

摘　要： 党的十九届六中全会明确提出要将全体人民共同富裕基本实现作为2035年远景目标。共同富裕体现以人民为中心的发展思想，是社会主义的本质要求。推动共同富裕，必须实现"共同"和"富裕"两条腿走路，既要推动社会财富积累，又要保障全民共享。当前我国面临着自主创新能力不强、创新资源转化率不高、居民收入及城乡发展不协调、生态污染严重、开放受阻、相对贫困治理难度加大等问题，传统发展模式难以为继。秉承新发展理念，以高质量发展为主要手段推动共同富裕，是我国实现社会主义现代化强国的必由之路。

关键词： 共同富裕　高质量发展　中国经济

共同富裕是社会主义的本质要求，是人民群众的共同期盼。我国面临着国内发展不平衡不充分、国外保护主义抬头等问题，在一定程度上阻碍了人民对美好生活需要的满足与共同富裕的实现。高质量发展是我国适应社会主要矛盾、主动改变以往粗放型发展方式的新举措。高质量发展与共同富裕皆践行以人民为中心的思想，两者相互促进。"高质量发展需要高素质劳动者，只有促进共同富裕，提高城乡居民收入，提升人

---

* 张慧敏，中共中央党校（国家行政学院）经济学教研部博士研究生，主要研究方向为政治经济学。

力资本,才能提高全要素生产率,夯实高质量发展的动力基础。"① 共同富裕是全方面的富裕,精神和物质层面不发展就无法实现共同富裕。只有将高质量发展放在推动共同富裕进程中的关键位置,提高经济发展效能,促进精神层面富足,激发人民创造幸福生活热情,方能保障推动共同富裕行稳致远。具体来讲,可以从创新发展、协调发展、绿色发展、开放发展、共享发展这五个方面着手,为顺利推动共同富裕提供保障。

一 创新是推动共同富裕的动力

(一)创新发展是"做大蛋糕"的一把钥匙

推动共同富裕要从两方面看,一个是"共同",另一个是"富裕"。要把握好"做蛋糕"和"分蛋糕"这两个方面,只有先将蛋糕做好,才能让人民有蛋糕可分。康德拉季耶夫周期理论认为,生产力发展的周期是由科学技术发展的周期决定的。第一次工业革命促使机器代替手工劳动,第二次工业革命加强了资本主义生产的社会化,第三次工业革命加剧了资本主义各国发展的不平衡,三次工业革命皆体现了创新对人类社会发展及提高生产力的重要性。"如果科技创新搞不上去,发展动力就不可能实现转换,我们在全球经济竞争中就会处于下风。"② 如图1所示,战略性新兴产业采购经理指数(EPMI)和制造业采购经理指数(PMI)对比可见,我国新兴产业保持活跃,经济结构调整显著。由此可见,创新性产业在当前的新发展阶段,能够更好地激发经济活力,促使结构更为优化。创新作为经济高质量发展的动力,是开启"做大蛋糕"进程的必备钥匙。

---

① 习近平:《扎实推动共同富裕》,《求是》2021年第20期。
② 习近平:《论把握新发展阶段、贯彻新发展理念、构建新发展格局》,中央文献出版社,2021,第40页。

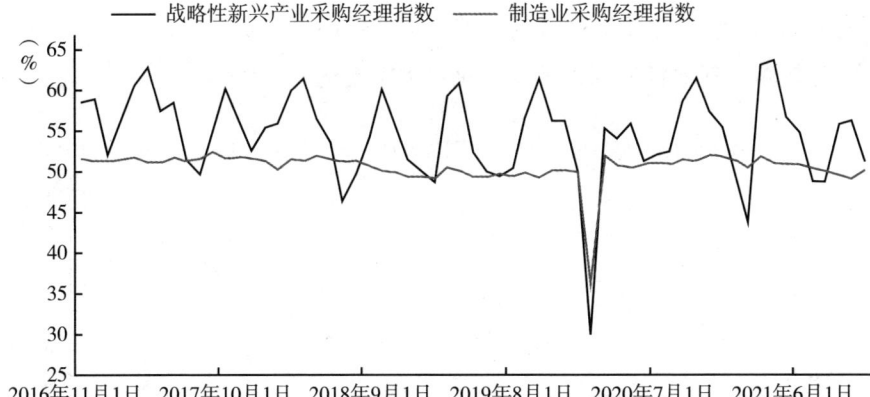

图 1 战略性新兴产业采购经理指数（EPMI）与制造业采购经理指数（PMI）对比

资料来源：CEIC。

（二）中国创新发展的"阿喀琉斯之踵"

创新的重要性不言而喻，我国对创新发展一直秉承高度重视，经济发展新动能创新驱动指数逐年上升，以 2014 年为基期，2020 年增速达 139.1%，极大地激发了经济活力，但是可以从图 2 看出，自 2015 年以来，我国的创新驱动贡献率并未紧跟创新驱动的增速，反而呈现下降态势。这正是我国创新发展面临问题的缩影，敲响了我国对创新发展面临问题的重视之钟。当前我国创新发展的重要问题主要包括四方面。一是自主创新能力有待提升。中国科学技术发展战略研究院发布的《国家创新指数报告 2020》显示：中国国家创新指数综合排名为世界第 14 位。作为 GDP 排名第二的国家，创新指数综合排名却没有进入前十。二是创新资源的转化率不高。据国家统计局数据，2020 年研究与试验发展经费支出同比增长 10.16%，而发表科技论文数量同比增幅仅为 0.08%；出版科技著作数量同比降低 4.67%；发明专利申请数量增幅亦低于经费支出的增幅。三是"人才发展体制机制还不完善，激发人才创新创造活力的激励机制还不健全，顶尖人才和团队比较缺乏"。[①] 四是文化创新亟待重视。全球化助推外贸经济发展的同时，亦带来文化冲击。迪士尼票价昂贵、圣诞节抢送苹果、好莱坞大片热潮等现象皆反映了外国文化对本土文化的挑战。

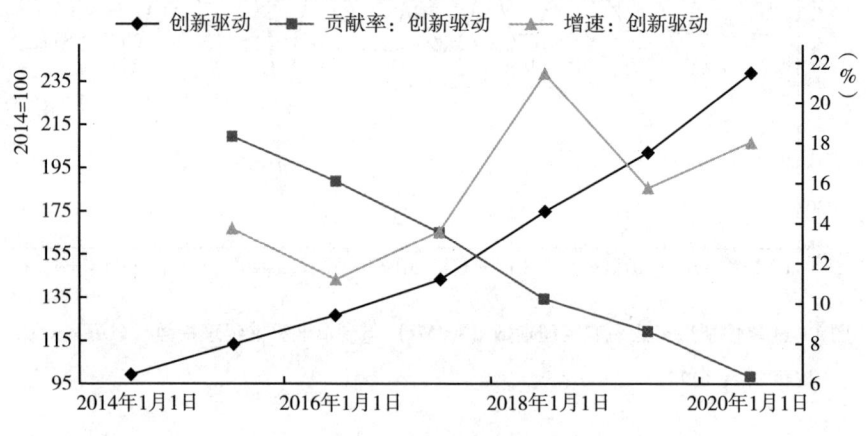

图2　经济发展新动能创新驱动指数

资料来源：CEIC。

（三）推动共同富裕之创新发展路径选择

完善创新发展，推动共同富裕，可以从以下四方面入手。一是要加强前瞻意识的培养，直面以往自主创新能力不足的问题。找对宏观经济发展的薄弱点，将薄弱点化为科技发展突破口，更要对世界科创发展前沿问题密切关注、科学研判、勇于尝试、攻克技术、实现引领。二是要加强对产学研用的重视。要敢于直面沉没成本，即使面临失败的可能，只要对发展有重大积极影响就要敢于尝试（如军工、航天等）；更要加大对基础研究的重视，高校是培育创新人才的大本营，其基础研发和科创投入必须与市场需求相适应。企业属于市场主体，对市场环境和需求更为了解，高校和企业要加强合作，促成科研成果落地转化，加强科创人才入校培养。三是要增强对创新人才的

---

① 《习近平谈治国理政》第3卷，外文出版社，2020，第246页。

重视,科研人员的待遇提升是必然手段。四是"要坚定不移将文化体制改革引向深入,不断激发文化创新创造活力"。① 外文化的冲击既是挑战,也是我们取长补短充实自身文化的机遇。传统节日为我们带来的不仅是"假期",更是学习传统文化的大好时机。文化创新必须在正视传统文化的同时敢于开放自身,在继承中谋创新,在创新中谋发展。

二 协调是推动共同富裕的保障

(一)协调是衡量共同富裕的一把尺子

习近平总书记强调:"我们说的共同富裕是全体人民共同富裕,是人民群众物质生活和精神生活都富裕,不是少数人的富裕,也不是整齐划一的平均主义。"② 共同富裕属于全体人民,需要全面发展。马克思在对资本循环及周转、社会资本的再生产和流通研究中皆有协调的影子。剩余价值的生产需要劳动力,而其实现则依赖于商业工人进行的一系列商业活动(买与卖)。社会资本的再生产与流通亦需要两大部类的协调。从当今社会发展视角来看,全民富裕要满足物质、精神两个层面的富裕,协调就是衡量这两方面的一把尺子。共同富裕的物质层面,需要城乡差距的合理缩小,自然资源的高效可持续利用,人民"有钱花敢花钱",国家安全和经济建设相互适应。而共同富裕的精神层面,需要与物质文明的发展相适应。小到公交车让座的热心人,大到共和国勋章的获得者,做善事做好事做对国家有益的事皆为精神层面的富裕。如社会发展不协调,社会的稳定将会受到挑战。当然,协调发展不是整齐划一,并非要将高收入者的财产剥夺而转给低收入人群,而是随着时间的推移渐进性地实现共同富裕,而协调可以作为发展平衡的一把尺子,界定社会资源是否过度向高收入人群倾斜,保障共同富裕的"人民性"和"共同性"。

---

① 《习近平谈治国理政》第3卷,外文出版社,2020,第314页。
② 习近平:《扎实推动共同富裕》,《求是》2021年第20期。

（二）我国发展不协调是长期存在的问题

我国当前发展不平衡问题严重阻碍了共同富裕进程的推进。将我国人均可支配收入化为五部分（见图3）。低收入群体人均可支配收入增幅较大，但其基数较小，与高收入群体的差距较大。中等收入群体本应是推进共同富裕形成纺锤形收入结构的重点群体，其人均可支配收入的增长幅度却小于其他四种群体。可见，我国当前的发展不协调，各个阶层收入差距仍然较大。

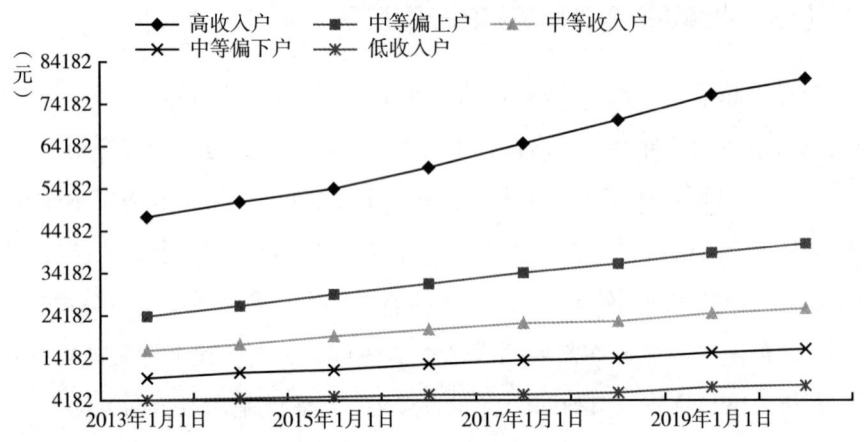

图3　2013~2020年人均可支配收入比较

资料来源：CEIC。

（三）推动共同富裕之协调发展路径选择

"协调发展注重的是解决发展不平衡问题"[①] 可从四方面入手。一是从区域协调发展入手。要进一步发挥各个地区的比较优势，顺应国家区域发展相关战略。加强各区域制度协调，东部沿海城市有着发展强劲的经济动能，

---

① 《习近平谈治国理政》第2卷，外文出版社，2017，第198页。

亦吸引了很多中西部人才流入,这些人才想要落户、买房、提升子女教育水平的美好期待并不能顺利得到满足。区域协调发展战略,正是可以从这些人才的美好期许入手,将"乡愁"转化为回乡建设的动力,中西部地区要加强对人才的重视,完善人才待遇标准,让那些有经验有想法的人回到家乡,建设家乡。二是直面城乡差距问题。乡村振兴战略将为缩小城乡差距、推进共同富裕提供方向。首先,要利用好乡村特有的资源,开发农家乐、民宿项目。其次,要完善乡村基础设施建设,协调城乡发展,乡村基础设施水平要向城市看齐。建立能够传承文化、发扬文明的生活娱乐场所,提升公共服务水平。三是物质文明和精神文明协调发展。爱国情怀不是简单地认可中国,而是将对传统文化的了解升华为对道德情操的强化,是对自我价值的提升以更好地为人民服务,是对中国梦的不懈追求以建设社会主义。四是统筹经济建设和社会建设。协调发展既要保增长又要重民生,老龄化、低生育率、高离婚率已经为社会稳定发展之路敲响警钟。而社会稳定发展既需要保障市场的规范性,保障市场运营的合法性、高效率,又需要强化教育、住房、养老等行业的公共服务属性。

三 绿色发展是推动共同富裕的要求

(一)绿色发展具备科学内涵

马克思指出:"整个所谓世界历史不外是人通过人的劳动而诞生的过程,是自然界对人来说的生成过程。"[1] 我国依赖人口优势、借助资源禀赋,经济总量逐年提升。但不得不提,消耗资源谋发展的进程中,我国亦受到大自然的"报复"。全国雾霾天气、地震频发等事件为我国未来的发展敲响警钟。"生态环境没有替代品,用之不觉,失之难存。"[2] 习近平总书记指出:"绿水青山就

---

[1] 《马克思恩格斯文集》第1卷,人民出版社,2009,第196页。
[2] 习近平:《论把握新发展阶段、贯彻新发展理念、构建新发展格局》,中央文献出版社,2021,第254页。

是金山银山。"① 绿色发展与共同富裕两者皆有以人为本的思想,绿色发展的实质就是人与自然高度和谐的可持续发展,要发展也要为子孙后代的环境考虑,强调谋发展和保护自然两条腿走路;而共同富裕就是要实现全体人民的共同富裕,是渐进性、可持续的富裕,强调精神和物质的平衡。推动共同富裕,不是要将现有地球资源消耗殆尽,是要转变以往粗放型的发展方式,高效率、低能耗地提升全体人民的生活水平和精神风貌。绿色发展的实质亦是推动共同富裕的要求,人民只是达到了物质层面的富裕,没有对大自然环境的敬畏之心,没有对绿色发展观念的秉承,那么共同富裕中的"共同"也就没有未来人类后代的传承,只是某一代人的富裕不是我国奋斗的目标,亦不会受世界各族人民的理解和尊重。吃水不忘挖井人,大自然作为人类发展的动能源,以保护自然资源为前提的绿色发展必须贯彻推动共同富裕进程始末。

(二)生态问题是我国绿色发展的绊脚石

推动共同富裕,要让全民共享发展的成果,提升其幸福感、满足感。但当前我国生态环境面临的各种挑战已经成为推进共同富裕进程的绊脚石。图4可以清晰地看出,我国月均PM2.5浓度呈现波动态势,2021年7月达区间最低值后,又呈现反弹趋势,可见当前我国的空气质量并不能得到保障。再看我国2011~2020年遭受自然灾害受损情况(见图5),我国自然灾害直接经济损失呈现波动态势,没有明显的下降或上升趋势,但是自然灾害受灾人口却呈现下降趋势,人均受灾直接损失呈现上涨趋势。据生态环境部统计,2021年10月监测的203个重点湖(库)中,水质优良湖(库)个数占比66.5%,同比下降4.8个百分点;而劣V类水质湖(库)个数同比上升0.1个百分点。耕地质量方面,截至2019年底,全国耕地质量平均等级为4.76等。一至三等的高等地占比不到1/3,占比最大的为中等地,低等地虽

---

① 习近平:《论把握新发展阶段、贯彻新发展理念、构建新发展格局》,中央文献出版社,2021,第255页。

然是三种地占比最少的，但也达到总耕地面积的1/5，而改善土地质量不是一蹴而就之事，仍任重而道远。空气作为我们补充氧气的必要依赖，水资源作为我们的生命之源，土地作为粮食安全的保障，它们受到挑战和破坏，皆对我们的衣食住行造成打击，优良湖（库）个数占比下降等问题的显现，为我国今后的发展模式敲响了警钟。

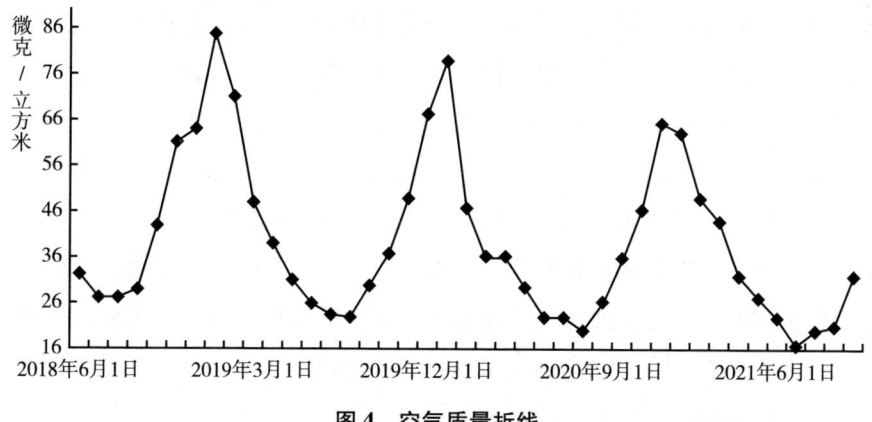

图4 空气质量折线

资料来源：CEIC。

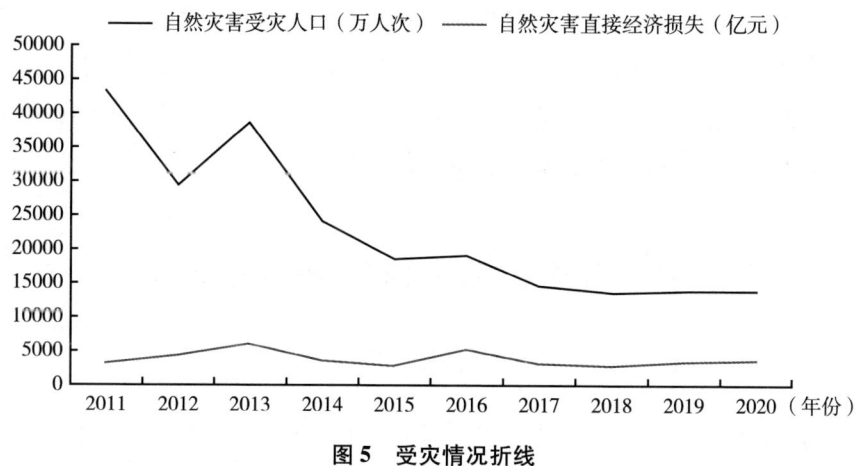

图5 受灾情况折线

资料来源：国家统计局。

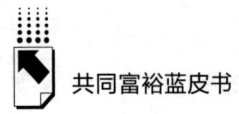

（三）推动共同富裕之绿色发展路径选择

推动绿色发展，助力共同富裕，可从以下三方面入手。一是要加快转换发展方式。未来发展要依赖绿色发展观，不做捡芝麻丢西瓜只顾眼前利益之事，以可持续发展眼光对待当前的发展。当前我国已经实现全面脱贫，但未来防止返贫以及减少相对贫困将是推动共同富裕的重点方向。推动共同富裕，绿色发展可以与创新发展联动，推动科技人才下乡配套政策落地，提高乡村农业的科技水平和附加值；科研人员可以凭借科技创新生产污染少、肥力高的肥料，促进农产品提高产量的同时减少污染。二是要加大绿色金融对绿色发展的支持。2021年中央经济工作会议指出："实现碳达峰碳中和目标要坚定不移，但不可能毕其功于一役，要坚持稳中求进，逐步实现。"[1] 为此，需要将绿色发展观贯彻到生产、流通、交换、分配的全过程，亦离不开绿色金融体系的支撑。要加强政府和市场资本的合作，规范相关部门金融监管的力度和范围，完善绿色信贷市场基础设施建设，优化绿色金融支持绿色产业发展的税收优惠和补贴措施，降低绿色科创企业上市门槛，拓宽绿色融资渠道。三是要健全绿色发展法律法规。习近平总书记指出："只有实行最严格的制度、最严密的法治，才能为生态文明建设提供可靠保障。"[2] 推动共同富裕，让全体人民过上环境美丽的好日子，道德的底线固然不能为社会发展兜底，只有完善的法律才能让那些不顾负外部性、只追求自我利益的人看到污染环境的成本。要统筹好社会各界力量、规范社会个体行为，健全绿色法律体系，提升绿色发展服务共同富裕的有效性。

四　开放是推动共同富裕的途径

（一）开放是高质量发展的必由之路

构建以国内大循环为主体、国内国际双循环相互促进的新发展格局，国

---

[1]《习近平谈治国理政》第4卷，外文出版社，2022，第215页。
[2]《习近平谈治国理政》，外文出版社，2014，第210页。

内与国际两条腿走路不能少。推动共同富裕，仅靠国内自给自足内循环是无法高效实现的。曼昆指出开放国际贸易的好处："贸易使人们生产自己最擅长生产的东西，并消费世界各国生产的各种各样的物品与劳务。"① 开放经济不仅可以使各国利用好自己的资源禀赋优势，促进交换和流通，更能激发生产力的发展。日本的汽车、美国的手机赚取全球利润的同时，以代工为主的中国、印度也分得一杯羹，而全球经济的开放也带来了科技创新的发展，各国为了能够赚取更多他国利润，提升自己的经济发展水平，不断提高劳动力素质、加大对创新领域的投入、深化对外友好型政策，以求在新一轮产业革命中能够重塑引领地位。当前我国正处于百年未有之大变局，全世界、多领域的生产方式和结构均发生深刻变化。推动高质量开放，不仅仅有利于我国技术、产品、理念、文化走出去，亦有利于他国资本供给、消费需求走进来，激发我国市场活力、加快传统产业升级、夯实共同富裕的物质基础。"一带一路"倡议在世界范围内的广泛推动，促进了和平与发展这一理念走进全球视野，营造了较好的外部环境。推动共同富裕秉承以人民为中心的理念，而人类命运共同体理念则是将以人民为中心的理念放置全球视野，扩大高水平的对外开放是高质量发展的必由之路。

（二）我国开放发展面临新挑战

我国经济自改革开放以来迅速发展，经济总量跃居全球第二。世界"百年未有之大变局"不仅是机遇，也伴有影响我国推动共同富裕的风险和挑战。我国过去追求粗放型经济，中国制造产品遍布多国市场，廉价、同质是以往中国制造产品的特有标签。从图6可以看出，我国2010~2020年进出口总额、出口额及进口额皆呈现增幅下降趋势，甚至在2015年三者增幅均为负增长。虽然2017年出现增幅的提升，但自2018年以来三者的增幅又不断下降，可见我国进出口货物的增幅在不断降低，且进口总额

---

① 〔美〕N. 格里高利·曼昆：《经济学原理（第6版）：宏观经济学分册》，梁小民、梁砾译，北京大学出版社，2012，第189页。

波动在三者中是最大的，这也意味着我国对外开放仍存在一定的缺口。要推动共同富裕，就是要考虑提高中等收入群体比重，刺激更多的人愿意消费，发现需求、提升供给质量，国外的需求和供给对于我国市场的发展均有积极意义，但是我国当前对国外资本市场的开放仍持较保守的态度，为防止系统性金融风险，我国对国际资本流动仍存在管制，人民币汇率亦未完全市场化。

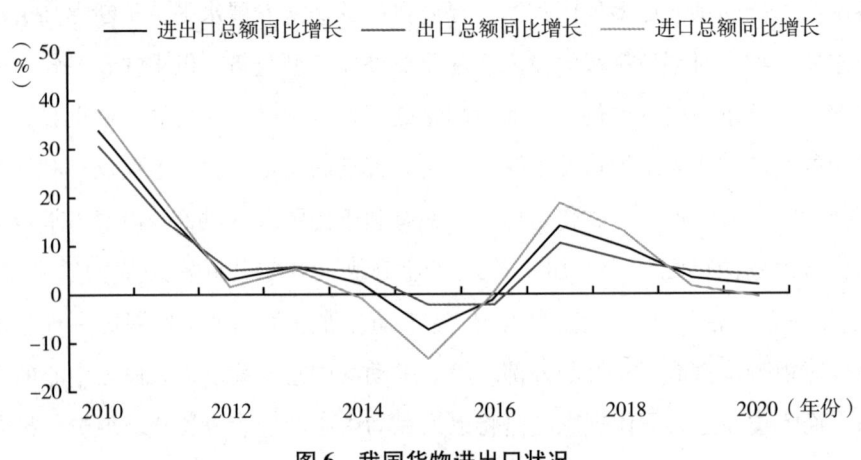

图 6　我国货物进出口状况

资料来源：国家统计局。

（三）推动共同富裕之开放发展路径选择

高水平的对外开放，是推动共同富裕的必由之路。具体来讲，可以从以下三方面入手。一是要坚持改革开放思想。思想是行动的纲领，推动高水平开放，既要对当前开放的方式进行改革，又要提升对各国的开放度。国际资本流动的本质是资本运动，对利润的追求是其内在动机，而我国吸引外资的主要是房市、股市等伴有投机性质的市场，一旦泡沫破裂将会产生金融危机。因此，改革之刀要切在房市和股市，规范房地产市场、完善公司上市的流程，让全民得以更公平、更透明地参与投资。开放之手要给予国内外投资人力量，赠人玫瑰手有余香，为市场开好适度宽松之口，降低投资新兴产业、科技创新领域的资本限制门槛,市场必将回馈我国经济增长动能,增强国内财富存量。二是要积极处理与其他经济体的关系。大国博弈并不一定是零和博弈,中国追求的是人类命运共同体,双方博弈倒逼彼此加速改革,有利于双方经济效率的提升。借助智慧的外交手段,加强双方经贸磋商,尊重彼此发展理念,是优化双方关系的必然手段。

五 共享是推动共同富裕的追求

(一)共享发展是实现以人民为中心的发展

从奴隶制社会到封建王朝的整个历史发展来看,朝代的更迭皆离不开剥削过度致使人民起义反抗。中国共产党自成立以来皆秉承以人民为中心的思想,为提高人民幸福感、获得感不懈努力,当前已经实现全面小康。而下一步推动共同富裕,就是要做好"做蛋糕"和"分蛋糕"这两大维度之事。"做蛋糕"重在谋发展,使社会效益得到提升,增加总体物质和精神财富;"分蛋糕"重在促公平,全民共享是其内在价值。创新、协调、绿色、开放皆对于解放生产力有积极效用,人民作为创造社会财富的主体,创新发展需要人民投入科研,激发科创活力;协调发展需要社会各界良好互动,实现共同进步;绿色发展需要全体重视生态环境,保护好绿水青山;开放发展要求国家间友好合作,加强经贸科技交流;而共享发展就是将人民为中心理念贯彻于分配阶段,保障社会均衡稳定发展。共同富裕不是均等富裕,先富带后富不是劫富济贫,全民共享不是剥夺先富的权利和财富。共享发展是一个渐进的过程,承认合理差距存在的必然性,降低代际流动的壁垒,给予实现跨越阶层的机会,要让每个人看到依靠努力实现富裕和阶层跃升的希望。只有全体人民都能在共建社会主义伟大事业中感受到公平正义,才能调动全社会的积极性,加速推进社会主义现代化进程,早日实现中华民族伟大复兴。

(二)推动共同富裕之共享发展路径选择

共享发展是推动共同富裕的追求,落实共享发展,可从两大方面入手。一是要完善当前教育制度。"双减"政策的出台,让人们看到政府为教育公平所做的努力。实现教育公平是共享发展理念的体现,在推动共同富裕阶段,可以将九年义务教育延长至12年,让学生在18岁之前接受到平等的基础知识教育,即便没有考上大学,在身心皆成熟的18岁进入职业院校学习要比15岁进入职业院校学习效率高得多。教育公平亦要注重师资力量,提高教师待遇,"双减"后学生课后教育问题值得关注,鼓励综合素质好的人才走入教育行业,教书育人配以放学作业辅导,形成家长放心工作、学生安心学习、老师专心教书的氛围。二是要深化收入分配制度改革。初次分配是根本,劳动力是创造剩余价值的来源,要建立合理的薪资决定机制,用对人、用好人、稳住人,要让与岗位匹配的劳动者充分发挥才能,缩小行业、区域间收入差距,逐步实现劳动者的同工同酬。再次分配是关键,应对全面脱贫后的相对贫困,税收可以起到调节作用。必须要加大对过高收入的税收调节,尤其是加大对房产税和遗产税税制的调节力度,共同富裕不是"躺平",要靠自我努力实现跃升。其次要调整税收起征点,避免穷的越穷、富的越富。更要提高对社会保障的重视程度,社会兜底,防止返贫。三次分配是补充。共同富裕不是劫富济贫,捐款抵税政策一定要落实到位,不应口号响亮落实难,打击行善者积极性。慈善组织要防止贪污腐败形式化,要公开透明搞帮扶,温暖人心促捐款。

B.7 经济增长与收入分配差距

王 博*

摘 要： 经济增长和收入分配一直是学术界争论的焦点，二者的相关关系一直是具有争议性的议题，大量的文献分析并没有得出一致的结论。本文通过面板向量自回归模型，基于2002~2019年我国31个省份的面板数据，实证分析了经济增长和收入分配差距之间的动态互动关系。本文的结论显示，经济增长和收入分配间的关系在不同地区并不一致，表现出显著的区域异质性和城乡异质性；经济增长对收入分配差距的影响在东部城镇地区表现为正向，在中部和西部城镇地区表现为负向，在农村的样本中不显著；收入分配差距对经济增长的影响在东部城镇地区不显著，在东部农村地区表现出显著的正向影响，在中部城镇和西部地区表现为"倒S形"的正向关系。因此，厘清二者间的动态变化关系，顺应经济形势，依据不同地区实际情况，来制定收入分配改革的相关政策，是未来实现"共同富裕"的必由途径。

关键词： 经济增长 收入分配差距 PVAR模型 共同富裕

一 引言

自古典经济学伊始，收入分配与经济增长一直是经济思想史的两大命

---

* 王博，中共中央党校（国家行政学院）经济学教研部博士研究生，主要研究方向为宏观经济。

题，但是对于收入分配差距与经济增长的关系的大量研究却始终无法得出统一的结论。一方面，收入分配对经济增长的影响的研究不统一，既有学者认为收入分配差距的扩大可以刺激经济加速增长，也有部分学者认为收入分配差距会导致阶级固化、资源错配，降低全要素生产率，进而阻碍经济增长。另一方面，针对经济增长对收入分配差距的影响，相关研究可以追溯到科学社会主义提出的"共同富裕"概念，认为随着生产力的发展和社会主义的实现，最终会消除收入分配差距，实现社会红利共享。总的来看，综合各类理论和分析，二者的相互关系存在一个相对统一的结论，收入分配不单单是促进或抑制经济增长的原因，也不单单是由经济增长产生分配差距的结果，二者是互为因果的关系，即收入分配既是经济增长的决定因素，也是经济增长的必然结果。从我国的实际情况出发，研究收入分配作为经济增长的决定因素，可以回顾新中国成立70余年的收入分配格局变化和制度改革历程，从改革开放初"允许一部分人先富起来"打破了计划经济时代的平均主义收入分配格局，中国的经济迎来了世界瞩目的迅速发展，中国的年生产总值从2005年的18.73万亿元增加到2019年的99.08万亿元，人均GDP由1.43万元上升至7.08万元，创造了世界奇迹。但随着我国工业化进程进入后期，收入分配的差距也不断拉大，此时缩小收入分配差距，扩大中等收入群体，"先富带动后富"等相关政策回到我们的视野中。而研究收入分配作为经济增长的结果，可以观察到中国随着经济发展和工业化进程的推进，投资率经历了一个先上升后下降的趋势，而消费率则相反经历了先下降后上升的趋势，从微观上分析，这是劳动要素市场和资本要素市场的供求格局在工业化进程当中的相对变化导致的，因此居民收入分配差距在后工业期会趋于缩小，并为后工业期产业结构升级提供需求侧支撑。当前，在经济发展新常态的背景下，我国的部分较为发达的地区已经进入了投资率下降和效率比率上升的阶段。然而，我国各地区的工业化进程并不一致，经济格局和产业结构也并不相同，因此经济增长和收入分配差距的关系尤为复杂。为实现共同富裕的目标，缩小收入差距，进一步扩大中等收入群体，仍然需要一系列具有地域异质性的政策出台。

基于以上事实，本文试图厘清经济增长和收入分配差距在不同地区的异质性动态互动关系。本文的主要贡献在于以下几点。在理论层面，揭示了经济增长和收入分配差距的动态关系会因地区经济发展水平的不同而有所差异，并试图从中抓住形成此类差异的内在原因，在一定程度上解释了以往关于经济增长和收入分配差距关系研究结论存在的分歧。在政策层面，本文的研究证明了"让一部分人先富起来"和"先富带动后富"政策的有效性。同时，随着工业化进程进入后期，现阶段在"共同富裕"目标引导下偏重公平的收入分配制度既可以推动经济增长，也是经济增长的内在结果。

二　文献综述

针对经济增长和收入分配差距二者间关系的研究一直是学术界的重点。自1955年库兹涅茨（Kuznets）提出收入分配与经济增长间"倒U形"关系以来，各国经济学家就此关系展开了一系列论证。[①] 库兹涅茨认为在经济发展较早的工业化初期，工业部门从农业部门吸收资源，进而形成城市的收入差距大于农村的局面，但是这种差距会伴随经济增长的不断进行，在工业化的中期以及后期逐步减小。这个理论随后在世界各国通过实证分析得到了一定的支持，但是世界各国所处发展阶段不同，经济制度也不同，加之经济学家的分析方法落后且并不统一，因此常常得出相悖的结论。从那时至今，关于经济增长和收入分配差距间关系的争论就从未停止。

（一）经济增长对收入分配差距的影响

陆铭等通过结合多个模型得出了一个具有启发意义的结论，经济增长会

[①] Kuznets, Simon, "International Differences in Capital Formation and Financing," *Capital Formation and Economic Growth*, (1955): 19-111.

减小收入差距,反过来收入差距对于经济增长具有负向影响,二者的作用是双向的,因此经济增长可以通过缩小收入差距来刺激,且刺激后的经济增长也会反过来进一步缩小收入差距。库尼亚西(Kurniasih)等也得出相同的结论,认为经济增长会显著降低收入不平等。[1] 鲁宾和西格尔(Rubin and Segal)以及程名望等学者的研究持相反的观点,他们认为虽然经济增长可以有效减少贫困,但是经济增长对高收入群体收入增长的推动作用比低收入的贫困群体收入增长的推动作用更强,因此总体来看经济增长会加剧不平等。[2] 佩雷拉和李(Perera and Lee)认为一些刺激经济增长的因素,如技术进步、金融深化等,必然会导致收入分配的两极分化。除此以外,还有学者认为经济增长不存在对收入分配的显著影响。[3]

(二)收入分配差距等对经济增长的影响

第一类观点认为收入分配差距可以促进经济增长。帕特里奇(Partridge)等针对美国采用州级面板数据进行实证研究得出结论:收入分配差距大的州比收入分配差距小的州具有更快的经济增长。[4] 福尔贝斯(Forbes)引入了时间的维度,他认为在短期和中期,一国收入分配差距的扩大与未来的经济增长间存在显著的正向关系。[5] 拉泽尔和罗森(Lazear and Rosen)试图对此现象进行解释,认为这是因为适度的收入差距可以激

---

[1] Agustini, Yetty, and Erni Panca Kurniasih, "Pengaruh Investasi PMDN, PMA, dan Penyerapan Tenaga Kerja Terhadap Pertumbuhan Ekonomi dan Jumlah Penduduk Miskin Kabupaten/Kota di Provinsi Kalimantan Barat," *Jurnal Ekonomi Bisnis dan Kewirausahaan*(*JEBIK*)6.2(2017):97-119.

[2] Rubin, Amir, and Dan Segal, "The Effects of Economic Growth on Income Inequality in the US," *Journal of Macroeconomics* 45(2015):258-273;程名望等:《中国农户收入不平等及其决定因素——基于微观农户数据的回归分解》,《经济学(季刊)》2016年第3期。

[3] Perera, Liyanage Devangi H., and Grace HY Lee, "Have Economic Growth and Institutional Quality Contributed to Poverty and Inequality Reduction in Asia?" *Journal of Asian Economics* 27(2013):71-86.

[4] Partridge, Mark D., "Is Inequality Harmful for Growth? Comment," *The American Economic Review* 87.5(1997):1019-1032.

[5] Forbes, Kristin J., "A Reassessment of the Relationship Between Inequality and Growth," *American Economic Review* 4(2000):869-887.

励企业创新进而刺激经济增长。① 李和邹（Li and Zou）则通过研究政府和居民消费的关系并构建相关的生产和效用函数，得出了政府为了降低收入分配差距需要投入高额的税收，进而抑制经济增长的结论，因此收入分配平等化的政策不利于经济增长。②

第二类持有相反观点的学者认为收入分配差距加大会阻碍经济增长。③ 佩罗蒂（Perotti）从投资的角度入手，研究表明收入分配会对人力资本和物力资本的投资产生负面影响。④ 赫尔泽和沃尔默（Herzer and Vollmer）采用了异质性的面板协整模型，证明收入分配差距实际上和长期经济增长存在负相关关系。⑤ IMF 使用近 100 个国家的面板数据进行了较为全面的分析，并得出了总体上二者呈负相关关系的最终结论，进一步指出富人所代表的高收入群体的比例上升会导致中长期经济增速的降低。国内的研究包括杨俊、张宗益和李晓羽结合了截面数据和时间序列数据，对中国 1995~2003 年的居民收入分配差距与经济增长间的关系进行的研究表明，二者存在显著的负相关关系。⑥ 刘生龙首先使用了代际交叠模型进行理论推导，证明收入分配差距扩大和经济增长二者间呈负相关关系，然后进一步通过跨国面板数据实证了二者的负相关关系的显著性。⑦

---

① Lazear, Edward P., and Sherwin Rosen, "Rank-order Tournaments as Optimum Labor Contracts," *Journal of political Economy* 5（1981）：841-864.

② Li, Hongyi, and Heng-fu Zou, "Income Inequality Is Not Harmful for Growth: Theory and Evidence," *Review of Development Economics* 2（1998）：318-334.

③ Aghion, Philippe, Eve Caroli, and Cecilia Garcia-Penalosa, "Inequality and Economic Growth: The Perspective of the New Growth Theories," *Journal of Economic literature* 4（1999）：1615-1660.

④ Perotti, Roberto, "Income Distribution and Investment," *European Economic Review* 4（1994）：827-835.

⑤ Herzer, Dierk, and Sebastian Vollmer, "Inequality and Growth: Evidence from Panel Cointegration," *The Journal of Economic Inequality* 4（2012）：489-503.

⑥ 杨俊、张宗益、李晓羽：《收入分配、人力资本与经济增长：来自中国的经验（1995~2003）》，《经济科学》2005 年第 5 期。

⑦ 刘生龙：《收入不平等与经济增长的关系》，《经济科学》2007 年第 3 期。

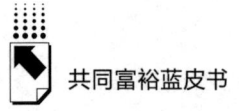

（三）经济增长与收入分配差距的非对称关系

最新的研究发现二者之间的关系可能是在各国人力资本积累状况[1]、收入水平、发展阶段等方面非对称性的。例如，收入分配差距在高收入水平的一端会有利于经济增长，而在低收入水平的一端会阻碍经济增长。[2] 由此引申出不同国家的发达程度也会导致经济增长与收入分配关系的非对称性变化，巴罗（Barro）使用国际面板数据实证得出结论，收入不平等在 GDP 较低的国家大多是对经济增长的阻碍因素，而在 GDP 较高的国家则是对经济增长的促进因素。[3] 就算是在发展中国家也可以分为高收入国家和低收入国家，法瓦兹等（Fawaz et al.）发现在发展中国家中的低收入国家，收入分配差距与经济增长负相关，而在发展中国家中的高收入国家的情况则完全相反，二者存在正相关关系。[4] 有些学者也证明了类似的观点，并使用拉美国家的数据进行了检验，结果显示收入分配差距的影响在不同贫富程度的国家会有不同的效果。[5]

通过梳理文献发现，收入分配差距与经济增长之间可能存在互为因果的影响，但研究的结论大多是单向的且并不统一。然而目前，在研究内容、研究视角及研究方法方面均存在一些不足，有待进一步完善。首先，传统文献中采用单向回归模型，这类模型往往忽略了变量间互为因果关系带来的内生性问题，且无法考量二者之间的动态关系。越来越多的证据表明，经济增长

---

[1] Chambers, Dustin, and Alan Krause, "Is the Relationship Between Inequality and Growth Affected by Physical and Human Capital Accumulation?" *The Journal of Economic Inequality* 2（2010）：153-172.

[2] Voitchovsky, Sarah, "Does the Profile of Income Inequality Matter for Economic Growth?" *Journal of Economic Growth* 3（2005）：273-296.

[3] Barro, Robert J., "Inequality and Growth in a Panel of Countries," *Journal of Economic Growth* 1（2000）：5-32.

[4] Fawaz, Kassem, and Kang G. Shin, "Location Privacy Protection for Smartphone Users," Proceedings of the 2014 ACM SIGSAC Conference on Computer and Communications Security. 2014.

[5] Miqueloto, Aquidauana, et al., "Relationship between Xylem Functionality, Calcium Content and the Incidence of Bitter Pit in Apple Fruit," *Scientia Horticulturae* 165（2014）：319-323.

和收入分配差距间，存在相互影响的动态互动关系，仅考察单向关联很可能会让结果不稳健。其次，以往大量文献对经济增长和收入分配差距的研究均使用时间序列数据或者截面数据进行研究分析，但是通过PVAR模型研究收入分配和经济增长关系的较少，PVAR模型可以在保证研究变量独立性的前提下，有效地将各变量的彼此动态互动关系反映出来。最后，相关文献大多的研究对象是整体，没有进行差异化分析，而中国的东中西部地区经济发展和经济结构存在较大不同，因而经济增长和收入分配差距的动态联系可能因地区不同而表现出地域的异质性。基于此，本文通过构建PVAR模型，研究经济增长和收入分配差距之间的动态相互关系及其区域异质性。

三 研究设计

（一）模型构建

本文采用2002~2019年的31个省级面板数据分析收入分配差距与经济增长间的动态关系，由于向量自回归模型（VAR）需要时间跨度（T）大于截面个数（N），而本文的研究对象截面个数较多，采用面板向量自回归模型（PVAR）进行实证研究更为合适。本文模型中研究变量都是内生变量，通过脉冲响应函数分析某一内生变量（本文称为冲击变量）对其他内生变量（本文称为响应变量）产生的冲击影响，以反映内生变量间的长期动态关系。此外，由于PVAR模型继承了面板模型的优势，本文会控制个体效应来消除个体异质性，以及控制时点效应消除不同截面的共同冲击，同时引入外生变量对宏观因素进行控制。本文设定PVAR模型为：

$$y_{i,t} = \lambda_0 + \sum_{k=1}^{m}\lambda_{i,k}y_{i,t-k} + \sum_{j=1}^{m}\lambda_{i,j}X_{i,t-j} + \sum_{l=1}^{m}\lambda_{i,l}Z_{i,t-l} + \theta_i + \varphi_t + \varepsilon_{i,t} \quad (1)$$

式（1）中，i代表不同的地区，t代表不同的时间，k则用于表示滞后阶数，$y_{i,t}$代表响应变量，$X_{i,t-j}$代表冲击变量，$Z_{i,t-l}$为可观测的确定性严格外生控制变量，λ_0是截距项，$\lambda_{i,k}$、$\lambda_{i,j}$和$\lambda_{i,l}$为不同内生变量的系数矩阵，本文中的相关参数都进行了广义矩估计（GMM），θ_i表示方程中的个体固定效应矩阵，本文采用了用向前差分Hermert转换的方法对个体固定效应进行消除，φ_t则表示方程中的时间固定效应，本文采用均值差分法对时间固定效应进行消除，$\varepsilon_{i,t}$则是常见的为随机扰动项。

本文构建PVAR模型主要包含以下步骤：①进行平稳性检验；②PVAR模型最优滞后阶数的选择；③使用广义矩估计（GMM），分析收入分配、经济增长等变量之间的长期互动关系；④计算脉冲响应（IRF）函数，通过脉冲响应图分析内生变量的动态交互关系；⑤误差项的方差分解（FEVD），考察不同的因素对内生变量波动的贡献度。本文采用的统计软件是stata16。

（二）指标选取与数据来源

本文重点研究经济增长和收入分配差距之间的动态关系，对于相关参数指标选取及说明如下。

经济增长指标（lnpgdp）：用国内人均生产总值（pgdp）代表经济增长，为消除异方差性，对其进行取对数处理，即为lnpgdp。

收入分配差距指标（gini）：具体计算公式如下。

$$G_t = 1 - \frac{1}{PM}\sum_{i=1}^{N}(M_{i=1}+M_i)\times P_i \tag{2}$$

$$G_r = 1 - \frac{1}{PM}\sum_{i=1}^{N}(M_{i=1}+M_i)\times P_i \tag{3}$$

$$G = P_t^2\frac{u_t}{u}G_t + P_r^2\frac{u_r}{u}G_r + P_tP_r\frac{u_t-u_r}{u} \tag{4}$$

G_t代表各省城镇的基尼系数，G_r代表各省农村的基尼系数，P是总人口，P_t是城镇人口，P_r是农村人口，M代表总收入，M_i代表累计到第i组的收入，u代表人均收入，u_t代表城镇人均收入，u_r代表农村人均收入。最后得出总体基尼系数（gini），城镇基尼系数（tgini），农村基尼系数（rgini）。

为了进一步控制经济增长和收入分配差距间的相互冲击和影响，从经济学角度考虑，经济增长和收入分配差距的关系受到劳动要素市场和资本要素市场的供求格局的显著影响，因此，本文引入相关的控制变量。本文引入投资指标（lni）和消费指标（lnc），分别使用当年投资完成额（i）和社会消费品零售总额（c）代表，并通过取对数消除异方差，相关数据源于历年的《中国统计年鉴》。

为了分析经济增长和收入分配差距关系的区域异质性，本文进一步将总样本划分为东部地区、中部地区和西部地区三个子样本①，再实证检验加以辨别分析，并观察其结果的差异。具体的变量描述性统计结果见表1。

表1 变量的描述性统计

区域	符号	观测值	均值	标准差	最小值	最大值
全国	gini	527	0.246	0.089	0.018	0.547
	tgini	527	0.462	0.054	0.302	0.627
	rgini	527	0.462	0.068	0.289	0.671
	lnpgdp	527	10.313	0.739	8.216	12.009
	lni	527	6.891	1.467	0.694	9.671
	lnc	527	8.198	1.239	4.131	10.668
东部	gini	187	0.308	0.099	0.018	0.547
	tgini	187	0.471	0.055	0.302	0.627
	rgini	187	0.47	0.069	0.289	0.671
	lnpgdp	187	10.76	0.639	9.059	12.009
	lni	187	7.651	1.075	3.6	9.671
	lnc	187	8.811	1.069	5.285	10.668

---

① 在本文的样本中，东部地区包括北京、天津、河北、辽宁、上海、江苏、浙江、福建、山东、广东和海南，共计11个省份；中部地区包括山西、吉林、黑龙江、安徽、江西、河南、湖北和湖南，共计8个省份；西部地区包括内蒙古、广西、重庆、四川、贵州、云南、西藏、陕西、甘肃、青海、宁夏和新疆，共计12个省份。

续表

区域	符号	观测值	均值	标准差	最小值	最大值
中部	gini	136	0.226	0.045	0.118	0.33
	tgini	136	0.47	0.056	0.328	0.601
	rgini	136	0.47	0.072	0.304	0.65
	lnpgdp	136	10.131	0.617	8.76	11.257
	lni	136	6.968	1.042	4.555	8.918
	lnc	136	8.494	0.799	6.828	10.064
西部	gini	204	0.202	0.068	0.044	0.347
	tgini	204	0.449	0.049	0.303	0.554
	rgini	204	0.45	0.064	0.289	0.596
	lnpgdp	204	10.025	0.706	8.216	11.236
	lni	204	6.142	1.642	0.694	8.791
	lnc	204	7.439	1.233	4.131	9.911

为了分析上述三个样本中个人所得税对总收入差距、城市内部收入差距、农村内部收入差距和城乡收入差距的影响,本文建立如下 PVAR 模型。

$$Y_{i,t} = \lambda_0 + \sum_{k=1}^{m} \lambda_{i,k} Y_{i,t-k} + \sum_{k=1}^{m} \lambda_{i,j} \ln pgdp_{i,t-j} + \sum_{k=1}^{m} \lambda_{i,l} Z_{i,t-l} + \theta_i + \varphi_t + \varepsilon_{i,t} \quad (5)$$

$$\ln pgdp_{i,t} = \lambda_0 + \alpha_0 \sum_{j=1}^{p} \lambda_{i,k} \ln pgdp_{i,t-k} + \sum_{j=1}^{p} \lambda_{i,j} Y_{i,t-j} + \sum_{k=1}^{m} \lambda_{i,l} Z_{i,t-l} + \theta_i + \varphi_t + \varepsilon_{i,t} \quad (6)$$

其中: $Y \in \{gini, tgini, rgini\}$, $Z \in \{lni, lnc\}$。

四 实证检验与结果分析

(一)平稳性检验

PVAR 模型的数据由于其带有时间序列数据性质,一旦数据不平稳,最后得出的结论将无法保证稳健性,所以必须对各变量进行面板单位根检验来保证数据的平稳性,进而防止伪回归的出现。本文综合了各种方法后采用 LLC 检验(适用于同根假设)和 IPS 检验(适用于不同根假设)。

表 2 面板单位根检验

样本	全国		东部		中部		西部	
检验方法	LLC	IPS	LLC	IPS	LLC	IPS	LLC	IPS
lnpgdp	2.9015	9.0248	3.3374	7.4373	5.0529	6.0807	0.1190***	4.4747
gini	−12.4945***	−4.3324***	−6.2470***	−4.0257***	−3.7979***	−0.7979	−2.6938***	0.5161
tgini	−6.7176***	−2.1037**	−5.3725***	−3.1787***	−2.9101**	0.1682	−3.9841***	−1.0038
rgini	−12.4015***	−8.1744***	−7.4502***	−4.9814***	−6.1623***	−3.7528***	−7.7515***	−4.8262***
lni	−1.7035*	3.5212	0.7753	4.5861	−0.7635	1.9955	−2.3281***	−0.1973
lnc	−0.7965**	4.8108	3.9184	6.8601	−1.5048*	0.7626	−2.9177***	0.448
dlnpgdp	−7.0859***	−3.4238***	−3.9743***	−1.3296*	−5.9965***	−2.6660***	−8.4345***	−6.0003***
dgini	−17.6958***	−12.8280***	−10.7738***	−7.8946***	−8.6314***	−5.8572***	−11.7468***	−8.8744***
dtgini	−18.9118***	−13.4896***	−14.0090***	−10.3786***	−9.9921***	−7.1610***	−10.4105***	−7.2170***
drgini	−26.2269***	−21.2022***	−16.3895***	−13.2977***	−14.3445***	−11.7792***	−14.4535***	−11.3792***
dlni	−10.5165***	−6.1429***	−5.3850***	−2.4673***	−5.2825***	−3.2144***	−7.4933***	−4.9786***
dlnc	−17.8835***	−12.5454***	−13.9676***	−11.6833***	−9.6524***	−7.6063***	−10.1642***	−7.1620***

注：dlnpgdp、dgini、dtgini、drgini、dlni 和 dlnc 分别为变量 pgdp 的自然对数、gini、tgini、rgini 的一阶差分，lni、lnc 自然对数的一阶差分形式。

表2的检验结果表明,在未进行一阶差分处理前部分地区的变量未能通过面板单位根检验,在进行了一阶差分处理后,6个变量所对应的所有地区的样本均通过了面板单位根检验,均为平稳序列,意味着6个变量存在一阶单整。因此,引入差分变量dlnpgdp、dgini、dtgini、drgini、dlni和dlnc后可以进行PVAR模型估计。

(二)PVAR模型最优滞后期的确定

进一步,本文在进行GMM估计前需要确定每一个模型的最优滞后阶数。为了确保最优滞后阶数选择的科学性,本文选取了三种方法①进行判定,当不同的方法得出的结论不一致时,采取少数服从多数的原则选择最优滞后阶数,结果见表3。根据前两步的结果,我们在不同地区的样本中分别建立PVAR模型。

表3 各PVAR模型的最优滞后期数选择

内生变量	全国	东部	中部	西部
dgini、lngdp	3	3	3	1
tgini、lngdp	1	2	1	1
rgini、lngdp	1	2	1	1

(三)动态面板数据GMM估计

本文中的PVAR模型利用内生变量计算得出的最优滞后项作为工具变量,并运用广义矩估计(GMM)方法消除模型中的内生性,采用Helmert变换消除模型中的个体固定效应,其中,L1、L2、L3分别表示滞后一期、滞后二期和滞后三期的变量。

由表4、表5和表6可知,考察经济增长与基尼系数互动关系,不同区域城乡之间的情况明显不同。需要指出的是,估计结果的系数大小并没有实际经济学含义,因此我们主要关注显著性和符号。

---

① 三种方法分别是MMSC-Akaike(AIC)、MMSC-Bayesian(BIC)和MMSC-Hannan & Quinn(HQIC)三种信息准则。

表4 检验经济增长与总体基尼系数互动关系的 PVAR-GMM 模型估计结果（包含控制变量）

	全国	东部	中部	西部
	dgini	dgini	dgini	dgini
L1.dlnpgdp	-0.0196***	-0.1387***	-0.0129	-0.0164
	(-2.7928)	(-4.1075)	(-1.2896)	(-1.5487)
L2.dlnpgdp	0.0212***	0.0730***	0.0125	
	(3.4145)	(3.2754)	(1.4259)	
L3.dlnpgdp	-0.0010	0.0078	-0.0102	
	(-0.1309)	(0.3397)	(-0.7599)	
dlni	-0.0035*	-0.0007	-0.0072	-0.0014
	(-1.6679)	(-0.1158)	(-0.9689)	(-0.7768)
dlnc	-0.0231**	0.0234	-0.0179**	-0.0210*
	(-2.4686)	(0.6989)	(-2.4919)	(-1.6898)
	dlnpgdp	dlnpgdp	dlnpgdp	dlnpgdp
L1.dgini	0.1316*	0.1807	-0.4799	2.6508***
	(1.9180)	(0.5291)	(-1.3269)	(3.0471)
L2.dgini	0.0296	0.0935	-0.1185	
	(0.3047)	(0.9547)	(-0.3270)	
L3.dgini	-0.0492	0.0252	-0.2687	
	(-0.9863)	(0.4137)	(-0.6582)	
dlni	0.1235***	0.2406***	0.1493**	0.0617**
	(3.2094)	(4.3263)	(2.3005)	(1.9724)
dlnc	0.2563**	0.0441	0.1957	0.6102**
	(2.4903)	(0.1932)	(1.3569)	(2.4645)

表5 检验经济增长与城镇基尼系数互动关系的 PVAR-GMM 模型估计结果（包含控制变量）

	全国	东部	中部	西部
	dtgini	dtgini	dtgini	dtgini
L1.dlnpgdp	-0.0395***	0.0011	-0.0599**	-0.0410**
	(-2.6347)	(0.0521)	(-1.9932)	(-2.0104)
L2.dlnpgdp		0.0650**		
		(2.5372)		
dlni	-0.0060	-0.0015	-0.0167	-0.0057
	(-1.3932)	(-0.1426)	(-1.0701)	(-1.3557)
dlnc	-0.0422**	-0.1389***	0.0125	-0.0328
	(-2.3132)	(-3.4912)	(0.4273)	(-1.2843)

续表

	全国	东部	中部	西部
	dlnpgdp	dlnpgdp	dlnpgdp	dlnpgdp
L1. dtgini	0.6651***	0.3633	0.8613**	0.9286***
	(3.4199)	(1.2708)	(2.1646)	(2.8458)
L2. dtgini		0.0617		
		(0.3004)		
dlni	0.1089***	0.2407***	0.2299***	0.0650**
	(3.5011)	(3.9664)	(3.6529)	(2.2511)
dlnc	0.4715***	0.2522	0.2193	0.5886**
	(3.9885)	(1.1583)	(1.5070)	(2.3864)

表6 检验经济增长与农村基尼系数互动关系的 PVAR-GMM 模型估计结果（包含控制变量）

	全国	东部	中部	西部
	drgini	drgini	drgini1	drgini
L1. dlnpgdp	-0.0552**	-0.0495	-0.0592	-0.0308
	(-2.3109)	(-1.1134)	(-1.4012)	(-0.8214)
L2. dlnpgdp		0.1010**		
		(2.2679)		
dlni	-0.0079	-0.0042	-0.0343*	-0.0035
	(-1.1288)	(-0.2530)	(-1.6990)	(-0.4886)
dlnc	-0.0524*	-0.1793**	0.0529	-0.0809*
	(-1.7984)	(-2.5601)	(1.4070)	(-1.7930)
	dlnpgdp	dlnpgdp	dlnpgdp	dlnpgdp
L1. drgini	0.2802**	0.3711**	0.3020	0.4397**
	(2.5501)	(2.1625)	(1.2000)	(2.4231)
L2. drgini		0.3139		
		(1.4450)		
dlni	0.1076***	0.2363***	0.2288***	0.0623**
	(3.4213)	(3.8216)	(3.8444)	(2.0889)
dlnc	0.4810***	0.2578	0.2806*	0.5429**
	(4.2741)	(1.1695)	(1.9078)	(2.4276)

就全国而言，滞后一期的人均GDP对总体和城乡基尼系数均有显著的负向影响，其中总体和城镇的显著性在1%的水平上显著，农村在5%的水平上显著；滞后二期的人均GDP对总体基尼系数在1%的显著性水平上有显著的正向影响，这说明上两期的经济增长带来了对总体基尼系数显著的正向

影响,而上一期的经济增长则产生了对总体基尼系数的显著负向影响,产生了拐点,说明随着我国的经济增长进程的延续,收入分配差距会先拉大后减小。反观基尼系数对经济增长的影响,总体和城乡基尼系数对人均GDP均有显著的正向影响,其中城镇的显著性水平最高,在1%的水平上显著,农村的显著性水平略低,在5%的水平上显著。

就地区而言,首先观察人均GDP对基尼系数的影响,总体样本和农村样本仅有东部地区显著,城镇样本内各地区均显著。具体来看,总体样本下东部地区和全国一致,滞后二期的人均GDP对总体基尼系数在1%的显著性水平上有显著的正向影响,而滞后一期有显著的负向影响,产生了拐点,表明收入分配差距会随经济增长主动调节缩小;城镇样本下东部地区仅有滞后二期有正向的显著影响,中西部地区仅有滞后一期有负向的显著影响,说明经济较发达的东部城镇地区贫富差距会随经济增长扩大,但这种扩大并不会持续下去,而中西部城镇地区的贫富差距会随经济增长缩小;农村样本下的东部地区不显著,中西部地区的情况和城镇样本一致。其次,反观各地区的基尼系数对经济增长的影响,西部地区的总体基尼系数、中西部地区的城镇基尼系数、中西部地区的农村基尼系数对经济增长有显著的正向影响,其他地区的影响不显著,说明经济欠发达地区的贫富差距可以带动当地的经济增长,存在先富带动后富的效应。

(四)脉冲响应分析

脉冲响应分析可以清晰地看出一单位冲击变量对响应变量的影响,并刻画出长周期内的变化轨迹,本文通过这种方法考察不同地区基尼系数和经济增长的相互的动态影响走势。具体来看,本文主要考察dgini、dtgini、drgini、dlnpgdp在不同模型中的动态变化情况。我国的经济规划和经济周期一般是10年,本文1周期代表的是1年,因此本文将观测期设定为10期。

1. 总体基尼系数与人均GDP的脉冲响应

从脉冲响应图来看(见图1),在全国范围内对于来自人均GDP的一个单位正向标准差的冲击,总体基尼系数显示出先下降后上升的波动趋势,在第一至第五期内波动逐步缩小至平稳;而从总体基尼系数对人均GDP的冲

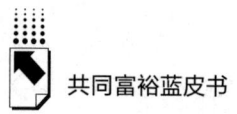

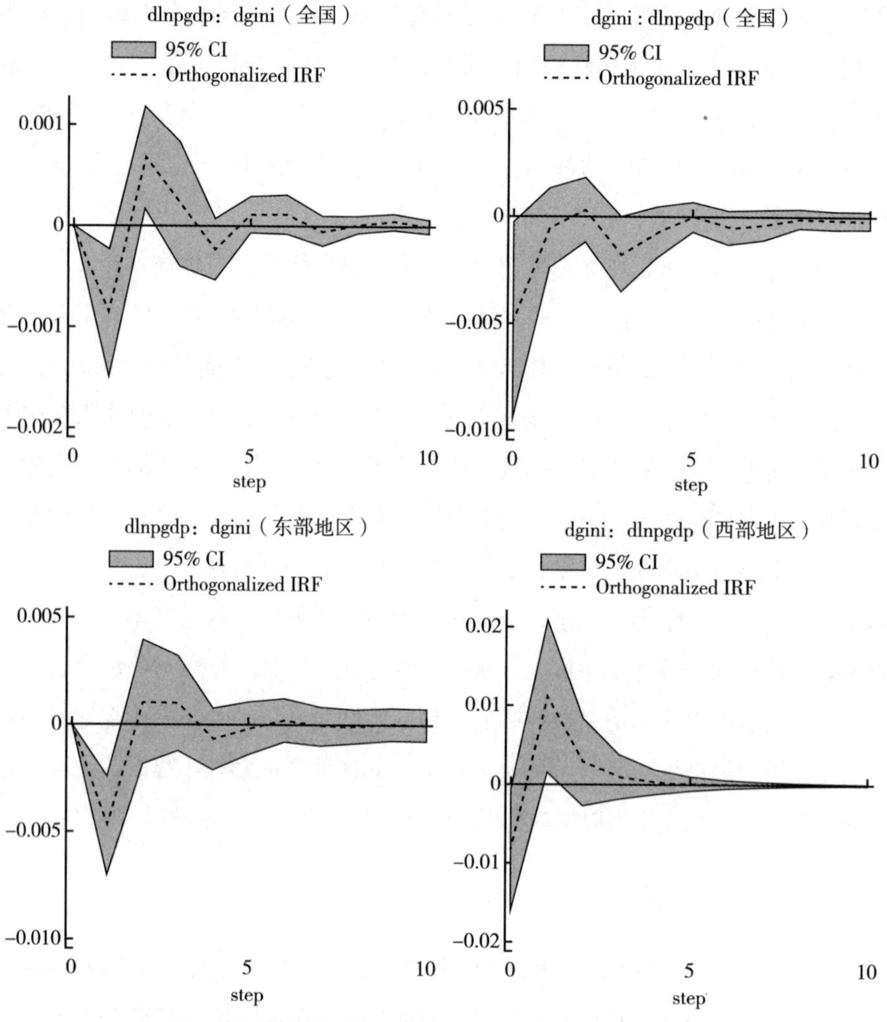

图1 总体基尼系数与人均GDP不同地区的脉冲响应

击响应来看,在整体上显示出负向响应,随后响应的波动幅度不断缩小。东部地区的人均GDP一个单位正向标准差的冲击带给总体基尼系数的影响始终呈现显著的负向响应,最后趋于稳定。西部地区的总体基尼系数的一个单位正向标准差的冲击下,人均GDP从起初的负向响应转向正向响应,随后呈现逐渐下降的趋势。总的来看,经济增长对收入分配差距的影响在东部发达地区呈现先负向波动,后波动减弱的动态变化趋势,而收入分配差距对经济增长的影响在全国范围内呈现明显的负向影响,在西部欠发达地区呈现正向影响的动态波动变化趋势。

2. 城镇基尼系数与人均GDP的脉冲响应

从脉冲响应图来看(见图2),全国样本、中部地区和西部地区的样本的变化趋势总体上来看区别不大。分别来看,对于人均GDP产生的一

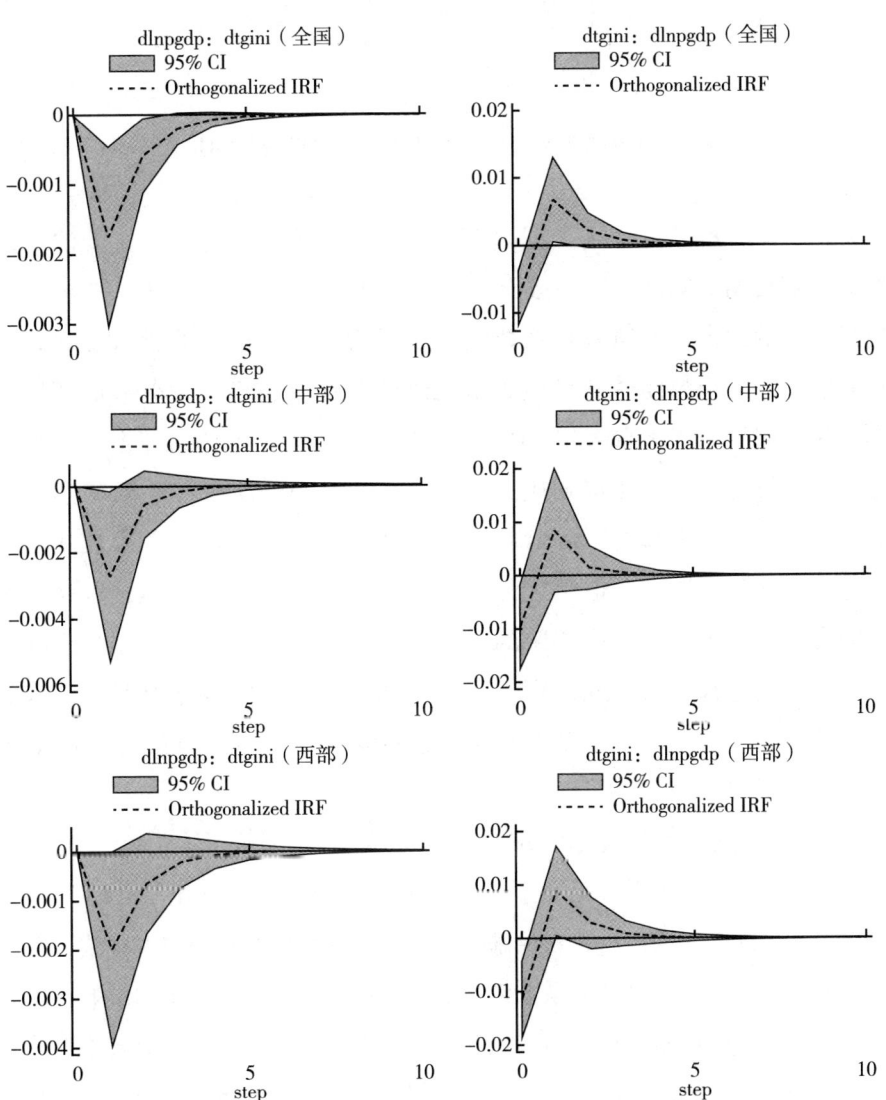

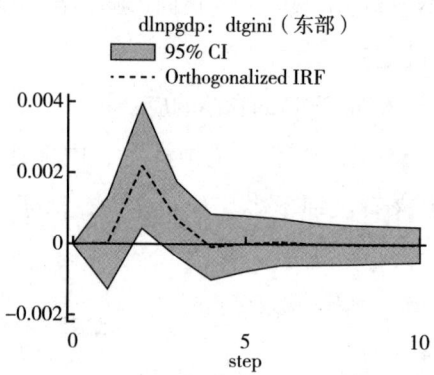

图 2 城镇基尼系数与人均 GDP 不同地区的脉冲响应

个单位正向标准差的冲击，城镇基尼系数都在第一期显示出显著的负向响应，随后响应幅度不断缩小至平稳；对于来自人均 GDP 的一个单位正向标准差的冲击，城镇基尼系数起初表现为负向响应，随后出现显著的正向响应，响应幅度达到峰值后呈现逐渐减小的趋势。而东部地区的样本有所不同，对于来自人均 GDP 的一个单位正向标准差的冲击，城镇基尼系数在第三期到达正向响应的峰值，随后呈现响应幅度逐渐减小的趋势。总体来看，中部地区和西部地区的城镇收入分配差距会对经济增长产生显著的负向影响，但是这种影响会随时间推移有所减小，而反过来经济增长会带来收入分配差距的先下降后上升的动态趋势，说明经济增长会在早期弥补收入分配差距，但在中后期会拉大收入分配差距，东部地区的情况和中西部地区截然相反，经济增长会对收入分配差距产生正向的冲击影响。

3. 农村基尼系数与人均 GDP 的脉冲响应

从脉冲响应图来看（见图 3），对于农村全国样本，来自人均 GDP 的一个单位正向标准差的冲击，农村基尼系数的响应和城镇全国样本一致，有明显的负向响应。而农村基尼系数带来的一单位正向冲击，产生的影响对于全国和西部地区的样本都显示出和城镇一致的走势，随着负向响应转正，响应幅度达到峰值后幅度逐渐减小；对于东部地区，不同于城镇，农村基尼系数的一个单位正向标准差的冲击可以显著对人均 GDP 产生正向作用。总体来看，在农村地区经济增长可以有效抑制收入分配差距的扩大，这说明了收入相对较低的地区的经济刺激作用对低收入群体的收入提高作用更大，才会产生收入分配差距缩小的反应，而收入分配差距对经济增长的影响在西部地区和城镇相似，在东部地区有所不同。

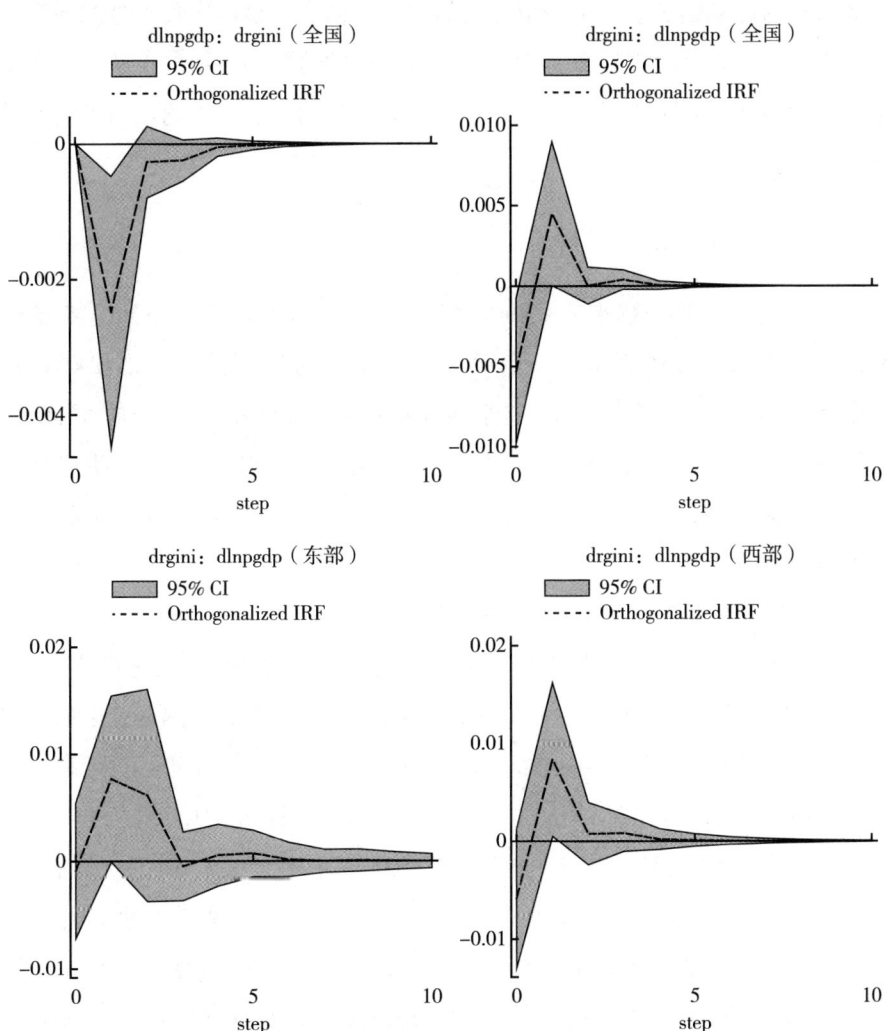

图3 农村基尼系数与人均GDP不同地区的脉冲响应

总之，经济增长对收入分配差距的影响是根据收入水平呈现不同的，低收入地区内经济增长可以促进收入分配差距缩小，收入相对较高地区内的经济高增长可能带来收入分配差距拉大，实证的结论表明全国范围内城市和农村都呈现经济增长对收入分配差距的负向影响，而东部地区的城镇样本的响应截然相反，呈现经济增长对收入分配差距的正向影响。而收入分配差距对经济增长的影响则表明，全国范围内的综合总体样本显示出收入分配差距过大会在短期内抑制经济增长，而东部农村地区的情况却显示出中期的正向影响，其他地区综合了二者的特点，显示出短期负向影响、中期正向影响的动态趋势。

（五）方差分解

本文通过方差分解来考察响应变量的变化具体有多少是冲击变量带来的，即冲击变量的贡献率。具体来看，本文考察不同样本的PVAR模型中参数估计结果显著的收入差距和经济增长二者间的相互影响贡献率，以期在一定程度上反映不同地区的经济发展和收入分配差距的动态互动关系的影响程度。与脉冲响应分析一样，本文将方差分解的观测期设定为10期。

1. 总体基尼系数与人均GDP的方差分解情况

通过表7可以看出，总体基尼系数受到一单位冲击后，在全国样本中，人均GDP的贡献率在第一期为零，第二期为1.7%，之后整体上升至第五期的2.9%，并维持到第十期；在东部地区的样本中，人均GDP的贡献率在第一期为零，第二期为19.6%，之后整体上升至第五期的21.4%，维持到第十期。人均GDP受到一单位冲击后，在全国样本中，总体基尼系数的贡献率在第一期为1.2%，之后略有小幅波动并维持在1.1%到第十期；对于西部地区的样本，总体基尼系数的贡献率在第一期为2.8%，随后贡献率跃迁到6.4%并上升至6.6%维持到第十期。总的来看，东部地区经济增长对收入分配差距所遭受的单位冲击的贡献率较大，西部地区则相反在收入分配差距对经济增长所遭受的单位冲击的贡献率较大。

表7 总体基尼系数与人均GDP的方差分解

期数	resvar:dgini impvar:dlnpgdp		resvar:dlnpgdp impvar:dgini	
	全国	东部	全国	西部
1	0.000	0.000	0.012	0.028
2	0.017	0.196	0.011	0.064
3	0.026	0.204	0.011	0.065
4	0.027	0.211	0.012	0.065
5	0.029	0.214	0.011	0.066
6	0.029	0.214	0.011	0.066
7	0.029	0.214	0.011	0.066
8	0.029	0.214	0.011	0.066
9	0.029	0.214	0.011	0.066
10	0.029	0.214	0.011	0.066

2. 城镇基尼系数与人均GDP的方差分解情况

从方差分解的情况来看（见表8），城镇基尼系数受到一单位冲击后，在全国和各地区样本中都具有滞后效应，东部滞后的时间最长，到第三期人均GDP的冲击效果才开始显现，按冲击影响的深度来看，中部地区的贡献率最高，最终在第十期稳定在3.6%。对于城镇基尼系数所遭受的一个单位

表8 城镇基尼系数与人均GDP的方差分解

期数	resvar:dtgini impvar:dlnpgdp				resvar:dlnpgdp impvar:dtgini		
	全国	东部	中部	西部	全国	中部	西部
1	0.000	0.000	0.000	0.000	0.030	0.042	0.052
2	0.014	0.000	0.035	0.018	0.044	0.064	0.070
3	0.015	0.021	0.036	0.020	0.045	0.064	0.072
4	0.015	0.023	0.036	0.020	0.045	0.064	0.072
5	0.015	0.023	0.036	0.020	0.045	0.064	0.072
6	0.015	0.023	0.036	0.020	0.045	0.064	0.072
7	0.015	0.023	0.036	0.020	0.045	0.064	0.072
8	0.015	0.023	0.036	0.020	0.045	0.064	0.072
9	0.015	0.023	0.036	0.020	0.045	0.064	0.072
10	0.015	0.023	0.036	0.020	0.045	0.064	0.072

冲击，人均GDP的作用强度都在第一期就开始显现，全国样本中在第三期的贡献率达到了最大值4.5%，分地区来看西部地区的贡献率比中部地区的贡献率稍高，这进一步证实了收入相对较低的地区，即西部地区由于其经济发展潜力较大，经济增长带来的红利更容易流入低收入群体中，且相对富有的企业带动周边地区发展的效用较强，使得贫富差距缩小。总的来看，各地区的贡献率变化趋势趋于一致，都是快速上升到最大值后稳定到第十期。

3. 农村基尼系数与人均GDP的方差分解情况

可以从表9的数据看出，人均GDP对于农村基尼系数的解释力较弱，全国样本的贡献率仅维持在1.1%。在农村基尼系数对人均GDP的解释能力方面，东部地区的解释力较强，可以看到农村基尼系数的贡献率在第十期达到了7.4%，相对来看西部地区的贡献率最终仅维持在了3.6%，仅为东部地区的一半左右。

表9 农村基尼系数与人均GDP的方差分解

期数	resvar:drgini impvar:dlnpgdp	resvar:dlnpgdp impvar:drgini		
	全国	全国	东部	西部
1	0.000	0.014	0.001	0.014
2	0.011	0.020	0.047	0.036
3	0.011	0.020	0.074	0.036
4	0.011	0.020	0.073	0.036
5	0.011	0.020	0.073	0.036
6	0.011	0.020	0.074	0.036
7	0.011	0.020	0.074	0.036
8	0.011	0.020	0.074	0.036
9	0.011	0.020	0.074	0.036
10	0.011	0.020	0.074	0.036

综上所述，经济增长对收入分配差距的影响，从地区来看，东部地区最为明显，从城乡来看，相对于农村，城镇更为明显。而收入分配带来的对经济增长的影响，城镇的样本中西部地区影响程度相对较高，农村的样本中东部地区的影响程度相对较高。

五 研究结论与政策建议

(一)研究结论

本文通过对收入分配和经济增长的区域异质性的动态关系分析,利用PVAR模型中的GMM估计、脉冲响应和方差分解对31个省份按照全国及东中西部地区,对2002~2019年我国经济增长和收入分配差距的面板数据进行探究,研究结论表明以下几点。

(1)从全国整体水平来看,经济增长对收入分配差距的影响是先下降后上升的V形,而收入分配差距对经济增长的影响在整体上是负向的。从总体上来看,随着经济增长可以带动收入分配差距的缩小,收入分配差距的缩小反过来会刺激经济增长,进而实现共同富裕,但随着经济的不断增长也需要进一步出台新的政策控制收入分配差距的反弹式扩大。

(2)从东部地区来看,经济增长对收入分配差距的影响在城镇样本中显著为正向,在农村样本中不显著,而反之收入分配差距对经济增长的影响在农村样本中显著为正向,在城镇样本中不显著。说明东部城镇范围内贫富差距有拉大的趋势,而农村范围内一定的贫富差距可以有效刺激经济增长。

(3)西部地区的样本中,经济增长对收入分配差距的影响方面,仅在城镇样本中存在显著的负向影响,而收入分配差距可以显著带动城乡全体范围内经济增速提高,说明适当的收入分配政策在西部地区可以起到很好的经济作用。

(4)中部地区样本中不论是经济增长对收入分配差距的影响还是反方向的影响,仅有城镇样本的影响系数显著,在农村和全国的样本均不显著,具体而言,城镇样本内中部地区的收入分配差距可以提高经济增长速度,但是经济增长反过来会显著减小收入分配差距,说明可以通过"先富带动后富"的政策效应带动中部地区的经济增长,随着经济不断增长,贫富差距会逐渐缩小最终实现共同富裕。

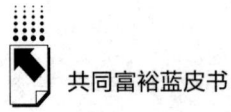

综合来看，代表相对发达地区的东部城镇地区存在收入分配差距拉大的趋势，而这种日益扩大的收入分配差距将抵消给东部城镇地区经济高增长带来的福利水平的提高，而代表着相对落后的西部地区可以容忍适当的收入分配差距以刺激经济增长。

（二）政策建议

1. 进一步优化我国收入分配格局

优化我国收入分配格局，既是现阶段我国经济发展对收入分配格局的内在要求，也是未来为产业的持续升级发展提供需求支撑有力保障。在今后针对收入分配体制和机制改革的过程中，我们既要注重引导扩大中等收入群体，也要注重中等收入群体扩大的过程中呈现的我国投资率的下降和消费率的回升的现实特征，以及由此伴随的工业化进程中耐用消费品、创新消费品的基础需求提升，所带来的电子和家电等行业转型升级的巨大潜力，为相关产业提供有力的政策支持保障。全国不同地区经济增长和收入分配差距之间的关系具有区域异质性，会随着经济发展水平和居民收入水平的变化而变化，因此，政府在制定宏观政策时应针对不同区域特征，因地制宜地实施不同的经济刺激政策和扶贫帮扶政策。

2. 逐步平衡我国不同地区的经济发展情况

我国的地区差异过大，因此在进行政策协调时就会无形中加大政策实施的难度，甚至同一个政策在不同地区会产生相反的效果。因此不尽快平衡我国不同地区的经济发展水平，未来的经济发展水平差距和收入分配差距可能会进一步扩大。有必要在进一步巩固和发展"西部开发""中部崛起"等传统战略的同时，引导东部产业和人才回流到中西部地区。中西部地区在吸收部分边际运输成本较低的行业方面具有天然劳动力优势与制度环境优势，由于东部地区的"先富带动"作用已经不及中西部地区明显，引导高端行业进入西部地区可以更好地发挥区域经济带动辐射作用。

3. 巩固拓展"脱贫攻坚"成果，缩小社会各阶层间的收入差距

推动脱贫地区发展，减轻低收入阶层人民税收负担，同时关注对高收入群体收入分配的调节方式和调节力度。重点关注东部城镇地区的收入分配两极分化问题，同时提高西部落后地区人民的工资收入水平。改变初次分配注重效率、二次分配注重公平的政策取向，让初次分配开始兼顾公平和效率。发挥西部等经济较为落后地区在劳动资源禀赋上的比较优势，将其转化为竞争优势，创造更多的就业机会。

区 域 篇
Regional Reports

B.8
浙江省高质量发展建设
共同富裕示范区的实践

杜建新*

摘　要： 改革开放以来，浙江经济社会的均衡发展走在全国前列。2021年5月，党中央、国务院作出支持浙江高质量发展建设共同富裕示范区的重大战略决策部署以来，浙江通过规划先行、试点探路和数字赋能等探索，形成了具有浙江辨识度的共同富裕路径。但是，浙江在区域发展、城乡发展和群体收入等方面存在一定差距。为此，从念好"山海经"，着力缩小地区差距，促进区域协调；弹好"协奏曲"，着力缩小城乡差距，实现城乡融合；构建"橄榄型"社会，着力缩小收入差距，提升民生福祉三方面提出意见建议。本文通过梳理浙江的基础和优势，总结浙江在共同富裕建设方面形成的可复制、可借鉴的实践案例，以期为全国共同富裕建设提供浙江样本。

关键词： 浙江　高质量发展　共同富裕示范区

---

* 杜建新，中共浙江省嘉兴市秀洲区委党校常务副校长，主要研究方向为共同富裕理论与实践。

2021年6月10日,《中共中央 国务院 关于支持浙江高质量发展建设共同富裕示范区的意见》(以下简称《意见》)发布,赋予浙江先行先试为全国实现共同富裕探路的使命。《意见》发布以来,浙江省坚定沿着习近平总书记指引的路子走下去,在推进分配制度改革、推动公共服务优质共享、创新引领先富带后富政策体系、打造共同富裕基本单元等方面先行先试,扎实推动高质量发展建设共同富裕示范区,为全国扎实推动共同富裕探索路径、积累经验、作出示范、提供浙江方案。

一 浙江省高质量发展建设共同富裕示范区的现状

浙江省在共同富裕示范区建设方面具有发展产业基础和体制优势。《意见》发布后,浙江省对高质量发展建设共同富裕示范区进行了系统研究,高规格建立工作体系、高水平编制四张清单、高标准启动试点先行、清单化推进各项改革部署落到实处,全力描绘浙江共同富裕美好图景。

(一)浙江的基础与优势

浙江作为改革开放先行省,在经济发展的均衡性和高质量方面走在全国前列,改革开放意识强,按照"八八战略"部署,深化"山海协作",持续推进区域、城乡间的协调发展,不断缩小收入差距,在探索解决发展不平衡不充分问题方面取得了明显成效,有条件、有能力率先实现共同富裕。

1. 从发展潜力看,浙江具有开展示范区建设的内生动力

浙江省经济具有很强的本土性和根植性,发展主要依靠内生增长,民营经济和县域经济发达,这是实现共同富裕的重要经济基础和产业基础。一是民营经济特别活跃。浙江省的民营企业数量、整体规模与发展实力相对较强,是全国民营经济占GDP比重最高的省份之一。据统计,浙江省超过九成的企业都是民营企业。2020年,浙江民营经济创造了66%的生产总值、

74%的税收、82%的外贸出口、60%的投资、88%的就业岗位。[1] 二是县域经济相对发达。"县县有特色、镇镇有产业"的县域经济模式，带动了浙江中小城市为主的县域和农村地区的发展。从赛迪顾问县域经济研究中心发布的2021年赛迪百强县榜单看，浙江18个县（市）入围百强。[2] 三是上市公司实力雄厚。截止到2021年12月31日，浙江上市公司607家，总市值达85995亿元[3]，上市公司数量排名全国第二，总市值排名全国第四。

2. 从示范效力看，浙江具有开展示范区建设的典型意义

从现实条件看，浙江作为高质量发展建设共同富裕示范区具有代表性。一是地域规模有代表性。浙江省面积、人口都具有一定规模，户籍人口中城市与农村各占一半。二是行政区划有代表性。浙江有2个副省级城市、9个地级市和37个市辖区、32个县、20个县级市、1个少数民族自治县，各种区划类型兼具，代表性较强。三是地理条件有代表性。浙江有"七山一水二分田"，有平原有山区有海岛，代表性强，经济地理格局好比一个微缩的中国，西高东低、西陆东海，西部地位重要，东部经济发达，具有示范意义。四是浙江发展模式具有典型性。浙江在改革开放中逐渐发展壮大起来，但浙江在资源匮乏、国家战略投资不多、政策供给不足等条件下，完全依靠自下而上的探索发展起来，在充分调动了民间活力的基础上发展起来，这对于其他地区推进共同富裕具有借鉴引导意义。

3. 从经济实力看，浙江具有开展示范区建设的厚实基础

浙江建设共同富裕示范区的物质基础条件较好，能为民生和公共服务事业提供有力的保障。一是富裕程度较高。浙江2020年GDP总量为6.46万亿元[4]，仅次于广东、江苏、山东，实现了由陆域资源小省到经济大省再到

---

[1] 郭占恒：《扎实推动共同富裕的关键环节和浙江的基础优势》，《浙江经济》2021年第8期。
[2] 夏丹：《2021年百强县榜单发布 浙江"十八罗汉"入围》，浙江新闻网，https://zj.zjol.com.cn/news.html?id=1707778，最后访问日期：2022年5月16日。
[3] 数据来源：根据WIND数据整理。
[4] 浙江省统计局、国家统计局浙江调查总队：《浙江统计年鉴（2021年）》，1-1 国民经济和社会发展总量与速度，中国统计出版社，2021。

经济强省的发展变化;浙江省人均GDP超过10.5万元①,在各省(自治区)排名第三;居民人均可支配收入仅次于北京、上海,人民生活相对富裕。二是财政实力较强。2020年,浙江财政总收入12421亿元②,其中,一般公共预算收入7248亿元,在全国列第三位。三是发展均衡性较好。2020年浙江居民人均可支配收入5.24万元,家庭户均人口为2.35人,户均可支配收入约12.4万元③,中等收入群体占比超过50%,"两头小、中间大"的橄榄型社会结构逐步形成。2020年,我国城乡居民收入比约为2.5∶1,而浙江城乡居民收入比仅为1.96∶1④,城乡收入差距比在全国走在前列。城乡收入比能够比较清晰地体现城乡居民的收入差距,数值越低表明城乡发展越为均衡。

4. 从创新动力看,浙江具有开展示范区建设的体制机制

浙江的改革与创新意识较强、改革与创新经验丰富,这些因素都将会成为浙江省高质量建设发展共同富裕示范区的重要基础。一是形成"最多跑一次"的倒逼机制。深化"放管服"改革,以"最多跑一次"为抓手,注重政府公共服务与群众、企业需求的契合,提升效能、优化服务,激发市场活力,增强群众、企业的体验感和获得感。二是持续发展"依靠群众就地化解矛盾"经验。适应时代要求,创新群众工作方法,推行"党政动手,依靠群众,预防纠纷,化解矛盾"的枫桥新经验。三是探索市场主体和政府行为"双重推动"文化体制改革。2005年,浙江省委作出《关于加快建设文化大省的决定》,提出重点实施"八项工程",搭建起浙江文化建设的四梁八柱。推进国有院团改革,让坐吃"皇粮"的文化事业单位转变成面

---

① 浙江省统计局、国家统计局浙江调查总队:《浙江统计年鉴(2021年)》,1-1国民经济和社会发展总量与速度,1-5全省生产总值(1978~2020年),中国统计出版社,2021。
② 浙江省统计局、国家统计局浙江调查总队:《浙江统计年鉴(2021年)》,1-1国民经济和社会发展总量与速度,中国统计出版社,2021。
③ 浙江省统计局、国家统计局浙江调查总队:《浙江统计年鉴(2021年)》,5-1人民物质文化生活,中国统计出版社,2021。
④ 葛建纲、王国灿:《关于浙江高质量发展建设共同富裕示范区的几点思考与建议》,搜狐网,https://www.sohu.com/a/486455244_121123919,最后访问日期:2022年5月16日。

向市场的企业，其自身活力、顺应市场能力明显提升；推进农村文化礼堂建设，构建起省市县乡村五级文化基础设施网络体系和覆盖浙江全省的公共文化服务体系。

（二）浙江的探索与实践

浙江省高度重视、扎实推动高质量发展建设共同富裕示范区，第一时间成立由省委书记任组长，省委副书记、省长任第一副组长的浙江省高质量发展建设共同富裕示范区领导小组，指导和统筹全省共同富裕示范区的高质量建设发展。

1. 规划先行，描绘共同富裕最美图景

为加快推进共同富裕示范区建设，浙江省全面贯彻落实《意见》精神，制定详细实施方案，明确推进示范区建设的时间表、路线图和任务书。按照"每年有新突破、5年有大进展、15年基本建成"[①]的安排压茬推进。

（1）加强顶层设计。出台《浙江省高质量发展建设共同富裕示范区实施方案（2021~2025年）》，在全面细化落实发展目标的基础上，从打好服务构建新发展格局组合拳、实施居民收入和中等收入群体双倍增计划、健全为民办实事长效机制、拓宽先富带后富先富帮后富有效路径、打造新时代文化高地、建设国家生态文明试验区、坚持和发展新时代"枫桥经验"、保障措施和推进机制八大方面，全面列出共同富裕示范区建设的路线图和任务书。

（2）排出任务清单。印发《高质量发展建设共同富裕示范区重点任务清单、突破性抓手清单、重大改革清单和典型案例清单》，重点任务清单设定56项重要指标、224项重点任务[②]，是"十四五"期间压茬推进示范区建设的"任务书"，明确责任部门，要求各单位结合实际滚动推进。突破性抓

---

① 沈政研：《以浙江先行先试为全国实现共同富裕探路——浙江省委十四届九次全会精神解读》，今日浙江网，http：//www.jrzj.cn/art/2021/6/18/art_489_10901.html，最后访问日期：2022年5月16日。
② 浙江省高质量发展建设共同富裕示范区领导小组办公室：《高质量发展建设共同富裕示范区重点任务清单、突破性抓手清单、重大改革清单和典型案例清单》（浙共富办〔2021〕2号）。

手清单是2021年度推进的重点工作，分别列出在经济高质量发展、收入分配制度改革、公共服务优质共享、城乡协调发展和文化、生态、社会治理等7大项55小项先行示范，并制定了构建高质量发展建设共同富裕示范区保障措施和推进机制；与此同时，列出50项争取国家支持的重大改革清单。①

（3）创新体制机制。一是建立省委社会建设委员会。由省委副书记兼任主任，省委常委、常务副省长任第一副主任，通过加强对全省社会建设的体制设计，推动高质量发展建设共同富裕示范区；全省各地市、县（市、区）先后成立由一把手负责的共同富裕领导小组，建立共同富裕专班，揭牌社会建设委员会，确保共同富裕工作在全省的全面开展。二是设立省委高质量发展建设共同富裕示范区咨询委员会。集结全国相关领域的顶尖专家学者打造"最强大脑"，作为决策咨询机构和智囊团，加大共同富裕理论探索力度，以理论创新为先导，引领实践创新、制度创新和文化创新。

2. 试点探路，打造共同富裕最佳样板

习近平总书记强调，共同富裕示范区建设要"鼓励各地因地制宜探索有效路径，总结经验，逐步推开。"② 浙江省积极鼓励地方先行先试，在各地市的实践基础上，不断总结提炼被实践证明行之有效的经验做法和典型案例，为全省及其他地区提供借鉴参考。目前，浙江省第一批共同富裕典型案例已经发布，在全省范围内共提炼出51个典型案例，内容涵盖了缩小地区差距、城乡差距、收入差距、公共服务优质共享、打造精神文明高地等多个方面，不论从案例本身还是从发展程度来说，都具有代表性和可复制性。

（1）在缩小地区差距方面。温州鹿城区不断完善山海协作机制，探索共同富裕最佳实践。"山"主要指以浙西南山区等为主的欠发达地区，"海"主要指沿海发达地区和经济发达的县（市、区）。浙江按照"八八战略"的

---

① 浙江省高质量发展建设共同富裕示范区领导小组办公室：《高质量发展建设共同富裕示范区重点任务清单、突破性抓手清单、重大改革清单和典型案例清单》（浙共富办〔2021〕2号）。

② 习近平：《扎实推动共同富裕》，《求是》2021年第20期。

部署,率先探索"发展不平衡不充分"这一矛盾的破解之道,持续打造"山海协作"工程升级版,着力推动区域经济联动发展。一是平台联建,鹿城区与协作地泰顺携手着力发展飞地经济,创新跨区域"飞地"平台,不断撬动异地人才、项目、税收、信息等要素资源回流。二是产业联动,着力蓄能山区泰顺发展,推进文旅业态创新和营销推广。三是增收联创,着力推动共同富裕,实施"百企结百村暨深化三百工程"专项行动,落实结对帮扶资金近2000万元。①

(2) 在统筹城乡融合方面。嘉兴秀洲区统筹城乡发展,打造均衡富庶发展最佳典范。一是积极构建城镇新格局,持续深化小城镇环境综合整治,深化特色小镇建设,加快产业集聚、产业创新、产业升级,构建以光伏小镇为引领的特色小镇集群。二是注入振兴乡村新活力。坚持把美丽乡村建设作为统筹城乡发展的重要内容,整体提升乡村颜值;做强稻米(粽子)、渔业(青鱼)、莲藕三条特色农业全产业链,打造高质量农业发展板块。三是着力创造美好新生活,实现城乡教育更均衡、城乡医疗更均衡、城乡服务更均衡,农村文化礼堂建设全覆盖。

(3) 在缩小收入差距方面。杭州萧山区航民村壮大集体经济,共享发展成果,建设村域共同富裕的航民样本。一是坚持改革创新,推行集体控股、量化股权的产权改革。20年来,每年村民人均股权分红18000元。二是做强集体经济,率先探索村级产权制度改革,积极推行创新驱动战略和品牌立企战略。2020年,航民村实现工业总产值102.65亿元。三是反哺村民共享成果,坚持"生产美、生态美、生活美"方向,持续提升村民和外来务工人员幸福指数,率先成为全国新农村建设典范。②

(4) 在公共服务优质共享方面。金华磐安县建立"医共体医养"模式,

---

① 浙江省高质量发展建设共同富裕示范区领导小组办公室:《高质量发展建设共同富裕示范区重点任务清单、突破性抓手清单、重大改革清单和典型案例清单》(浙共富办〔2021〕2号)。

② 浙江省高质量发展建设共同富裕示范区领导小组办公室:《高质量发展建设共同富裕示范区重点任务清单、突破性抓手清单、重大改革清单和典型案例清单》(浙共富办〔2021〕2号)。

走新型养老服务之路。建立"政府引导、部门联动、居家为主、机构为辅、多方参与"的医养结合新型养老服务体系，实现通力合作、资源统筹利用，实现了医养结合工作全域覆盖。磐安县探索出由医共体牵头、派驻医疗团队、统一调配医疗资源、打通医疗资源统筹环节的路子，大力度试水，探索家庭病床制度对医养结合工作的政策支持，实现基本医疗保险、大病保险、医疗救助一站式结算服务。

（5）在建设精神文明高地方面。绍兴诸暨市奋力打造新时代文明实践"亮丽之窗"，聚焦"文明实践干什么、怎么干、谁来干、如何干得长久"四关键点，推动文明实践落到实处。一是通过开展理论政策走心、核心价值普及、优秀文化传播、文明乡风培育、邻里守望暖心五大行动聚焦探索"文明实践干什么"。二是通过建立一体化推进、网格化运行、集约化统筹三大机制聚焦明确"文明实践怎么干"。三是实施党员干部带头示范、身边力量便民常驻、公益组织专业助力、会员学员积极参与四大模式聚焦落实"文明实践谁来干"。四是通过探索建立市村"两级基金"聚焦解决"文明实践如何干得长久"。

3. 突出协调，构建共同富裕最优服务

共同富裕是人的全生命周期公共服务优质共享的社会形态。浙江通过优质均衡公共服务体系的构建，支持引导社会力量兴办民生事业，推进城乡公共服务更加普惠均等可及。

（1）学有优教。建立完善学前教育成本分担机制，提高学前教育财政支出比重，推动普惠性幼儿园扩容工程和农村幼儿园补短提升工程。坚持城乡并重和软硬件并重，科学推进城乡义务教育学校标准化建设促进教育公平，使城乡学生共享高质量的教育。迭代升级"互联网+教育"，加快构建未来教育场景。减轻义务教育阶段学生作业负担，规范校外培训机构，探索推行县域集团办学，实现城乡孩子同标教育、一体成长。

（2）病有兜底。为缓解因病返贫致贫问题，浙江推出普惠型商业补充医疗保险产品，由政府主导，以保大病、保重病为目标，重点保障基本医保不能报销的费用，面向所有职工医保、城乡居民医保参保人员，保费普惠统

一、老少同价，且不设置年龄、健康状况、既往病史等限制条件，特殊群体纳入政府资助范围，并实现了与基本医保的"一站式"结算。以"嘉兴大病无忧"保险为例，每人投保100元，截至2021年11月11日，累计赔付3.01万人、赔付金额1.13亿元①，成为共同富裕标志性工程。

（3）老有颐养。积极打造智慧养老服务体系，满足城乡居民养老需求。以嘉兴市秀洲区为例，一是积极推进家庭适老化改造。建设家庭养老床位，改善老年人居家养老环境，使老年人特别是失能、半失能老年人在家享受机构专业化的养老服务。二是全面优化为老助餐服务。依托居家养老服务中心和连锁餐饮单位，联动养老机构开启"中央厨房"配送模式，为老年人提供优质订餐送餐服务。三是整合完善智慧养老平台。各项养老服务在"浙里办"一站式受理、办理、评估、支付、监管，不断推进智慧养老事业发展。

4. 数字赋能，夯实共同富裕最实根基

2003年1月，在浙江省十届人大一次会议上，时任省委书记习近平就极具前瞻性地提出"数字浙江"建设，历届浙江省委省政府坚持"一张蓝图绘到底"，"数字浙江"建设不断得到深化和发展。② 2021年新春第一会上，省委书记袁家军向全省吹响了全面推进数字化改革的冲锋号，明确提出把数字化改革贯穿到党的领导和"五位一体"建设全过程，对省域治理的各环节进行全方位、系统性重塑。

（1）以产业的数字化推动传统产业新发展。数字赋能是产业转型和升级的重要路径之一。一是在制造业信息化提升上下功夫，根据浙江制造业发展实际，聚焦先进制造业产业集群和标志性产业链，通过制造业的信息化提升，实现制造业和标志性产业链方面的全覆盖，组织实施了5000项智能化

---

① 吴锋、张世新：《让"大病无忧"落到实处 嘉兴推进医保领域共同富裕》，杭州网，https://news.hangzhou.com.cn/zjnews/content/2021-11/16/content_8096810.htm，最后访问日期：2022年5月16日。
② 《在"浙"里，看见数字中国》，中国工信产业网，https://www.cnii.com.cn/gxxww/rmydb/202111/t20211101_319330.html，最后访问日期：2022年5月22日。

技术改造项目；二是在工业互联网平台和体系搭建上下功夫，加大对省级工业互联网平台建设的力度，实现数字化智能平台连接千万工业设备产品；三是在深化信息技术与制造业相互融合发展上下功夫，新智造模式逐步得到推广应用，"未来工厂"的引领作用不断得到凸显，通过新智造体系的不断完善，全面带动中小企业数字化转型。

（2）以数字的产业化培育经济发展新动能。数字产业化是经济新业态发展的重要方面和重要趋势，浙江省以标志性产业链建设为重点，通过不断做优做强数字产业来培育经济发展新动能。一是加大科技创新支持力度，通过围绕集成电路、人工智能、智能计算等领域建设，加快推进数字科技创新中心建设，部署一批科技攻关项目，在一批关键核心技术上取得突破。二是加快平台载体建设，组织实施数字经济千亿投资工程，杭州软件名城、新一代人工智能创新发展试验区等国家级平台不断推进和深化。三是实施支持各类企业发展的"行动计划"（雄鹰行动、凤凰行动、雏鹰行动），培育行业"隐形冠军"，通过各类行动计划，浙江数字经济产业超百亿企业数量25家、电子信息百强企业等居全国前列。

（3）以治理能力现代化打造整体智治新样板。治理能力现代化是数字赋能的综合体现。一是以"最多跑一次"改革为翘板，加快推进"掌上治理"新模式，全面推进政府治理数字化转型。二是推进"数字化+"改革模式，在经济社会各领域推进数字化应用，数字健康、数字教育、数字文旅、数字出行等领域数字化应用加速提升。三是突出抓好数字经济系统建设，全力推进数字经济综合应用，突出抓好产业大脑建设，赋能高质量竞争力现代化。

二 浙江省高质量发展建设共同富裕示范区亟待解决的问题

浙江省高质量建设共同富裕示范区优势明显、实力雄厚、基础扎实，但是浙江省在推动高质量发展建设共同富裕示范区的过程中，仍然存在一些短板和不足。主要表现为：区域发展差距较为明显，山区26县经济社会发展有待加强；城乡发展差距依然存在，一体化水平仍有待提升；群体收入差距较大，人群收入差距有待缩小。

（一）区域发展差距较为明显

总体来说，浙江省是全国区域发展差距最小的地区之一，但是仍然存在山区26县为相对欠发达地区（2018年后称为26个加快发展县），这些县绝大部分地处山区，土地面积约为浙江全省的45%，人口接近全省的24%。在过去相当长的一段时间里，这26县的经济和社会发展程度低于全省平均水平。"十三五"期间，浙江省注重均衡发展，加大欠发达地区扶持力度，但山区26县的城乡居民收入与省内其他地区差距依然不小，26县2020年GDP仅占全省的9.65%；人均GDP为61363元，仅为全省的61.3%、全国的85.2%。[①]

（二）城乡发展差距依然存在

长期以来，浙江的城乡一体化推进程度一直走在全国前列，乡村整体风貌显著优于其他地区。但省内城乡差异仍然较为明显，主要表现在以下三个方面。一是城乡公共服务差异显著，乡村生活配套匮乏。特别是在教育、医疗、娱乐、消费等领域差别尤为突出，优质乡村教育资源紧缺、医疗条件落后、娱乐方式匮乏、消费渠道单一的局面并未得到实质性改变，这种情况在浙西南山区偏远乡村尤为突出。二是城乡经济能级差异显著，乡村产业结构单一。乡村经济结构单一状况依然没有改变，第二、三产业占比过低问题仍然突出，新兴产业、高端制造业、高端服务业等高附加值产业的引进和高端人才的吸引等问题难以解决。三是城乡居民社保差距不小。乡村社保参保率与社保享受政策和城市相比均有明显差异。2020年浙江省城镇职工基本养

[①] 杨欢：《补共同富裕短板，浙江为存在发展差距的26县定制"一县一策"》，澎湃网，https://www.thepaper.cn/newsDetail_forward_14571386，最后访问日期：2022年5月16日。

老保险参保人数为 3211 万，参保率为 68.9%；城乡居民社会养老保险参保人数为 1144 万人，参保率为 63.6%；以嘉兴市为例，连续缴费 15 年、2021 年年满 60 周岁的职工养老金为 1819 元/月，而城乡居民养老金仅为 419 元，差距明显。

（三）群体收入差距较大

共同富裕的本质是让所有的人都能够富裕起来，而人群之间收入差距过大和中等收入群体比重较小，是实现共同富裕进程中不得不面对的两大挑战。对于浙江来说亦是如此，虽然浙江省在收入分配上的差距远远小于全国平均水平，但是整体差距依然较大，低收入群体的主体是农民和外来人口。近年来，各行业内部非私营企业收入明显高于私营企业。从《2020 年浙江省全社会单位就业人员年平均工资统计公报》来看，以教育行业为例，2020 年非私营单位就业人员平均收入为 14.2 万元，私营单位就业人员平均收入为 5.6 万元[①]，前者是后者的 2.5 倍。城乡一体化水平仍然有待提升，特别是在教育、医疗等公共资源和公共服务上，城镇居民和农村居民之间、外来人口和本地人口之间差距明显。

三 浙江省高质量共同富裕示范区建设的建议

习近平总书记指出："共同富裕是一个长远目标，需要一个过程，不可能一蹴而就，对其长期性、艰巨性、复杂性要有充分估计，办好这件事，等不得，也急不得。"[②] 中共中央、国务院赋予浙江省先行先试、作出示范的任务，浙江省要在破解地区差距、城乡差距和群体之间的收入差距三方面下功夫，着力"提高发展的平衡性、协调性、包容性"。

---

① 《2020 年浙江省单位从业人员年平均工资统计公报》，浙江省统计局网站，http://tjj.zj.gov.cn/art/2021/6/17/art_1229129205_4666186.html，最后访问日期：2022 年 6 月 15 日。

② 习近平：《扎实推动共同富裕》，《求是》2021 年第 20 期。

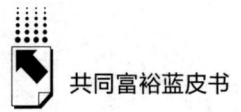

（一）念好"山海经"，着力缩小地区差距，促进区域协调

浙江"山区26县能否实现跨越式高质量发展、能否取得标志性成果，事关现代化先行和共同富裕示范区建设全局"①。一是完善省域统筹，坚持优化一盘棋战略，促进资源要素在省域范围内自由流动，打通资源要素流通各环节，让资源要素得以高效率配置；着力推进公共服务一体化发展战略，通过实施供给侧结构性改革，提高公共服务供给质量，补齐"山区26县"基层设施和公共服务短板，加大高速公路和铁路网布局力度。二是坚持分类施策，实施做大产业扩大税源和提升居民收入两大行动，以高质量就业为核心，充分挖掘山区特色资源优势，做大山区特色农产品文章，全面推进跨山统筹发展，切实把资源生态优势转化为社会发展优势。三是增强内生动力。实施差别化区域政策，结合山区禀赋资源，扶持农文旅融合发展，推动山区成为全省乃至全国人民的向往之地；完善"飞地"机制，推行共享型"飞地"经济合作模式，促进经济发达地区与省内山区的协作共富，高水平建设"产业飞地""科创飞地"，通过科技创新推动山区高质量发展。

（二）弹好"协奏曲"，着力缩小城乡差距，实现城乡融合

"三农"是共同富裕的薄弱环节和重中之重，乡村振兴是促进共同富裕的重点任务。一是着力增加农民经营性收入。创新完善财税、信贷、保险等金融工具支持新型农业经营主体发展的机制，强化生产优质农产品和打造区域农产品公用品牌，提高产品档次和附加值；支持龙头企业与农民共建产业化联合体，通过第一产业向第二、三产业延伸、融合，让农民分享加工销售环节收益；完善企业与农民的利益联结机制，引导农户自愿以土地经营权等入股，通过利润返还、保底分红等多种形式，拓宽农民增收渠道。二是打开城乡要素流动通道。重塑政府、社会、企业在推进共同富裕建设中的关系，探索建立"先富带后富"的长效机制，推动人才、土地、资本等资源要素

---

① 袁家军：《超常规推动山区26县高质量发展共同富裕》，《今日浙江》2021年第16期。

在城乡间双向流动和平等交换，激发乡村振兴内生活力，加大工商资本支持乡村建设和投资农业的力度，有效形成全社会参与推进共同富裕建设的强大动力。要利用大数据进行精准支农，借助互联网发展农村电商，发挥数字经济在改善民生方面的积极作用，让农村居民享受同等的发展机会。三是推进城乡公共服务均等化。健全以城带乡、整体推进、均衡发展的机制，以数字赋能、制度创新为动力，加强基础性、普惠性、兜底性民生保障建设，通过城乡共同体建设和"互联网+"等方式，推进教育、医疗、养老等公共服务资源城乡共享，持续缩小城乡公共服务差距。

（三）构建"橄榄型"社会，着力缩小收入差距，提升民生福祉

"中间大、两头小"的橄榄型社会结构是推进共同富裕改革中最具标志性也是群众最关心的问题。缩小群体差距，关键要加快"扩中"、全面"提低"。一是探索分配制度改革。优化政府、企业、居民之间的分配格局，支持企业通过高质量发展增加整体收益，合理提高劳动报酬及其在初次分配中的比重；鼓励勤劳创新致富，探索知识、技术、管理、数据等要素价值的实现形式，拓展从业人员增收空间；发挥慈善事业在第三次分配中的作用，探索建立慈善捐赠反哺激励机制，鼓励高收入者和企业家积极回报社会。二是适度培育"共富产业"。分配问题固然重要，但更加迫切的是如何在高质量发展中解决好不同群体的共同富裕问题，通过优化创业和就业环境，培育就业门槛低、百姓参与度高、能给群众带来稳定收入的新就业增长点；要完善城乡居民平等就业和充分就业制度，推动低收入群体通过自己的辛勤劳动和政府帮扶尽快致富。三是精准识别重点人群。"扩中""提低"要做好对重点群体的精准识别，做到有的放矢。扩大中等收入群体规模要精准识别产业工人、专业技术人员、个体工商户和小微创业者、农业经营户、新业态从业人员等重点群体，利用互联网大数据对这些重点人群进行深入研究，完善统计监测体系，率先构建"全面覆盖+精准画像"的群体结构数据库。提高低收入群体收入要紧密关注低收入农户、困难群体等重点目标，及时了解群体动态，因户施策、因人施策，精准识别、精准提低。

B.9
陕西省推进共同富裕的现状、问题与对策

陈心宇*

摘　要： 为了更好地推动共同富裕，陕西继续巩固脱贫攻坚取得的优异成果，统筹推进乡村振兴、升级装备制造业、发展新兴战略产业，通过全方位多层级创新实践，激活科技资源要素，促进经济高质量发展。同时，以经济建设为抓手，以优势产业煤、油、装备制造、航空航天、现代农业为龙头，带动其他产业迸发活力，着力发展以县城为中心的新型城镇化，壮大民营经济，奠定共同富裕的物质基础，提高居民收入与社会保障水平，共享全省发展成果，提升辛勤奋斗的三秦儿女幸福获得感。

关键词： 陕西　高质量发展　共同富裕

2021年，陕西省第十三届人民代表大会第五次会议通过的政府工作报告中指出："'十四五'时期，陕西要把共同富裕作为政府工作的目标取向、价值追求，统筹推进巩固拓展脱贫攻坚成果和乡村振兴、县域经济发展、新型城镇化，发展富民产业，壮大民营经济，下气力解决城乡居民收入偏低问题，让为全省发展辛勤奋斗的三秦儿女，都能收获应有回报、实现人生价

---

* 陈心宇，中共陕西省委党校（陕西行政学院）管理学教研部副教授，管理学博士，主要研究方向为乡村振兴。

值、过上幸福生活。"① 中央财经委员会第十次会议上习近平总书记强调："共同富裕是社会主义的本质要求,是中国式现代化的重要特征,要坚持以人民为中心的发展思想,在高质量发展中促进共同富裕。"② 陕西在推动实现共同富裕过程中,要发展经济,创造雄厚的物质基础,提供共同富裕的基础条件。既要调动广大人民群众的积极性,又要考虑社会主义分配原则。当前仍处于社会主义初级阶段,我们分配的原则是初次分配以劳动中的效率为先,再分配既要考虑横向公平,又要考虑纵向人民群众的公平,第三次分配依靠其他组织,如慈善协会、基金会的捐赠等。陕西通过发展创造财富,提升群众生活幸福指数,维护社会公平正义,促进人类健康发展,使4000万三秦儿女鼓足干劲朝着共同富裕的方向昂首阔步迈进。

一 陕西省推进共同富裕的现状

(一)资源要素禀赋优异

陕西地域辽阔,总面积为20.56万平方公里,常住人口约3952万人,地形横跨"秦淮线",大地原点在陕西泾阳,地理上把陕西分为关中、陕南、陕北三大片区,形成不同的风俗与人文环境。陕西周边与"七省一市"相连,是典型的内陆省份。陕西矿产资源丰富、地质条件优越,陕北蕴藏着优质的煤、石油、盐、天然气等矿产资源;关中有煤矿、钼矿、金矿、非金属建材、地热等资源;陕南地质中富含有色金属、贵金属、黑色金属以及各种非金属矿产。陕西共有科研机构1340家,国家级园区平台324家,国际创新合作平台71家,两院院士69人,科技创新水平排在全国第9位。截至2021年末,陕西省实有市场主体495.48万户,总量稳居全国第12位。

---

① 赵一德:《陕西省第十三届人民代表大会第五次会议〈政府工作报告〉》,《陕西日报》2021年2月3日。
② 《习近平主持召开中央财经委员会第十次会议》,中国政府网,http://www.gov.cn/xinwen/2021-08/17/content_5631780.htm?jump=true,最后访问日期:2022年10月17日。

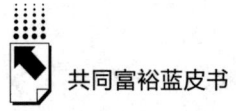

其中,正常经营的实有企业124.63万户,个体工商户363.30万户,农业专业合作社7.54万户;全省每千人中有125.36户为市场主体,全国排名位居第8,西部名列榜首。陕西省土地资源有限,坚持节约集约,合理确定新增建设用地规模,统筹生态建设,大力推广节地模式。全省耕地4401.51万亩,81%分布在陕北高原和关中平原,园地1821.01万亩,林地18714.02万亩,草地3315.49万亩,湿地73.00万亩。此外,城镇村及工矿用地1376.74万亩,交通运输用地453.92万亩,水域及水利设施用地409.97万亩。

(二)经济发展取得历史最好成绩

2020年,陕西全年生产总值为26181.86亿元(见表1)。其中,第一产业农业产值为2267.54亿元,第二产业工矿采掘业产值为11362.58亿元,第三产业服务业产值为12551.74亿元。粮食总产量达到1275万吨,单产刷新陕西种粮史,生猪存栏稳定到正常年份水平,以"柞水木耳"为代表的一批名优农产品在全国打响品牌,农民种植农产品收益日益提升,政府性债务风险总体可控。陕西是科技资源大省,拥有巨大的创新力量。如大飞机生产与试飞、"嫦娥"探月、生产"奋斗者号"载人深潜的材料与球壳、珠峰"测高"的设备与仪器等,无不体现陕西的科技实力。现代化的基础设施体系日益健全,铁路营运里程超过6000公里,纵横交错的高速公路县县通车,里程达到6100余公里。城乡发展区域协调,加快提升关中城市群产业关联度与聚集度。社会消费水平较高,电子商务成为人们生活新的消费模式拉动经济增长,网络教育培训等在线服务得到发展,促进汽车、摩托车、电脑、手机、家电等电子产品消费。拓宽陕西特色文化旅游市场。自贸试验区敢于先行先试,学习上海自贸区,进行创新实践,锐意进取。宝鸡、西咸空港综合保税区率先推动陕西国际贸易发展上台阶,"央行·跨境票据通"结算方法在陕西实行,开创全国跨境贸易金融服务新模式,有利于陕西外贸业发展。"丝绸之路"上陕西开通了空铁、公铁、海铁货物的多式联运,长安号成为国内试点示范标杆。"长安号"向欧洲开行了3720列,衡量列车运营的三项指标：列车量、货物运量、重箱率，均位于全国第一。中欧班列（西安）集结中心被评为国家示范工程，鼓励其创新发展。自贸试验区不辱使命，探索总结得来的21项典型经验，被国内其他自贸区学习交流与推广。推动贸易便利化，先后获批的7个综合保税区在数量上居全国第6位。西安咸阳国际机场拓宽航运业务面，新建航站改建机场，航线连接37个国家与地区，客运量位于全国第8位，货物吞吐量位于全国第10位。上海合作组织，深化合作内容，在杨凌建立农业技术交流培训示范基地，推广旱作农业。陕西会展业推动区域经济合作，有利于繁荣商贸物流。陕西共同富裕的关键指标见表1。

表1 陕西共同富裕的关键指标

年份	生产总值（亿元）	城镇居民人均可支配收入(元)	农村居民人均可支配收入(元)	地方财政收入（亿元）
2013	16045.21	22858	6503	1747.24
2014	17689.94	24366	7932	1889.98
2015	18171.86	26420	8689	2059.87
2016	19165.39	28440	9396	1833.93
2017	21898.81	30810	10265	2006.39
2018	24438.32	33319	11213	2243.11
2019	25793.17	36098	12326	2287.73
2020	26181.86	37868	13316	2257.23

资料来源：根据历年政府工作报告整理。

（三）脱贫攻坚的成就斐然

按照中央要求，陕西2020年胜利完成脱贫攻坚任务。288万户农村贫困群众摆脱贫困走上富裕的道路，56个贫困县如期全部脱贫，24.93万户贫困户搬到建好的砖房或楼房。贫困地区农村居民的收入得到提高，人均可支配收入达到12491元，绝对贫困和区域性群体贫困成为历史。在脱贫攻坚战中，陕西大力发展特色扶贫产业，实施贫困村创业致富带头人工程，累计培育8053名创业致富带头人，10647个带贫益贫农村合作社，2794家带贫益贫企业，带动了89.9万贫困人口发展产业、增加收入。尤其是在扶贫过程中，村两委班子、第一书记、驻村工作队员、农村创业致富带头人功不可没。建立监测预警体系及时防止返贫、完善脱贫后的帮扶机制，加强易地搬迁扶持政策执行，发展农村特色产业扶贫项目1.4万个，群策群力利用各种线上线下渠道销售农村扶贫产品122.2亿元。持续深化苏陕扶贫协作帮扶政策，发挥区域优势互补，1854个项目带动20.89万贫困人口脱贫奔小康。

（四）居民收入与社会保障

人民群众生活水平日益提高。城乡居民就业人数不断上升，劳动力受教育水平均有所提高，收入达到历史性新高。2020年，全年城镇居民人均可支配收入为37868元。其中，工资性收入21850元，经营净收入2836元，财产净收入2851元，转移净收入10330元。城镇居民人均生活消费支出22866元。全年农村居民人均可支配收入13316元。其中，工资性收入5388元，经营净收入4150元，财产净收入229元，转移净收入3550元。农村居民生活水平普遍提升，直接货币消费支出达到11376元，比2019年增加了441元。

健全与完善社会保障体系，提高基础保障标准。从政策层面考虑，提高社会生活需要的最低保障补贴标准，企业退休人员养老金随物价变动而上涨，保证他们的生活品质。筹集资金，向困难群众发放了价格临时补贴12.59亿元。改造市区城镇老旧小区，加快与之配套的基础设施建设，受益群众达41.24万户。大、中、小学教育满足人民群众教育需要，协调均衡发展。积极发展学前幼儿园教育，三年毛入园率达92.5%。加快高职院校的基础设施投入与师资建设，优化教师资源、学科配置，提高教师技术操作能力。在陕高校的高等教育评价的各项核心指标，如学生教育、科技研发、人才培养、成果就地转化等均位于全国同行业前列。健康陕西全面实行，资金投入加大，公立医院医用耗材进价销售，建立国家儿童（西北）区域医疗中心，安排财政资金实施免费项目，如产前筛查胎儿畸形校正、新生婴幼儿疾病检查等各种检测项目，提高优生优育率，每年检测180万人次。减轻赡养负担，发放80岁以上老人的高龄补贴达到25亿元以上，对于因执行计划生育政策而带来不利影响的群众，如丧子等意外扶助资金达到6.69亿元，未来随着老龄化还要大力提升补助资金。各项文化事业蒸蒸日上、茁壮发展，成功举办了第九届文化艺术节，精心打造拍摄制作的《装台》收视率极高，释放了社会正能量，《大秦赋》再现中华伟业，震撼国人心灵。西安碑林博物馆改建、扩建文物展室等工程项目递次推进，安康市率先创建国家公共文化服务体系示范区获批。社会治理持续完善，安全生产责任清单全面部署落实，专项整治持续开展；全省严重洪涝灾害预防有力、应急处置有效，各种因灾死亡人数明显下降；通过排查化解、程序化常态化展开，有效遏制重大社会矛盾纠纷；开展扫黑除恶专项斗争，净化法治环境，维护社会稳定，人民群众安全指数提高，对社会治安满意率第一次达到96.6%。

（五）科技创新及成果转化

陕西科研院所数量排在全国前列，启动科技成果转化百项创新行动，紧跟技术发展趋势筹建国家新一代人工智能试验区，群策群力新建国家级众创空间18家，锐意进取创新创业示范基地4家，2020年产权市场全省专利技术合同成交额超过1500亿元，有效推动科技成果转化。积极推进传统产业按市场需求、技术或资本要求转型升级，鼓励支持战略性新兴产业发展壮大。发展产业创新链27条，并在具体环节上采取措施强链补链，打破常规实现工艺或技术创新点274个。西安韩国三星企业二期工程实施，利用新技术新建比亚迪汽车智能终端，汉中航空工业基地智慧新城等一批科技含量较高的项目开工，以西部超导、陕鼓、法士特等企业为代表的省属国有企业获得"中国工业大奖"，紧跟市场脉络，填补市场空白，快速发展新材料、新能源、集成电路等陕西优势产业。陕西填补了国内电子信息产业空白；招商引资新增高科技企业1800余家；利用资本市场，募集科技创新资金，新增

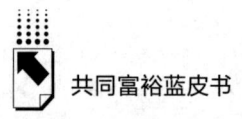

上市公司、"新三板精选层"的企业共计7家，还有5家公司正在上市过审的程序中，陕西上市公司数量创历史新高。

（六）生态环境持续改善

加强生态环境治理，采取各种措施持续提高生态环境质量。彻底整治秦岭违法乱建遗留问题；坚持植树造林推进黄河流域陕西段生态保护，全面完成与控制主要污染物泥沙、废气等总量"碳"减排指标；坚决打赢蓝天、碧水、净土生态环境保卫战，还群众健康生活环境。汉江、嘉陵江、丹江、渭河、黄河等河流优良水质优于国定考核指标20个百分点。渭河、延河、无定河、窟野河等河流入黄泥沙显著下降。陕西妥善处理人与自然的关系，落实中央退耕还林还草政策、恢复自然界生物多样性，草木郁郁葱葱，森林覆盖率超过45%，陕北地区绿色边缘线向北推进400公里，延安榆林由"浅绿"转向"深绿"，保持了水土。严格执行秦岭生态环境保护条例，准确细致编制总体规划，精心制定并实施专项规划，严格按照生态红线监督管理，解决"五乱"等问题，突出整治效力，关闭40座影响环境的小水电。切实加强协调黄河、长江流域的保护与开发，严格按照国家要求制定落实陕西保护规划，生产生活中严格执行污水综合治理要求，污水处理后按标准排放，强化水功能区自我净化，发挥自然纳污能力，优化人工管理措施，提高渭河出境水质，以优为准严格执行。持续开展重点黄河流域保护与治理，保证汉江、丹江、嘉陵江流出境的水质为Ⅱ类。陕西与山西联合治理汾渭平原大气污染，强化区域治理联动措施，保证陕西全境PM2.5浓度平均在10.1%范围以内。科学制定与颁布实施土壤污染管控与土地修复措施，严格把农业用地土壤污染控制在合理范围，详查通过国家验收。

二 陕西省推进共同富裕亟待解决的问题

经济是一个地区实现富裕的基础，更是共同富裕的前提。陕西工业体系完整、科教综合实力强、产业集聚度高，经济发展总量在全国排行榜中居于中游。陕西经济总量没有达到3万亿元，相比全国而言，与陕西的资源要素不成正比。经济总量及其增长速度是判断一个地区真实经济发展水平与活跃度的标准。经济总量既是一个地区上一个经济统计年度经济发展运行的体现，也是未来经济继续发展的物质基础。所以，它不仅代表着实力，还代表着潜力。

（一）高质量发展的基础还不稳固，经济发展有待进一步发力

1. 企业转型升级慢

"挖煤卖油"是陕西资源大省经济高速增长的主要动力。这些传统产业转型升级迟缓，高技术产业接续发力困难重重。陕西的发展，历史上依靠煤化工行业，生产销售初级产品为主，受到世界能源市场的影响较大。陕西推动实现煤向电转化、煤电向载能工业品转化、煤油气盐向化工产品转化，可又面临碳综合问题，增加了省内碳排放量，不利于经济发展。陕西转变发展方式、优化经济结构、转换增长动力，推动高质量发展，要优化资源要素配置和生产力空间布局。陕西发展抓住有利时机，依托自身资源禀赋优势，以创新型经济为抓手，发挥人才优势，大力发展电子信息、新能源、新材料等产业为引领，高端装备制造业为支撑的战略性新兴产业集群，积极鼓励引导非能源产业抓住发展机遇，为经济增长带来新动能。

2. 经济循环带动力不足

陕西作为一个内陆省份，内需不足，消费能力有限，外贸优势不明显。在追赶超越的背景下，陕西畅通经济循环，做强大宗商品贸易活动，推动经济高质量发展。陕西大宗商品产业园区的建立，作为打造陕西发展贸易经济的载体，千方百计激发市场活力；以陕西大宗商品交易平台作为重要窗口，深化流通领域关键改革；充分利用国内期货市场，发展陕西大宗商品交割仓库，活跃陕西各种交易要素，打造陕西经济流通领域的重要渠道。陕西要把区位、科教、能源、文化、军工等优势变为追赶超越胜势，既实现经济总量追赶，又实现发展质量超越，更实现发展模式创新。实践中与全国相比，优势转为经济总量不明显。打造"一带一路"核心区，运用两个市场、统筹

两种资源、面向全球配置资源，但问题是陕西与部分"一带一路"国家产业同质化较高。

（二）创新潜能释放不充分，单位面积产出较低

陕西"新经济"体系形成的产业基础为集成电路创新与产业化、智能终端制造、平板显示技术、新能源汽车生产、现代化工工业发展等。但市场规模有限，国际国内市场竞争力不强。企业作为产业创新转型升级的核心力量和主力军，必须告别粗放的生产与管理方式，但关键的"卡脖子"技术阻碍传统产业改造升级。

在农业方面，陕西拥有国家级农业高新技术示范区，即杨凌示范区；截至2021年8月，发展的国家级品牌示范园区有安康紫阳富硒茶示范区、关中杨凌农范园、汉中朱鹮有机农业产业示范区。陕西采取新的示范区创建模式，形成"政府主导、部门联合、企业主体、全民参与、社会监督"的立体化全方位创新机制，把科研、技术、人才、创新活动紧密连接，发挥示范区建设协同创新效应。但是，要使园区带动经济发展、促进群众收入提高，还有一段路程要走。

（三）县域经济规模较小，市场主体培育不充分

陕西省有107个县（市、区），县域经济在体量上虽然占据重要的位置，但是总量偏低、发展不均衡、产业结构单一、城镇化率较低、农产品供需结构失衡等问题，阻碍了陕西省经济的崛起。陕西县域经济工业基础薄弱，绝大部分属于典型的农业经济，缺乏产业化、现代化、绿色和生态农业。经济基础的薄弱造成了城乡二元结构、社会贫富差距加大、不安定因素增多等问题。实际的发展中，地区中心城市的发展成为区域经济的增长极，产生"虹吸效应"，县区经济的生产要素向西安、市级中心城市集聚，造成中心城市经济快速增长，而外围县域缺少人力、科技和财力等要素，经济发展相对滞后，西安对外围地区的发展起到制约作用，造成城区相对繁荣而周边地区相对落后。

（四）社会保障水平低

经济发展水平低，财政不能满足支出，社会保障资金匮乏，在解决了"两不愁、三保障"的基础上，保障水平更上一层楼有难度。目前存在的问题是乡镇人口流向县城、县城人口流向西安等中心城市。很多县域农村形成了"空心村"，带来了留守儿童、空巢老人等社会问题。这就导致受制于经济发展水平，第二次、第三次分配影响力有限。

（五）财政收入不高

2020年陕西财政收入为2257.23亿元，支出为5933.78亿元。财政收支倒挂影响陕西共同富裕。陕西省直达预算资金执行总体情况较好，省级财政分配按计划下达进度100%，重点项目支出得到有力保障。2021年前11个月，陕西县区保基本民生、保工资、保运转（以下简称"三保"）资金支出合计1886.9亿元，财政部门始终坚持把"三保"作为一项重要的政治任务执行，支出进度为91.2%。近年来，陕西不断提高财政收入质量，要求各级财税部门必须严格执行税法，坚持实事求是，把各项税收资金全部收缴，坚决杜绝税收资金虚收空转，在不断扩大财政收入规模的同时，质量也需稳步提升。省级政府对市级政府、县级政府财力性转移支付5年年均增加68亿元，由2016年的572亿元增加至2021年的912亿元，年均增长了9.8%。从2019年开始，省财政厅为了缓解收支矛盾突出问题，选取10个债务风险高、暂付款数量大的"三保"县区，对预算进行审核及纠偏查处。

三 陕西省推进共同富裕的路径

坚持以"习近平新时代中国特色社会主义思想为指导，全面贯彻党的基本理论、基本路线、基本方略，统筹推进经济建设、政治建设、文化建设、社会建设、生态文明建设的总体布局，协调推进全面建设社会主义现代化国家、全面深化改革、全面依法治国、全面从严治党的战略布局，坚定不移贯彻创新、协调、绿色、开放、共享的新发展理念,坚持稳中求进工作总基调,以高质量发展为主题,以深化供给侧结构性改革为主线,以改革创新为根本动力,以满足人民日益增长的美好生活需要为根本目的,统筹发展和安全"。① 陕西要抓住历史机遇,以习近平总书记重要讲话为指导,执行总书记提出的"五项要求"与"五个扎实",以打造内陆开放高地为突破,以生态环境改善为前提,解放和发展社会生产力,提高经济效率与社会效益,为实现共同富裕奠定雄厚的物质基础。

(一)建设高质量实体经济,强化社会创富能力,促进共同富裕

共同富裕经济是基础,政府是保障,党的领导是核心。陕西必须以经济高质量发展为手段,以人民群众高品质生活为目的,以青山绿水的环境高效能治理为发展主攻方向。"十四五"时期,推动陕西现代农业、能源化工与装备制造业、旅游业及教育等产业高质量发展,落实习近平总书记"五项要求"的战略主题,为人民群众创造现代舒适的高品质生活,实现人、社会与自然的平衡。陕西要始终坚持发展和解放生产力,把发展当作政府的第一要务,产业招商为官员的第一要事,设置各级政府的综合绩效评价指标时,高质量发展为关键指标,考核各级政府及政府组成部门、企业的效能,对目标任务层层分解,夯实每个主体的责任。不管是各级政府部门、事业单位、国有企业还是民营企业,每个单位既要紧盯目标落实,又要精准发力,以任务落实为抓手持之以恒、久久为功,要在居民衣食住行之中体现工作业绩,国强民富中体现各级地方政府严于律己的责任与使命担当。

1. 坚持基本经济制度,大力发展非公有制经济

坚持"两个毫不动摇",坚持发展公有制为主体的方式,其他民营经济、私营经济等混合所有制经济共同发展,充分调动发展经济的各类市场主体的创造力和积极性,以经济建设为核心,促进各种所有制经济百舸争流,

---

① 本书编写组:《党的十九届五中全会〈建议〉学习辅导百问》,党建读物出版社、学习出版社,2020,第16页。

充分发挥各种所有制经济的比较优势,并在市场竞争中取长补短、相互促进、共同发展;有利于让一切创造社会财富的源泉充分涌流,推动陕西经济持续健康发展。

2. 坚持全产业链发展方向,产品向全球价值链的中高端发展

要充分发挥陕西工业体系优势,有效挖掘和激发强大内需潜力;利用内需拉动进口需求和外需增长,以供给侧结构性改革为主带动需求侧管理,推动企业技术创新,延伸产品服务创新并创造新商业模式,培育经济发展新动能与新增长点,持续推动经济高质量增长。

(二)做强县域经济,发展现代农业

在高质量发展中促进共同富裕,要提高经济发展各要素的活力,提升县域经济、社会、文化、政治、生态发展的平衡性、协调性、包容性,因地制宜鼓励支持中小企业健康发展。一是促进农业转移人口有序有效融入城市,让迁移到城市的居民在城市享受完善的基础设施和公共服务,拥有文明的社区环境、良好的人文环境和生态环境、和谐的工作环境。劳动力转移和流动越充分,流动范围越大,越能有效缩小城乡区域发展差距和收入分配差距,促进共同富裕。二是正确处理效率和公平的关系,助推乡村振兴,促进农民共同富裕。健全城乡融合发展的体制机制,加快推进农业农村现代化,全面推进乡村振兴。一方面,有利于打破地区分割,构建国内统一的大市场,实现市场一体化,扩大市场范围,从而进一步深化分工程度,提高生产效率。另一方面,通过城镇化吸引生产要素聚集,实现经济效益和溢出效应最大化,降低融资、人工、用能、土地等要素成本,缩小城乡区域发展差距。

扎实推进陕西特色现代农业发展。陕西具有科技、人口、土地、生态、自然要素禀赋优势,可在中国农业乃至世界农业领域浓墨重彩。第一,以"3+X"全产业链为抓手,推进果业质量提升和效益增加,实施农业技工贸一体化,畜牧业"品种、繁殖、育肥、加工、销售、金融"一体化高质量发展,提高品牌营销水平,针对关中的大荔冬枣、秦川牛,陕北的小米、红枣、羊肉,陕南的茶叶、木耳、香菇、核桃、中药材等地域特色鲜明的农产

品，把全国市场进行细分，推进产业适度规模化发展，打造产品品牌，提高市场占有率与盈利率。养殖业布局上以生猪生产为主，引导大型养殖企业在渭北、陕北投资建厂，充分利用当地饲料资源。第二，运用现代科技，实施农产品特色化加工，塑造独有品牌。利用电商优势，建设物流、冷链、仓储、包装等配套设施，走差异化发展路线。吸引工商资本进入"三农"领域，推动农村一、二、三产业因时因地创新融合发展。盘活农村集体产权，尤其是土地"三权"改革试点成果，培育新型乡村振兴发展主体，如种养殖大户、农民专业合作社、家庭农场等，利用市场力量与国家政策发展新型农村集体经济，如发展股份制企业，公开招、拍、挂出售集体产业经营权等。推动农村社会改革、移风易俗，要调动农民和基层镇乡干部的创造性和积极性，他们是乡村振兴的主体力量。我们既要鼓励他们探索发展乡村的新模式和新商业渠道，又要稳重谨慎地推进每一项好的政策和方法，全国市场是统一的，产品供给与消费不匹配，尤其是当前农产品同质化问题严重，必须加强差异化发展，才能最大限度地激发农村各类资源要素活力。只有如此，才能使农业扩大高品质、高附加值、高端化的产品和服务供给，才能有利于提高劳动力就业收入，才能推动更多低收入人群迈入中等收入行列，才能增加社会财富，达到共同富裕。

（三）执行创新驱动发展战略，推动陕西创新成果迸发

强化基础研究与应用开发支撑创新的动能，倾力打造原始创新的策源地。陕西以 26 个国家重点实验室为基点，发挥辐射支撑引领作用。汇聚人财物建设实验室，作为地方科研队伍要有赶超国家实验室的水平与勇气。充分利用国家在陕高精度地基授时系统的影响，利用国家分子医学转化科学中心带动医疗产业发展，发挥西安科学城集天下创新载体的功能，加强西北工业大学空天地海等基础技术的研究与应用，发展无人系统商业化综合试验，西北大学利用二氧化碳捕集与封存技术实现"双碳"目标等重大科技成果开发转化到商业领域，引领并创新商业模式。政府量身制定有关创新的政策，打造西部科技创新港，以西安交通大学为龙头，推动产学研无缝衔接，

成果转化效率提升，引导资金或风险投资等方面紧跟，提升投资回报率和人财物使用效率。简化政府管制，促进各项制度创新，实现科技资源市场化配置与国家战略优先配置，陕西"双创特区"有利于孵化器功能的发挥与科技成果就地转化，让创新者得到高额回报。西安翱翔小镇、大学科技园等区域因地制宜实施"一校一策"，鼓励创新，利用综合体打造创新创业社区，创新者推动小微企业集聚，形成创新经济生态圈。推动西安市相关的区域各级政府在高新区的重点创新领域协同错位发展，把西安光机所的功能充分释放，带动西安高新区硬科技创新示范区建设。

完善创新创业生态圈。以陕西各个层面的高新区为科技创新改革发展试验区，改革政府企事业单位人才体制机制，激发创新活力，建立以创新结果为导向，或创新成果商品化市场化为导向的科技创新评价标准，建立良性科研共同体运行机制。发挥举国体制的制度优势，创新攻关责任到人终身负责的"揭榜挂帅"模式。建立重大项目领衔专家负责制，科研经费项目包干结余归科研团队，建立科研人才晋升与流动机制，科研人员既可以成为政府官员，又能成为企业家，但必须建立防火墙。建立与完善产权市场专利技术经纪人队伍，完善产权交易市场。严格执行国家在陕院士等专家服务政策，让他们安心进行科技创新，他们是科技创新的舵手与领航者。同时，完善有竞争力的人才专项政策，抓紧培养与引进"高精尖缺"领军人才及团队，加速研发、转化、市场、品牌、利益运行机制。建立科技与金融"二轮"行使机制，加速融合、相互支撑，共赴科技创造人类新生活前程。以政府引导基金带动"天使投""风投""创投""产投"等机构投资者，投向战略新兴产业。制定《技术成果转化能力的行动方案（2021~2023年）》，从制度层面正向激励科研成果转化，让研发成果实现价值，让研发者得到回报。健全"创新中心+孵化器+科创企业"支持鼓励模式，科技厅等部门建立健全创新创业与科技成果转化平台，加速成果商业化品牌化，提升资金循环使用效率。创造与孵化技术资金含量高的"专精特新"企业上市融资，培育打造瞪羚企业、支持独角兽企业做强的生态圈，即研发—生产—销售—回报—研发。市场在哪里，企业可能就在哪里，回报是否丰厚决定行业投资方向。陕西努力形成领军企业产业链、创新链高效运行,中、小、微企业英姿勃发,社会上各类创新主体龙腾虎跃,新产品层出不穷,各类资本追逐创新创业满天飞的创新创业生态圈。创新成果商品化推动陕西经济持续增长,全民都会分享科技经济发展的收益,实现人生价值,过上幸福生活。

(四)提高社会保障水平

共同富裕,不仅要做大蛋糕,而且要分好蛋糕。在高质量发展中促进共同富裕,制定各种有利政策,扩大中等收入群体,通过再分配等各项福利政策让低收入人群过上有车有房、衣食无忧、病有治疗、老有看护的生活。充分利用好第二、三次社会分配,保障低收入群体,让他们也能过上体面的生活。立足陕西实际,进一步健全社会保障体系,提高低收入人群的保障水平。发展地方经济,增加教育、医疗、养老、住房方面的福利,加大各级政府资金投入,制定合理的分担体系,提高群众的生活保障水平。

B.10 辽宁省推进共同富裕的现状、问题与对策

潘 志*

摘　要： 整体而言，辽宁"十三五"期间共同富裕取得实质性进展，并且在2021年继续取得成就，为"十四五"开了好局。然而，辽宁共同富裕发展中还存在发展速度和结构等方面的问题，今后辽宁需要坚持全面深入贯彻中央精神，从提高居民收入，完善教育、医疗卫生和社会保障等方面着手，以高质量发展为主线扎实推动共同富裕继续取得实质性进展。具体举措包括千方百计提高居民收入、构建高质量教育体系、深入实施健康辽宁行动以及发展银发经济等。

关键词： 辽宁　高质量发展　共同富裕

一　辽宁省推进共同富裕的现状

整体来看，近年来辽宁全省经济运行稳中向好，民生福利持续增进，共同富裕取得一定的实质性进展。尤其是2020年以来，虽然新冠肺炎疫情和严峻复杂的外部环境都对辽宁省经济社会发展造成一定影响，但是全省上下继续坚持以习近平新时代中国特色社会主义思想为指导，全面贯彻并坚决落实党中央和国务院的指示精神和决策部署，按照中央的路线方针政策和省

---

* 潘志，中共辽宁省委党校副教授，经济学博士，主要研究方向为政治经济学。

委、省政府工作要求,在持续推动辽宁老工业基地全面振兴、全方位振兴过程中坚持稳中求进的工作总基调,做好稳字当头,把握稳是大局,力求稳住经济基本盘,扎实做好"六稳"工作,并且兜住民生底线,全面落实"六保"任务,以此为基础,着力推进全省经济高质量发展,在高质量发展中促进共同富裕。整体来看,辽宁共同富裕发展现状主要包括两大方面:一方面是居民收入水平的提高;另一方面是居民消费水平的提高。此外,社会保障体系的发展也直接影响民生,进而直接影响辽宁共同富裕的发展现状。

(一)居民收入概况

居民收入是民生的支撑,也是体现共同富裕的重要指标。"十三五"期间,辽宁全省城乡人均可支配收入都呈现稳定上升态势(见图1),到2020年辽宁全省居民人均可支配收入为32738元,比上年增长2.9%。其中值得注意的是,辽宁全省城镇居民人均可支配收入为40376元,增长速度只有1.5%;而农村居民人均可支配收入为17450元,增长速度达8.3%,远远超过全省城镇居民人均可支配收入的增长速度。随着收入的上升,全省居民储蓄存款在"十三五"期间相应持续上升,到2020年,辽宁全省住户储蓄存款余额为34402亿元,同比增长22.2%,与"十三五"初期相比增长超过三成。①

之所以出现城乡居民人均收入增长速度差异明显的现象,一方面是新冠肺炎疫情等外部性因素对省内城市经济相对而言影响更大,导致全省城市居民人均可支配收入增长速度相对小于全省农村居民人均可支配收入,另一方面,出于老工业基地建设等历史原因,全省农村居民人均可支配收入基本盘远远小于城镇居民人均可支配收入,所以在国家和省内一系列支农惠农政策扶持下,农村居民人均可支配收入增长速度潜力大、后劲足,尤其是在全省上下大力推进完成脱贫攻坚任务、全面建设小康社会、着力推动乡村振兴和农村供给侧结构性改革背景下,全省农村居民人均可支配收入得到更加强劲

---

① 《2020年辽宁省国民经济和社会发展统计公报》,辽宁省统计局网站,http://tjj.ln.gov.cn/,最后访问日期:2022年5月22日。

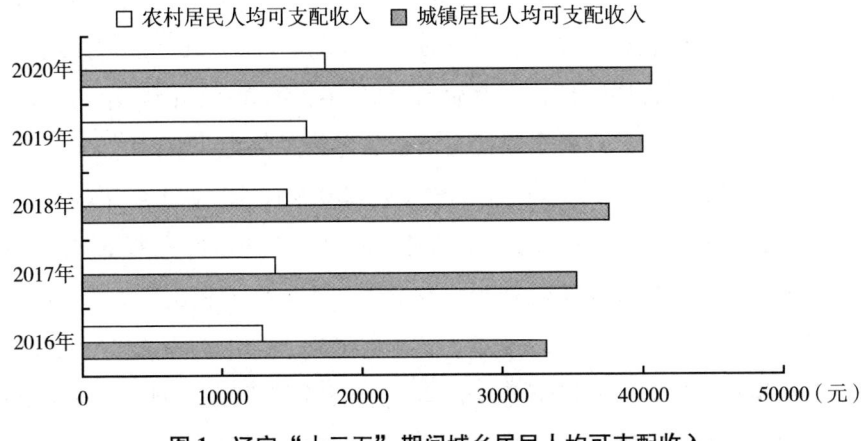

图1 辽宁"十三五"期间城乡居民人均可支配收入

资料来源：《2020年辽宁省国民经济和社会发展统计公报》，辽宁省统计局网站，http://tjj.ln.gov.cn/，最后访问日期：2022年5月22日。

的发展动力。

进入2021年，全省居民收入稳中有升，其中值得注意的是，2021年前三季度，全省城镇居民人均可支配收入为32201元，增长速度与上年同期相比有所上升，同比增长速度上升到7.0%；农村居民人均可支配收入为15187元，增长速度与上年同期相比保持增加的态势，增速达到9.9%。① 这个现象的主要原因在于一方面省内"六稳"工作有效推进，"六保"任务充分落实，从而推动全省城镇居民人均可支配收入增长速度大幅度上升，另一方面在打赢脱贫攻坚战、全面建成小康社会前提下，辽宁着力巩固拓展脱贫攻坚成果，全面推进乡村振兴，从而推动全省农村居民人均可支配收入增长速度进一步大幅度提升。

（二）居民消费概况

分析共同富裕，还要看居民消费，因为一方面消费价格直接决定了居民

---

① 《2021年1~9月全省国民经济主要指标》，辽宁省统计局网站，http://tjj.ln.gov.cn/，最后访问日期：2022年5月22日。

实际收入，进而决定了共同富裕的实质性程度；另一方面，居民消费体现人民生活质量，进而直接体现共同富裕的进展情况。"十三五"期间，辽宁居民消费规模整体而言持续扩大，然而到 2020 年，因为受到国际市场波动等外部性因素影响，辽宁全省全年社会消费品零售总额为 8960.9 亿元，与上年同期相比下降 7.3%；全年商品零售额为 8270.9 亿元，比上年下降 6.5%；从城乡区域角度看，辽宁全省 2020 年城乡消费品零售额都有所下降，其中全省城镇消费品零售额下降到 7639.7 亿元，比上年同期相比下降 7.8%；乡村消费品零售额下降到 1321.2 亿元，比上年同期下降 4.8%。这是因为城市居民消费相对农村居民消费而言，更容易受到外部性因素影响。这种影响从消费类型角度看更为明显，例如全省餐饮收入额只有 690.0 亿元，因外部性因素影响下降了 16.3%。①

当然需要注意的是，在限额以上单位批发零售业商品零售类值中，辽宁全省全年食品类零售额稳中有升，达 280.7 亿元，比上年增长 2.7%；② 这一方面体现在全省上下根据国家政策和相关部署稳定粮食等食品供应，相应食品消费规模也比较稳定，保障居民基本生活；另一方面，随着辽宁经济社会进入高质量发展阶段，全省居民恩格尔系数趋于稳定，因此即使疫情影响也没有改变总体格局。此外，全省烟酒类零售额增长也比较稳定，达 47.2 亿元，增长了 3.2%。③

但因为老龄化等因素影响，全省中西药品类零售额增长速度较快，达到 188.5 亿元，增长速度达 8.1%。随着辽宁经济社会进入高质量发展阶段，体育、娱乐用品类零售额快速增长，全年增长到 14.4 亿元，增长速度高达 31.0%；但是，全省家用电器和音像器材类零售额有所下降，下降到 214.5 亿元，与上年同期相比下降 22.1%；通信器材类零售额也有所下降，下降

---

① 《2020 年辽宁省国民经济和社会发展统计公报》，辽宁省统计局网站，http://tjj.ln.gov.cn/，最后访问日期：2022 年 5 月 22 日。
② 《2020 年辽宁省国民经济和社会发展统计公报》，辽宁省统计局网站，http://tjj.ln.gov.cn/，最后访问日期：2022 年 5 月 22 日。
③ 《2020 年辽宁省国民经济和社会发展统计公报》，辽宁省统计局网站，http://tjj.ln.gov.cn/，最后访问日期：2022 年 5 月 22 日。

到118.9亿元，与上年同期相比下降1.8%，导致辽宁全省移动电话普及率有所下降，全省全年移动电话普及率仅为111.9部/百人，① 低于全国平均水平。②

当然，整体来看，辽宁信息化发展带动全省邮电业务总量继续快速增长，2020年全省邮电业务总量增长到3667.1亿元，比上年增长25.3%。其中，邮政业务总量达到278.3亿元，增长37.3%，快递业务收入为131.4亿元，增长26.5%。2020年全省电信业务总量也增长迅速，全年增长到3388.8亿元，增长24.4%。其中需要注意的是，全省全年4G移动电话用户达4059.8万户，占移动电话用户的比重为83.3%。全省全年移动互联网用户达3921.8万户，其中手机上网用户3919.5万户。全省全年移动互联网接入流量40.3亿G，比上年增长30.6%。电信业务迅速发展直接促进网络消费的发展，"十三五"期间，全省实物商品网上零售额呈现大幅度上升态势（见图2）。到2020年，辽宁全省全年实物商品网上零售额为1271.1亿元，比上年增长18.1%。其中，限额以上单位网上零售额为499.0亿元，增长12.3%。③ 在信息化背景下，网络消费已经成为今后一段时期内消费的主流，不但直接决定了全省居民消费水平的高低，而且更是直接决定了全省居民共同富裕发展质量，网络消费的发展更具有特殊意义。

从汽车类消费发展情况来看，汽车类零售额有所下降，下降到950.4亿元，同比下降0.8%，但其中新能源汽车零售额增长迅速，全省全年达6.4亿元，增长率达20.4%；另外，全省全年民用汽车保有量同比增长8.1%，私人汽车保有量同比增长9.1%，④ 平均每5个辽宁人就有超过1辆私家车。

---

① 《2020年辽宁省国民经济和社会发展统计公报》，辽宁省统计局网站，http://tjj.ln.gov.cn/，最后访问日期：2022年5月22日。
② 《2020年中国国民经济和社会发展统计公报》，国家统计局网站，http://www.stats.gov.cn/，最后访问日期：2022年5月22日。
③ 《2020年辽宁省国民经济和社会发展统计公报》，辽宁省统计局网站，http://tjj.ln.gov.cn/，最后访问日期：2022年5月22日。
④ 《2020年辽宁省国民经济和社会发展统计公报》，辽宁省统计局网站，http://tjj.ln.gov.cn/，最后访问日期：2022年5月22日。

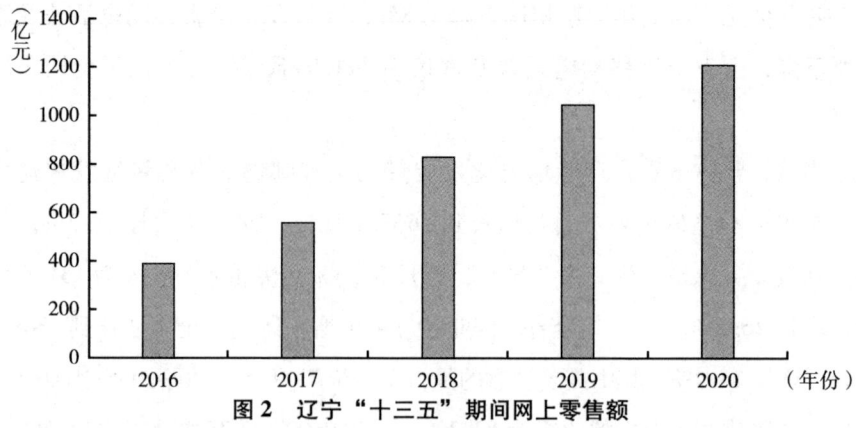

图 2　辽宁"十三五"期间网上零售额

资料来源：《2020年辽宁省国民经济和社会发展统计公报》，辽宁省统计局网站，http://tjj.ln.gov.cn/，最后访问日期：2022年5月22日。

综上所述，辽宁全省上下扎实做好"六稳"工作，全面落实"六保"任务，推动辽宁经济运行持续改善、逐渐恢复常态。随着辽宁经济社会进入高质量发展阶段，居民消费结构呈现相应变化，包括食品支出相对稳定，文体娱乐、新能源汽车和移动互联网等领域消费规模发展迅速，直接体现了全省人民生活水平提高的物质面貌和共同富裕取得实质性进展的成果。

进入2021年，全省上下按照党中央、国务院决策部署，坚持稳中求进工作总基调，完整、准确、全面贯彻新发展理念，坚持统筹疫情防控和经济社会发展，辽宁消费规模继续恢复发展，整体而言呈现持续扩大态势，推动高质量发展取得新成效，实现了"十四五"良好开局。2021年1~10月，辽宁全省社会消费品零售总额同比大幅度增长，增速达11.7%，社会消费动力强劲，直接支撑辽宁共同富裕持续取得实质性进展（见表1）。

（三）社会保障体系

人民物质生活的稳定和富裕不能离开完善的社会保障体系。近年来，辽宁全省养老、医疗、就业和社会救助等领域的社会保障事业充分发展，为全省以高质量发展促进共同富裕兜住民生底线，保驾护航。

表1 辽宁2021年1~10月份社会消费品零售总额主要数据

指标名称	同比增长(%)
社会消费品零售总额	11.7
其中:限额以上单位消费品零售额	11.3
1. 粮油、食品类	8.3
2. 饮料类	15.4
3. 烟酒类	16.0
4. 服装鞋帽、针纺织品类	13.5
5. 日用品类	9.1
6. 家用电器和音像器材类	-20.5
7. 中西药品类	13.1
8. 通信器材类	-11.1
9. 石油及其制品类	29.6
10. 汽车类	8.2

资料来源:《辽宁2021年1~10月份社会消费品零售总额主要数据》,辽宁省统计局网站,http://tjj.ln.gov.cn/,最后访问日期:2022年5月22日。

1. 养老保险

随着全省老龄化水平不断提高,养老保险成为辽宁推动共同富裕取得实质性进展的重要支柱和未来保证。"十三五"期间,辽宁全省城镇职工基本养老保险覆盖人数整体而言有所增加,但城乡居民社会养老保险人数有波动。到2020年,辽宁全省参加城镇职工基本养老保险人数达2049.1万人,参加城乡居民社会养老保险人数达1058.4万人。① 之所以出现这种情况,是因为辽宁虽然已经全面建成小康社会,但由于老工业基地转型过程中历史包袱仍然存存,"未富先老"的问题相应显现,影响了养老保险参保率的提高。随着老龄化发展,养老服务业随之发展。"十三五"期间,辽宁全省城乡养老服务机构数量呈现上升态势,到2020年增加到2035个。

---

① 《2020年辽宁省国民经济和社会发展统计公报》,辽宁省统计局网站,http://tjj.ln.gov.cn/,最后访问日期:2022年5月22日。

2. 医疗保险

"十三五"期间辽宁全省参加基本医疗保险人数稳定上升,但全省参加城镇职工基本医疗保险人数和参加城乡居民基本医疗保险人数出于统计口径调整等原因有所波动。到 2020 年全省参加基本医疗保险人数达 3867.5 万人,其中参加城镇职工基本医疗保险人数达 1588.4 万人,参加城乡居民基本医疗保险人数达 2279.1 万人。①

3. 职业保险和社会救助

"十三五"期间辽宁全省参加职业保险人数和参加低保人数都稳中有升,社会救助事业充分发展。到 2020 年全省参加失业保险人数达 677.0 万人,其中领取失业保险金人数达 33.5 万人。全省全年参加工伤保险人数达 807.1 万人。全省全年参加生育保险人数达 791.6 万人。全省全年有 34.9 万城镇居民和 69.6 万农村居民得到政府最低生活保障。全年收养救助人员 9.4 万人。② 之所以取得这一系列成就,一方面因为脱贫攻坚和乡村振兴工作全面推进,另一方面全省上下狠抓"六稳"工作,落实"六保"任务,在高度重视就业、着力推动复工复产的同时,为就业兜底保障,进而推动社会保障事业全面开花,为辽宁共同富裕保驾护航。

二 辽宁省推进共同富裕亟待解决的问题

(一)居民收入增长不快

辽宁全省居民人均可支配收入增长速度不快,到 2020 年,辽宁居民人均可支配收入达到 32738 元,虽然略高于全国居民人均可支配收入(32189

---

① 《2020 年辽宁省国民经济和社会发展统计公报》,辽宁省统计局网站,http://tjj.ln.gov.cn/,最后访问日期:2022 年 5 月 22 日。
② 《2020 年辽宁省国民经济和社会发展统计公报》,辽宁省统计局网站,http://tjj.ln.gov.cn/,最后访问日期:2022 年 5 月 22 日。

元),但增速不快,同比名义增速仅为2.9%,①增长速度不但小于全国水平,②而且从全国各省份情况看,仅超过北京③、湖北④和黑龙江⑤,并且在全国排名被山东(32886元)⑥超过。辽宁居民人均可支配收入在全国排名下降的同时,与上海、浙江和广东等省市的差距越来越显著。此外,辽宁居民人均可支配收入的城乡差距显著,整个"十三五"期间,辽宁全省城镇居民人均可支配收入一直都超过全省农村居民可支配收入的2倍以上。辽宁居民收入差距还表现在区域差距显著上,沈阳和大连的居民收入明显超过其他地区,尤其是在岗人员工资总额这个指标上,全省最低的阜新在岗人员工资总额不到沈阳和大连的1/10。而阜新与沈阳相邻,还是沈阳经济区的重要城市之一。这体现城市极化效应远远超过涓滴效应,因而影响阜新这样的地区居民共同富裕取得实质性进展的速度和质量。

(二)教育医疗体系有待完善

全省教育医疗类消费价格指数增长相对较快,当然,二者在全省居民消费支出中占比比较稳定,但这仍然会对全省共同富裕发展产生一定影响。具体而言,在教育领域,教育直接决定了人力资源结构,而人力资源结构直接决定了就业结构和规模,就业是民生之本,是共同富裕的基础。然而省内教育培训体系还有不完善的地方,例如省内高等院校学科专业和课程设置有待调整完善,省内各层级各领域职业教育体系有待健全,这都

---

① 《2020年辽宁省国民经济和社会发展统计公报》,辽宁省统计局网站,http://tjj.ln.gov.cn/,最后访问日期:2022年5月22日。
② 《2020年中国国民经济和社会发展统计公报》,国家统计局网站,http://www.stats.gov.cn/,最后访问日期:2022年5月22日。
③ 《2020年北京市国民经济和社会发展统计公报》,北京市统计局网站,http://tjj.beijing.gov.cn/,最后访问日期:2022年5月22日。
④ 《2020年湖北省国民经济和社会发展统计公报》,湖北省统计局网站,http://tjj.hubei.gov.cn/,最后访问日期:2022年5月22日。
⑤ 《2020年黑龙江省国民经济和社会发展统计公报》,黑龙江省统计局网站,http://tjj.hlj.gov.cn/,最后访问日期:2022年5月22日。
⑥ 《2020年山东省国民经济和社会发展统计公报》,山东省统计局网站,http://tjj.shandong.gov.cn/,最后访问日期:2022年5月22日。

影响年轻人群体就业规模的扩大和就业质量的提高。此外，公众教育和社会培训体系有待优化完善，这都影响了省内人力资源结构优化升级，进而影响了就业和民生质量的提高。在医疗卫生领域，当前省内医保改革需要深化，因病返贫的风险仍然存在，医疗卫生服务分级化信息化需要推进，医疗卫生事业和大健康产业发展水平有待提高，这些都对居民的生活质量具有明显影响。

（三）老龄化与人口结构性问题突出

辽宁老龄化问题比较突出，第七次人口普查显示，到2020年辽宁老龄化水平高达17.42%，[1] 不但超过全国平均水平，而且位居全国首位。这意味着辽宁已经进入中度老龄化阶段，同时因为生育率下降，辽宁全省14岁以下儿童占比仅为11.12%，[2] 养老金支付压力较大，影响当期消费和近期积累，进而影响以高质量发展促进共同富裕取得实质性进展的后劲。此外，辽宁还在提高劳动报酬在初次分配中的比重、提高居民财产性收入（尤其是知识产权和土地流转等领域）、优化营商环境、完善金融生态、健全社会保障体系等领域存在继续完善和改进的空间。

三 辽宁省推进共同富裕的对策

（一）总体思路

坚持全面深入贯彻习近平新时代中国特色社会主义思想，尤其要把习近平总书记在深入推进东北振兴座谈会上的重要讲话精神落到实处，把促进人的全面发展和社会全面进步与推动经济持续发展相结合，让人民群众共享振

---

[1]《2020年辽宁省国民经济和社会发展统计公报》，辽宁省统计局网站，http://tjj.ln.gov.cn/，最后访问日期：2022年5月22日。

[2]《2020年辽宁省国民经济和社会发展统计公报》，辽宁省统计局网站，http://tjj.ln.gov.cn/，最后访问日期：2022年5月22日。

兴发展成果，以高质量发展为主线扎实推动辽宁共同富裕继续取得实质性进展。坚持把实现好、维护好、发展好最广大人民根本利益作为出发点和落脚点，尽力而为、量力而行，并以此为原则健全基本公共服务体系，尤其要健全覆盖全省人民、统筹城乡、公平统一、可持续的多层次社会保障体系。完善共建共治共享的社会治理制度，提高人民生活品质，扎实推动共同富裕，提升人民群众的获得感、幸福感、安全感。

（二）具体举措

1. 千方百计提高居民收入

第一，强化就业优先，扩大就业容量，提高就业质量。就业是民生之本，因此以高质量发展为主线推动辽宁共同富裕继续取得实质性进展，就是要在坚持推动实现更加充分就业的同时，着力推动实现更高质量的就业。为此，一是需要完善就业公共服务体系，尤其是要构建多维度的职业技能培训制度，以此为依托健全重点群体就业支持体系，围绕重点群体的相关需求精准实施就业政策，在突出重点的前提下构建多渠道灵活就业保障体系，健全灵活就业人员社保制度，完善退役军人工作体系和保障制度。从而实施零就业家庭动态清零。二是要优化劳动关系协调仲裁机制，党委和工会在劳资关系中持续发挥积极的引导和救助作用，保障劳动者待遇和权益，尤其要注意切实提高劳动者在劳动时间和劳动报酬方面的合法话语权，并且推动失业保险、工伤保险省级统筹。三是持续优化就业创业环境，完善"大众创业万众创新"政策支持体系和金融生态，建立健全通过促进创业带动并提升就业的保障制度。尤其是要注意一方面结合辽宁高等院校和科研院所云集的人才基础优势，完善科研人员创业机制和知识产权全产业链体系，另一方面针对当前辽宁人口发展形势和人力资源结构性问题，全面放开对高校毕业生、职业院校毕业生、留学归国人员的落户限制，从而吸引更多人才到辽宁就业创业。

第二，深化收入分配制度改革，优化收入分配结构。要想促进共同富裕取得实质性进展，必须要着力提高低收入群体收入，扩大中等收入群体。一

是要优化要素收入结构,健全工资合理增长机制,提高辽宁城乡居民收入水平的关键在于提高劳动报酬在初次分配中的比重。探索通过构建土地、资本和知识产权等要素使用权、收益权资产化机制以增加中低收入群体要素收入,进而多渠道增加城乡居民财产性收入。二是要规范收入分配秩序,一方面要调节过高收入,尤其是娱乐网红等行业,在合理合法地约束相关从业人员行为的前提下,通过税费和舆论引导等手段推动高收入者积极投身第三次分配,结合老工业基地历史和现实(企业办社会而形成的历史遗留问题、老龄化问题等)发展慈善事业。健全分层分类的社会救助体系。完善帮扶残疾人、孤儿等社会福利制度。另一方面,严厉整肃非法收入,尤其要与优化营商环境建设相结合,解决群众反映比较突出的个别不合理收费问题和摊派问题等。同时还要在收入分配中坚持男女平等基本国策,同工同酬,保障妇女儿童合法权益,尤其是农村妇女在土地承包和流转过程中的合法权益,以及未成年人的劳动报酬和知识产权收益。

2. 加快建设教育强省,构建高质量教育体系

教育可以有效优化人力资源结构,提高居民创收潜力,为全省共同富裕取得实质性进展提供智力支持。因此,第一,全省要继续坚持全面贯彻党的教育方针,健全学校家庭社会协同育人机制,既要坚持立德树人,推进学校思想政治理论课程体系建设,又要大力加强青少年身体素质和心理健康教育,并且减轻中小学生课业负担,从而培养德智体美劳全面发展的社会主义建设者和接班人。第二,促进教育公平,一方面大力发展优质普惠学前教育,完善公立幼儿园建设,规范私立幼儿园发展;另一方面,在义务教育领域,促进优质教学资源均衡化布局发展,并基于辽宁省内城市化水平较高和教育资源相对密集的地方特色,推动教育资源城乡一体化发展。第三,一方面推进普通高中多样化特色发展,另一方面推动职业技术教育实用高效发展,并且基于企业支持和就业导向完善特殊教育保障机制,构建职普融通、产教融合、校企合作的综合教育培训体系。第四,提高高等教育质量,基于近期经济社会发展趋势、学科发展规律与特色优化学科专业及其课程设置,分类建设一流大学和一流学科,推动高等教育内涵式发展。第五,健全教育评价体系，一方面加强教师队伍思想政治教育，严格学术规范管理，深化师德师风建设，另一方面完善教师队伍人才梯队建设和职业培训体系，从而全面提升教师教书育人的能力和素质。第六，规范民办教育发展，尤其着力支持辽西北地区和农村民办教育优化发展，满足社会办学力量的合理诉求，并按照党和国家相关政策精神规范校外培训机构，将其放在民办教育体系规划内引导发展。第七，综合运用大数据、（移动）互联网、云计算、区块链和人工智能等数字化工具和平台，推进教育信息化建设，基于省内人力资源结构实际完善终身学习体系。

3.深入实施健康辽宁行动，加快建设健康辽宁

以保障人民健康作为辽宁共同富裕战略发展的优先，避免因病返贫，解决群众反映较多的医疗卫生领域的民生问题，为辽宁共同富裕取得实质性进展保驾护航。首先，要改革疾病预防控制体系，通过提高健康教育、慢病管理和残疾康复的服务质量，注重发展精神卫生服务和心理健康体系等，推动医疗卫生服务系统工作从以治病为中心转向以健康为中心。同时还要加快发展健康产业，基于省内老龄化程度较高的实际情况，结合养老医疗和保险等推进大健康服务多维度、多层面综合发展。其次，要健全突发公共卫生事件监测预警处置机制，一方面要提高公民应对突发公共卫生事件的知识水平，另一方面要提高应对突发公共卫生事件的能力。再次，要推动城乡居民基本公共卫生服务均等化发展，一方面要构建稳定的公共卫生事业投入机制，在确保大医院服务能力稳中有升的前提下，加强对基层公共卫生体系的财政支持，以此为杠杆推动城乡居民基本公共卫生服务均等化发展。另一方面，要贯彻党和国家政策精神，在医药卫生体制改革过程中，坚持基本医疗卫生事业公益属性，加快建设分级诊疗体系，健全药品采购供应保障制度，运用互联网、大数据、5G云、人工智能等技术推广远程医疗服务平台建设，推动优质医疗资源容量提升和区域内空间布局均衡化发展，尤其注意要在推动国家区域医疗中心、县级医院建设的过程中支持社会办医，合理协调公私医疗资源。最后，在全面推进基本医疗保险市级统筹的基础上，一方面依托信息化技术积极探索城乡居民医疗保险省级统筹，另一方面落实异地就医结算，

并且在健全重大疾病医疗保险和救助制度的同时,积极发展商业医疗保险,从而满足多层次的医疗卫生需求。

4. 积极应对人口老龄化,发展银发经济

辽宁进入中度老龄化阶段,当前人口老龄化趋势直接影响了共同富裕实质性进展,需要因势利导、对症下药。首先,针对近年辽宁省内人口总量下降态势,有必要加快落实生育政策,在推动经济社会高质量发展的大前提下,通过改革户籍制度等人口管理制度,落实住房保障和补助政策,发展普惠托育服务体系等,从而提升辽宁老工业基地对年轻人群的吸引力,引导省内外人口流动,改善省内人口结构,提高全省人口素质,推动辽宁人口长期均衡发展。其次,推进多层次、多支柱养老保险体系建设。规范企业职工基本养老保险省级统筹,做好基本养老保险全国统筹的对接工作,确保养老金按时足额发放。最后,要推动养老事业和养老产业协同发展。一方面以健全基本养老服务体系为前提,支持家庭在养老方面发挥更大作用,并结合普惠性养老服务和互助性养老,培育养老新业态,构建居家社区机构相协调、医养康养相结合的养老服务体系。另一方面积极开发老龄人力资源,在尊重和保护老龄人口合理合法权益的前提下大力发展银发产业。

附录
Appendix

B.11
中国推进共同富裕大事记

涂 强 整理*

1949年

9月29日，中国人民政治协商会议第一届全体会议通过，《中国人民政治协商会议共同纲领》

关于合作社：鼓励和扶助广大劳动人民根据自愿原则，发展合作事业。在城镇中和乡村中组织供销合作社、消费合作社、信用合作社、生产合作社和运输合作社，在工厂、机关和学校中应尽先组织消费合作社。

1951年

5月11日，《中共中央关于在新区组织和建立供销合作社问题的指示》

---

* 涂强，中共中央党校（国家行政学院）经济学教研部博士研究生，主要研究方向为政治经济学。

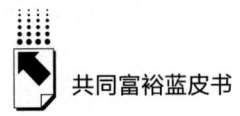

供销合作社商业经营的目的,则是为了推销土产并换回社员的必需品,它虽然也有利润,但追逐利润并不是它的目的,就是说,它对于那些利润不高甚至没有利润但社员迫切需要的土产推销,它也要去经营,而对于那些虽有高的利润但对社员土产推销和必需品供给无关的交易,也不要花费资金和人力去经营。这就已经脱离了资本主义经营的路线。

12月15日,《中共中央关于农业生产互助合作的决议(草案)》

党中央从来认为要克服很多农民在分散经营中所发生的困难,要使广大贫困的农民能够迅速地增加生产而走上丰衣足食的道路,要使国家得到比现在多得多的商品粮食及其他工业原料,同时也就提高农民的购买力,使国家的工业品得到广大的销场,就必须提倡"组织起来",按照自愿和互利的原则,发展农民劳动互助的积极性。这种劳动互助是建立在个体经济基础上(农民私有财产的基础上)的集体劳动,其发展前途就是农业集体化或社会主义化。

1952年

2月15日,政务院第一百二十次政务会议通过《中央人民政府政务院关于一九五二年农业生产的决定》

在全国范围内,应普遍大量发展简单的、季节性的劳动互助组;在互助运动有基础的地区,应推广常年定型的、农副业结合的互助组;在群众互助经验丰富而又有较强骨干的地区,应当有领导、有重点地发展土地入股的农业生产合作社。

1953年

2月21日,《中南局关于纠正试办农业生产合作社中急躁倾向的报告》

我们在当前要大量发展的是临时性和季节性的互助组,重点发展常年互助组,农业生产合作社只是试办,而不是普遍办,只准办好,不准办坏,其目的是为互助组树立前进的方向，取得经验，适当培养干部，为将来普遍办社作准备，不能把将来努力的方向与目前的计划混为一谈。

3月26日，《人民日报》社论，《领导农业生产的关键所在》

我们不能长期停留在这种小农经济的基础上面，因为它不能满足农业生产的不断增长和人民物质文化生活不断提高的要求，我们必须随着国家工业化的过程，把农业集体化当作农村中主要的建设任务，必须按中央指示，领导农民积极而又稳步地开展互助合作运动，逐步地过渡到社会主义制度。

12月16日，中共中央通过《中国共产党中央委员会关于发展农业生产合作社的决议》

为着进一步地提高农业生产力，党在农村中工作的最根本的任务，就是要善于用明白易懂而为农民所能够接受的道理和办法去教育和促进农民群众逐步联合组织起来，逐步实行农业的社会主义改造，使农业能够由落后的小规模生产的个体经济变为先进的大规模生产的合作经济，以便逐步克服工业和农业这两个经济部门发展不相适应的矛盾，并使农民能够逐步完全摆脱贫困的状况而取得共同富裕和普遍繁荣的生活。

1954年

1月1日，《人民日报》社论，《一切为了实现国家的总路线》

除了农业生产互助合作之外，我们还应该积极举办农村供销合作和农村信用合作。这是农村合作社的三种形式，它们互相分工，又互相联系和互相促进。我们要通过农村合作化的这三种形式，逐步地把农村的经济活动和国家的经济建设计划联结起来，逐步地在生产合作的基础上改造小农经济，逐步地过渡到社会主义。

7月25日，《中华全国供销合作总社章程》

中华全国供销合作总社（简称全国总社）为全国各省（自治区）供销合作社联合组织起来的独立的群众性的经济团体，其任务在于有计划地组织

全国供销合作社的供应、推销业务，扩大城乡物资交流，发展合作社商业，促进农村生产互助合作运动的发展，逐步提高社员的物质、文化生活。

11月19日，《中央农村工作部关于全国第四次互助合作会议的报告》

根据上述情况和其他因素，预计我国农业的社会主义改造事业发展的大体步骤将是：第一步，先于一九五七年前后基本上完成初级的合作化，在第二个五年计划时间再先后转入高级合作化；在这时期内只实施初步的技术改良和部分的机械耕作。第二步，约在第三、第四个五年计划时期，将依靠发展起来的工业装备农业，实现大规模的农业机械化。

1955年

7月31日，毛泽东《关于农业合作化问题》

党在农村中工作的最根本的任务，就是要善于用明白易懂而为农民所能够接受的道理和办法去教育和促进农民群众逐步联合组织起来，逐步实行农业的社会主义改造，使农业能够由落后的小规模生产的个体经济变为先进的大规模生产的合作经济，以便逐步克服工业和农业这两个经济部门发展不相适应的矛盾，并使农民能够逐步完全摆脱贫困的状况而取得共同富裕和普遍繁荣的生活。

10月11日，根据毛泽东7月31日在省委、市委和区党委书记会议上的报告，通过《中国共产党第七届中央委员会第六次全体会议（扩大）关于农业合作化问题的决议》

国家的财政、经济各有关部门，特别是农业的行政部门，在财政和技术上对于农业合作化运动的援助，应该列入重要的工作日程。

1956年

4月25日，毛泽东在中共中央政治局扩大会议上的讲话，《论十大关系》

总之，国家和工厂，国家和工人，工厂和工人，国家和合作社，国家和农民，合作社和农民，都必须兼顾，不能只顾一头。无论只顾哪一头，都是不利于社会主义，不利于无产阶级专政的。

6月30日，第一届全国人民代表大会第三次会议通过，《高级农业生产合作社示范章程》

农业生产合作社要根据当地条件，不断地改进农业技术，在国家的援助下逐步地实现农业的机械化和电气化，使农村经济不断地向前发展；同时要随着生产的发展，不断地增加社员的收入，提高社员的物质生活和文化生活的水平。

1957年

10月25日，《一九五六年到一九六七年全国农业发展纲要（修正草案）》

我国的农业合作化已经在一九五七年基本完成。今后的任务是：争取在第二个五年计划时间内，或者更多一点时间，把所有的农业生产合作社巩固起来。

1958年

8月7日，《嵖岈山卫星人民公社试行简章（草稿）》

人民公社是劳动人民在共产党和人民政府的领导下，自愿联合起来的社会基层组织，它的任务是管理本社范围内的一切工农业生产、交换、文化教育和政治事务。人民公社的宗旨是巩固社会主义制度，并且积极地创造条件，准备逐步过渡到共产主义制度。

8月29日，《中共中央关于在农村建立人民公社问题的决议》

小社并大，转为人民公社，是当前广大群众的共同要求，贫农、下中农是坚决拥护的，大部分上中农也是赞成的，我们要依靠贫农、下中农，充分发动群众，展开鸣放辩论，团结大部分赞成并大社、转公社的上中农，克服另一部分上中农的动摇，揭穿和击退地主富农的造谣破坏，使广大农民在思想解放自觉自愿的基础上并大社、转公社，防止强迫命令。

1961年

6月15日,《农村人民公社工作条例(修正草案)》

农村人民公社是政社合一的组织,是我国社会主义社会在农村中的基层单位,又是我国社会主义政权在农村中的基层单位。农村人民公社是适应生产发展的需要,在高级农业生产合作社的基础上联合组成的。它在一个很长的历史时期内,是社会主义的集体经济组织,实行各尽所能、按劳分配、多劳多得、不劳动者不得食的原则。

1978年

12月13日,邓小平同志在中共中央工作会议闭幕会上,《解放思想,实事求是,团结一致向前看》

在经济政策上,我认为要允许一部分地区、一部分企业、一部分工人农民,由于辛勤努力成绩大而收入先多一些,生活先好起来。一部分人生活先好起来,就必然产生极大的示范力量,影响左邻右舍,带动其他地区、其他单位的人们向他们学习。这样,就会使整个国民经济不断地波浪式地向前发展,使全国各族人民都能比较快地富裕起来。

1979年

9月28日,中国共产党第十一届中央委员会第四次会议通过,《中共中央关于加快农业发展若干问题的决定》

摆在我们面前的首要任务,就是要集中精力使目前还很落后的农业尽快得到迅速发展,因为农业是国民经济的基础,农业的高速度发展是保证实现四个现代化的根本条件。我们只有加快发展农业生产,逐步实现农业现代化,才能使占我国人口百分之八十的农民富裕起来,也才能促进整个国民经济蓬勃发展，加强工农联盟，巩固我国社会主义制度和无产阶级专政。

1980年

9月14日至22日，各省、市、自治区党委第一书记座谈会纪要，《关于进一步加强和完善农业生产责任制的几个问题》

在我国条件下，不能设想可以在一家一户的小农经济的基础上，建立起现代化的农业，可以实现较高的劳动生产率和商品率，可以使农村根本摆脱贫困和达到共同富裕。因此，毫无疑问，农业集体化的方向是正确的，是必须坚持的。

1982年

1月1日，中共中央批转《全国农村工作会议纪要》

各级党的领导应向干部和群众进行宣传解释，说明：我国农业必须坚持社会主义集体化的道路，土地等基本生产资料公有制是长期不变的，集体经济要建立生产责任制也是长期不变的。目前实行的各种责任制，包括小段包工定额计酬，专业承包联产计酬，联产到劳，包产到户、到组，包干到户、到组，等等，都是社会主义集体经济的生产责任制。不论采取什么形式，只要群众不要求改变，就不要变动。

1983年

1月2日，中共中央关于印发《当前农村经济政策的若干问题》的通知

联产承包制采取了统一经营与分散经营相结合的原则，使集体优越性和个人积极性同时得到发挥。这一制度的进一步完善和发展，必将使农业社会主义合作化的具体道路更加符合我国的实际。这是在党的领导

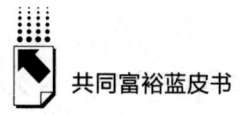

下我国农民的伟大创造,是马克思主义农业合作化理论在我国实践中的新发展。

1月20日,《中共中央关于加强农村思想政治工作的通知》

联产承包责任制是要长期实行的制度,决不允许违背人民的意愿轻率加以变动。当前,要进行一坚持(坚持社会主义道路)、两不变(公有制、责任制长期不变)、三兼顾(兼顾国家、集体、个人利益)的教育,使农民放心、放手地发展生产,劳动致富,正确处理好国家、集体、个人三者利益的关系,处理好自主权和服从国家计划指导的关系,处理好个人劳动致富和发扬团结互助、先富带后富、共同富裕的关系。

1984年

3月1日,中共中央、国务院转发农牧渔业部和部党组《关于开创社队企业新局面的报告》的通知

乡镇企业[即社(乡)队(村)举办的企业、部分社员联营的合作企业、其他形式的合作工业和个体企业],是多种经营的重要组成部分,是农业生产的重要支柱,是广大农民群众走向共同富裕的重要途径,是国家财政收入新的重要来源。

10月20日,中国共产党十二届中央委员会第三次全体会议通过,《中共中央关于经济体制改革的决定》

共同富裕决不等于也不可能是完全平均,决不等于也不可能是所有社会成员在同一时间以同等速度富裕起来。如果把共同富裕理解为完全平均和同步富裕,不但做不到,而且势必导致共同贫穷。由于一部分人先富起来产生的差别,是全体社会成员在共同富裕道路上有先有后、有快有慢的差别,而绝不是那种极少数人变成剥削者,大多数人陷于贫穷的两极分化。鼓励一部分人先富起来的政策,是符合社会主义发展规律的,是整个社会走向富裕的必由之路。

1985年

3月7日，邓小平同志《一靠理想二靠纪律才能团结起来》

社会主义的目的就是要全国人民共同富裕，不是两极分化。一个公有制占主体，一个共同富裕，这是我们所必须坚持的社会主义的根本原则。我们就是要坚决执行和实现这些社会主义的原则。从长远说，最终是过渡到共产主义。

9月23日，中国共产党全国代表大会通过，《中共中央关于制定国民经济和社会发展第七个五年计划的建议》

我国经济分布客观上存在着东、中、西部三大地带，并且在发展上呈现出逐步由东向西推进的客观趋势。把东部地区的发展和中、西部地区的开发很好地结合起来，使它们能够互相支持，互相促进，使全国经济振兴，人民共同富裕，这应当成为地区经济布局的基本指导思想。还指出，在生产发展的基础上，不断提高人民的物质文化生活水平，使全体社会成员共同富裕，是我们党和国家推进社会主义现代化建设的全部政策的基本出发点。

1986年

1月1日，《中共中央、国务院关于一九八六年农村工作的部署》

我们在政策上既要坚持共同富裕的方向，又应承认发展的差别，允许一部分人、一部分地区先富起来，这才有利于推动社会进步。也一定要注意发展合作制度，实行税收调节，做好扶贫工作，并完善法制，保护合法权益，制止非法牟利，发展生产力，走向共同富裕。

1987年

10月25日，党的十三大报告，《沿着有中国特色的社会主义道路前进》

党的十一届三中全会以后，我国经济建设的战略部署大体分三步走。第一步，实现国民生产总值比一九八〇年翻一番，解决人民的温饱问题。这个任务已经基本实现。第二步，到本世纪末，使国民生产总值再增长一倍，人民生活达到小康水平。第三步，到下个世纪中叶，人均国民生产总值达到中等发达国家水平，人民生活比较富裕，基本实现现代化。

1989年

3月20日，政府工作报告，《坚决贯彻治理整顿和深化改革的方针》

为了抑制消费需求膨胀和缓解社会分配不公的矛盾，必须逐步改进分配制度。坚决取缔非法收入，保护合法收入。从今年起，将尽快建立和完善个人应税收入的申报制度，进一步加强个人收入调节税的征收工作，以调节收入差距的过分悬殊。

1990年

6月19日，江泽民《在农村工作座谈会上的讲话》

先富裕起来的地区和农户，要帮助贫困地区和贫困农户。鼓励一部分地区先富裕起来，鼓励一部分农户靠勤劳致富、合法致富先富裕起来，这是我们要长期坚持的政策。先富裕的农村、农户，创造了提高农业生产力和发展农村经济的经验。要认真总结和推广这些经验，促进农业生产力的不断提高和农村的普遍富裕。

12月30日，江泽民《在党的十三届七中全会闭幕时的讲话》

经济发达的省、市和地区要继续发挥自己的优势，发展本省、本市和本地区的经济。经济不发达的省、自治区和地区，也要根据各自的特点和优势，积极创造条件发展经济。经济发达的省、市和地区要通过横向联合、技术转让等经济办法，来帮助经济不发达的省、自治区和地区。

1991年

6月21日，国务院第八十六次常务会议通过，《中华人民共和国城镇集体所有制企业条例》

集体企业应当遵循的原则是：自愿组合、自筹资金，独立核算、自负盈亏，自主经营、民主管理，集体积累、自主支配，按劳分配、入股分红。集体企业应当发扬艰苦奋斗、勤俭建国的精神，走互助合作、共同富裕的道路。

11月29日，中国共产党第十三届中央委员会第八次全体会议通过，《中共中央关于进一步加强农业和农村工作的决定》

把以家庭联产承包为主的责任制、统分结合的双层经营体制，作为我国乡村集体经济组织的一项基本制度长期稳定下来，并不断充实完善。这是我国农民在党的领导下的伟大创造，是集体经济的自我完善和发展，决不是解决温饱问题的权宜之计，一定要长期坚持，不能有任何的犹豫和动摇。

1992年

1月18日至2月21日，邓小平《在武昌、深圳、珠海、上海等地的谈话要点》

计划多一点还是市场多一点，不是社会主义与资本主义的本质区别。计划经济不等于社会主义，资本主义也有计划；市场经济不等于资本主义，社会主义也有市场。计划和市场都是经济手段。社会主义的本质，是解放生产力，发展生产力，消灭剥削，消除两极分化，最终达到共同富裕。

3月18日，《国务院转批农业部〈关于促进乡镇企业持续健康发展报告〉的通知》

乡镇企业的蓬勃发展，不仅对于解决农村富余劳动力就业、发展农业生产、提高农民生活水平，使亿万农民走上共同富裕的道路，而且对于增加出

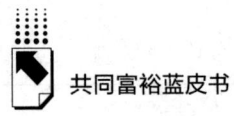

口创汇和国家税收,实现国家工业化,建设农村集镇,逐步缩小城乡差别,巩固工农联盟和基层政权,促进我国政治、经济和社会的稳定与发展,都具有重要的意义。

1993年

3月7日,中国共产党第十四届中央委员会第二次全体会议通过,《中共中央关于调整"八五"计划若干指标的建议》

继续贯彻执行扶持少数民族地区、贫困地区、革命老根据地和边疆地区发展的各项政策,特别要采取更加有力的措施,积极抓好扶贫开发,帮助贫困地区尽快脱贫致富。经济发达地区也要采取多种形式,带动和帮助后进地区加快经济发展,逐步实现共同富裕。

11月5日,《中共中央、国务院关于当前农业和农村经济发展的若干政策措施》

我国农村地区之间经济发展很不平衡,要实现共同富裕的目标,必须切实解决贫困地区的问题。目前,我国仍有八千多万人没有完全稳定解决温饱问题,主要集中在高山地区、边远地区和多灾地区,又多为革命老区和少数民族地区,自然条件恶劣,扶贫难度很大。各级党委和政府要继续坚持扶贫开发工作"分级负责、关键在省"的原则,进一步加强领导,稳定和加强扶贫开发工作机构,集中力量打好扶贫开发的"攻坚战"。

1994年

4月15日,《国务院关于印发〈国家八七扶贫攻坚计划〉的通知》

社会主义要消灭贫穷。为进一步解决农村贫困问题,缩小东西部地区差距,实现共同富裕的目标,国务院决定:从一九九四年到二〇〇〇年,集中人力、物力、财力,动员社会各界力量,力争用七年左右的时间,基本解决目前全国农村八千万贫困人口的温饱问题。

6月20日，江泽民同志考察广东时在深圳的讲话，《坚定不移地把经济特区办得更好》

要坚持经济特区以及沿海经济比较发达地区同内地的横向联合，在发挥各自优势的基础上，做到分工协作，优势互补。这一点极为重要。它对于促进全国统一的社会主义市场经济的发展，逐步缩小沿海与内地的发展差距，实现共同富裕，对于维护社会稳定和巩固国家统一，具有深远的历史意义。

1995年

9月28日，江泽民《正确处理社会主义现代化建设中的若干重大关系》

我们必须坚持允许和鼓励一部分人先富起来、最终实现共同富裕的政策。要在发展经济的基础上，逐步增加城乡居民收入。同时要把调节个人收入分配、防止两极分化，作为全局性的大事来抓。要区分不同情况，采取有针对性的措施，保护合法收入，取缔非法收入，调节过高收入，保障低收入者的基本生活。

1996年

3月17日，第八届全国人民代表大会第四次会议批准《中华人民共和国国民经济和社会发展"九五"计划和二〇一〇年远景目标纲要》

引导地区经济协调发展，形成若干各具特色的经济区域，促进全国经济布局合理化，是逐步缩小地区发展差距，最终实现共同富裕，保持社会稳定的重要条件，也是体现社会主义本质的重要方面。

1997年

9月12日，党的十五大报告，《高举邓小平理论伟大旗帜，把建设有中国特色社会主义事业全面推向二十一世纪》

展望下世纪，我们的目标是，第一个十年实现国民生产总值比二〇〇〇

年翻一番,使人民的小康生活更加宽裕,形成比较完善的社会主义市场经济体制;再经过十年的努力,到建党一百年时,使国民经济更加发展,各项制度更加完善;到世纪中叶建国一百年时,基本实现现代化,建成富强民主文明的社会主义国家。

1998年

10月14日,中国共产党第十五届中央委员会第三次全体会议通过,《中共中央关于农业和农村工作若干重大问题的决定》

全国农村实现小康,重点要加快中西部地区农业和农村经济发展。东部地区和大中城市郊区要提高农村经济的发展水平,有条件的地方要率先基本实现农业现代化,并通过经济联合和合作,帮助和带动中西部地区农村的发展,逐步实现共同富裕。

1999年

6月28日,《中共中央、国务院关于进一步加强扶贫开发工作的决定》

现在基本解决了温饱的贫困人口,温饱的标准还很低,在这个基础上实现小康、进而过上比较宽裕的生活,需要一个长期的奋斗过程。我们要充分认识扶贫开发的长期性、复杂性和艰巨性,在完成《国家八七扶贫攻坚计划》以后,继续把扶贫开发放在国民经济和社会发展的重要位置,锲而不舍,扎实工作,为实现共同富裕的伟大理想而奋斗!

2000年

1月22日,朱镕基《统一思想,明确任务,不失时机实施西部地区大开发战略》

世纪之交,我国现代化建设即将全面实现第二步战略目标,并向第三步战略目标迈进。在这个时候实施西部大开发战略，加快中西部地区发展，具有重大的经济意义和政治意义。这有利于逐步缩小地区之间的发展差距，促进各地区共同繁荣、共同富裕。

2001年

5月25日，江泽民《在中央扶贫开发工作会议上的讲话》

今后十年我国扶贫开发的奋斗目标是：尽快解决少数贫困人口的温饱问题，进一步改善贫困地区的基本生产生活条件，巩固温饱成果，提高贫困人口的生活质量和综合素质，加强贫困乡村的基础设施建设，逐步改变贫困地区社会、经济、文化的落后状态，为达到小康水平创造条件。

2002年

11月8日，党的第十六大报告，《全面建设小康社会，开创中国特色社会主义事业新局面》

初次分配注重效率，发挥市场的作用，鼓励一部分人通过诚实劳动、合法经营先富起来。再分配注重公平，加强政府对收入分配的调节职能，调节差距过大的收入。规范分配秩序，合理调节少数垄断性行业的过高收入，取缔非法收入。以共同富裕为目标，扩大中等收入者比重，提高低收入者收入水平。

2003年

1月8日，胡锦涛《在中央农村工作会议上的讲话》

进一步提高对解决好"三农"问题重要性的认识，把农村工作摆在突出位置。各级党委和政府要更加自觉地从党和国家工作的全局出发，高度重视农业、农村和农民问题，正确处理工农关系和城乡关系，促进城乡经济社会协调发展，努力实现全体人民的共同富裕。

2005年

5月27日，胡锦涛《在中央民族工作会议暨国务院第四次全国民族团结进步表彰大会上的讲话》

我们要采取更加得力的政策措施，加快少数民族和民族地区经济社会发展，逐步缩小发展差距，实现区域协调发展，最终实现全国各族人民共同富裕。这是党的民族政策的根本出发点和归宿，是我国社会主义制度的本质要求，也是加强民族团结、巩固祖国边防、维护祖国统一的必然要求。

10月11日，胡锦涛同志在中共十六届五中全会第二次全体会议上的讲话，《努力实现"十一五"时期发展目标，推动经济社会又好又快发展》

要积极扶持欠发达地区特别是革命老区、民族地区、边疆地区、贫困地区改善基础设施条件，加强生态环境治理和建设，发展优势特色产业，增强自我发展能力，走上共同富裕的道路。

2006年

2月20日，温家宝同志在省部级主要领导干部建设社会主义新农村专题研讨班上讲话，《扎实稳步推进社会主义新农村建设需要把握好的几个问题》

城镇化是经济社会结构转变的大趋势。推进城镇化，可以吸收农村富余劳动力，带动农村发展，解决"三农"问题必须走中国特色的城镇化道路。我国人口规模巨大，即使将来城镇化达到一定水平，仍然会有大量人口继续在农村生活。因此，在推进城镇化的同时，必须把农村建设好，使在农村的几亿人口也能过上富裕、文明的生活。

2007年

10月15日,党的第十七大报告,《高举中国特色社会主义伟大旗帜,为夺取全面建设小康社会新胜利而奋斗》

必须坚持以人为本。全心全意为人民服务是党的根本宗旨,党的一切奋斗和工作都是为了造福人民。要始终把实现好、维护好、发展好最广大人民的根本利益作为党和国家一切工作的出发点和落脚点,尊重人民主体地位,发挥人民首创精神,保障人民各项权益,走共同富裕道路,促进人的全面发展,做到发展为了人民、发展依靠人民、发展成果由人民共享。

2010年

2月4日,温家宝同志在省部级主要领导干部深入贯彻落实科学发展观加快经济发展方式转变专题研讨班上的讲话,《关于发展社会事业和改善民生的几个问题》

深化收入分配制度改革,理顺收入分配关系,要坚持正确的指导原则:一是坚持和完善按劳分配为主体、多种分配方式并存的分配制度,鼓励一部分人通过劳动和创造先富起来,切实保护公民合法收入和私人财产。二是坚持走共同富裕的道路,尽快扭转城乡、地区和不同社会成员之间收入差距扩大趋势,坚决防止两极分化。三是兼顾效率与公平,初次分配和再分配都要处理好效率与公平的关系,再分配要更加注重公平。四是逐步形成中等收入者占多数的"橄榄型"分配格局。

2011年

5月27日,《中共中央、国务院关于印发〈中国农村扶贫开发纲要(二〇一一~二〇二〇年)〉的通知》

坚持开发式扶贫方针,实行扶贫开发和农村最低生活保障制度有效衔

接。把扶贫开发作为脱贫致富的主要途径，鼓励和帮助有劳动能力的扶贫对象通过自身努力摆脱贫困；把社会保障作为解决温饱问题的基本手段，逐步完善社会保障体系。总体目标。到二〇二〇年，稳定实现扶贫对象不愁吃、不愁穿，保障其义务教育、基本医疗和住房。

11月29日，胡锦涛同志在中央扶贫开发工作会议上的讲话，《坚决打好新一轮扶贫开发攻坚战》

促进贫困地区加快发展，对推动城乡、区域经济社会协调发展，对提高贫困地区群众生活水平、保障社会公平正义具有重要作用。我们要通过深入推进扶贫开发，加快贫困地区经济社会发展，推动缩小贫困地区的发展差距，让全体人民共享改革发展成果，不断为实现共同富裕打下坚实基础。

2012年

11月8日，党的十八大报告，《坚定不移沿着中国特色社会主义道路前进，为全面建成小康社会而奋斗》

必须坚持走共同富裕道路。共同富裕是中国特色社会主义的根本原则。要坚持社会主义基本经济制度和分配制度，调整国民收入分配格局，加大再分配调节力度，着力解决收入分配差距较大问题，使发展成果更多更公平惠及全体人民，朝着共同富裕方向稳步前进。

2013年

12月12日，习近平《在中央城镇化工作会议上的讲话》

如果城镇化目标正确、方向对头，能走出一条新路，将有利于释放内需巨大潜力，有利于提高劳动生产率，有利于破解城乡二元结构，有利于促进社会公平和共同富裕，而且世界经济和生态环境也将从中受益。

12月23日，习近平《在中央农村工作会议上的重要讲话》

贫困是困扰农村留守人员的一个突出问题。要坚持不懈推进扶贫开发。

国家级扶贫开发工作重点县就是要把减少扶贫对象作为首要任务，坚定信心，找准路子，加快转变扶贫开发方式，实行精准扶贫。

2015年

1月1日，《中共中央、国务院关于加大改革创新力度加快农业现代化建设的若干意见》

中国要富，农民必须富。富裕农民，必须充分挖掘农业内部增收潜力，开发农村二三产业增收空间，拓宽农村外部增收渠道，加大政策助农增收力度，努力在经济发展新常态下保持城乡居民收入差距持续缩小的势头。

5月12日，李克强同志在全国推进简政放权放管结合职能转变工作电视电话会议上的讲话，《简政放权，放管结合，优化服务，深化行政体制改革，切实转变政府职能》

推进"双创"，既是发展的动力之源，也是富民之道、公平之计、强国之策，是建设中国特色社会主义题中应有之义。这也是逐步实现共同富裕的必由之路，因为缩小收入分配差距，仅靠"二次分配"是不够的，主要得靠"一次分配"让更多的人富起来。

10月29日，中国共产党第十八届中央委员会第五次全体会议通过，《中共中央关于制定国民经济和社会发展第十三个五年规划的建议》

农村贫困人口脱贫是最突出的短板。把农村贫困人口脱贫作为全面建成小康社会的基本标志，强调实施精准扶贫、精准脱贫，以更大决心、更精准思路、更有力措施，采取超常举措，实施脱贫攻坚工程，确保我国现行标准下农村贫困人口实现脱贫、贫困县全部摘帽、解决区域性整体贫困。

11月27日，习近平《在中央扶贫开发工作会议上的讲话》

脱贫攻坚已经到了啃硬骨头、攻坚拔寨的冲刺阶段，所面对的都是贫中之贫、困中之困，采用常规思路和办法、按部就班推进难以完成任务，必须以更大的决心、更明确的思路、更精准的举措、超常规的力度，众志成城实

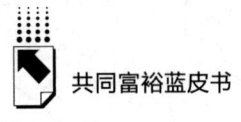

现脱贫攻坚目标。

11月29日,《中共中央、国务院关于打赢脱贫攻坚战的决定》

实现到二〇二〇年让七千多万农村贫困人口摆脱贫困的既定目标,时间十分紧迫、任务相当繁重。必须在现有基础上不断创新扶贫开发思路和办法,坚决打赢这场攻坚战。打赢脱贫攻坚战,是促进全体人民共享改革发展成果、实现共同富裕的重大举措,是体现中国特色社会主义制度优越性的重要标志,也是经济发展新常态下扩大国内需求、促进经济增长的重要途径。

2017年

10月18日,党的十九大报告,《决胜全面建成小康社会,夺取新时代中国特色社会主义伟大胜利》

实施乡村振兴战略。农业农村农民问题是关系国计民生的根本性问题,必须始终把解决好"三农"问题作为全党工作重中之重。巩固和完善农村基本经营制度,深化农村土地制度改革,完善承包地"三权"分置制度。保持土地承包关系稳定并长久不变,第二轮土地承包到期后再延长三十年。深化农村集体产权制度改革,保障农民财产权益,壮大集体经济。

10月25日,习近平同志在十九届中央政治局常委同中外记者见面时讲话的主要部分,《新时代要有新气象,更要有新作为》

二〇二〇年,我们将全面建成小康社会。全面建成小康社会,一个也不能少;共同富裕路上,一个也不能掉队。我们将举全党全国之力,坚决完成脱贫攻坚任务,确保兑现我们的承诺。

12月28日,习近平同志在中央农村工作会议上讲话的一部分,《走中国特色社会主义乡村振兴道路》

壮大农村集体经济,是引领农民实现共同富裕的重要途径。要稳步推进农村集体产权制度改革,全面开展清产核资,进行身份确认、股份量化,推动资源变资产、资金变股金、农民变股东,建立符合市场经济要求的集体经济运行新机制,确保集体资产保值增值,确保农民受益,增强集体经济发展活力,增强农村基层党组织的凝聚力和战斗力。

2018年

1月2日,《中共中央、国务院关于实施乡村振兴战略的意见》

实施乡村振兴战略,是解决人民日益增长的美好生活需要和不平衡不充分的发展之间矛盾的必然要求,是实现"两个一百年"奋斗目标的必然要求,是实现全体人民共同富裕的必然要求。

2月12日,习近平《在打好精准脱贫攻坚战座谈会上的讲话》

贫困群众短期脱贫容易、长期稳定致富难度大的问题也很突出。产业扶贫是稳定脱贫的根本之策,但现在大部分地区产业扶贫措施比较重视短平快,考虑长期效益、稳定增收不够,很难做到长期有效。如何巩固脱贫成效,实现脱贫效果的可持续性,是打好脱贫攻坚战必须正视和解决好的重要问题。

6月15日,《中共中央、国务院关于打赢脱贫攻坚战三年行动的指导意见》

必须清醒地把握打赢脱贫攻坚战的困难和挑战,切实增强责任感和紧迫感,一鼓作气、尽锐出战、精准施策,以更有力的行动、更扎实的工作,集中力量攻克贫困的难中之难、坚中之坚,确保坚决打赢脱贫这场对如期全面建成小康社会、实现第一个百年奋斗目标具有决定性意义的攻坚战。

11月18日,《中共中央、国务院关于建立更加有效的区域协调发展新机制的意见》

促进发达地区和欠发达地区共同发展。坚持"输血"和"造血"相结合,推动欠发达地区加快发展。建立健全长效普惠性的扶持机制和精准有效的差别化支持机制,加快补齐基础设施、公共服务、生态环境、产业发展等短板,打赢精准脱贫攻坚战,确保革命老区、民族地区、边疆地区、贫困地区与全国同步实现全面建成小康社会。

2019年

1月3日,《中共中央、国务院关于坚持农业农村优先发展做好"三农"工作的若干意见》

必须坚持把解决好"三农"问题作为全党工作的重中之重不动摇,进一步统一思想、坚定信心、落实工作,巩固发展农业农村好形势,发挥"三农"压舱石作用,为有效应对各种风险挑战赢得主动,为确保经济持续健康发展和社会大局稳定、如期实现第一个百年奋斗目标奠定基础。

4月16日,习近平《在解决"两不愁三保障"突出问题座谈会上的讲话》

我国总体上已基本实现了全面建成小康社会的目标,但还有一些短板,最大的短板是脱贫攻坚。到二〇二〇年稳定实现农村贫困人口不愁吃、不愁穿,义务教育、基本医疗、住房安全有保障,是贫困人口脱贫的基本要求和核心指标,直接关系攻坚战质量。总的看,"两不愁"基本解决了,"三保障"还存在不少薄弱环节。

4月22日,习近平《关于全面建成小康社会补短板问题》

要全面完成脱贫攻坚任务。要一鼓作气、连续作战,以更加有力的举措、更加精细的工作,确保脱贫攻坚任务全面完成。要避免浮躁情绪,坚持目标不变、靶心不散,把扶贫工作重心向深度贫困地区聚焦,在普遍实现"两不愁"的基础上,重点攻克"三保障"面临的最后堡垒。要坚决克服"数字"脱贫、"指标"脱贫等问题,有效防止脱贫户返贫和边缘户掉队。

5月2日,《中共中央、国务院关于新时代推进西部大开发形成新格局的指导意见》

重点解决实现"两不愁三保障"面临的突出问题,加大深度贫困地区和特殊贫困群体脱贫攻坚力度,减少和防止贫困人口返贫,确保到二〇二〇年现行标准下西部地区农村贫困人口全部实现脱贫,贫困县全部摘帽。在全面完成脱贫任务基础上压茬推进乡村振兴战略，巩固脱贫攻坚成果。

8月19日，《中共中央关于印发〈中国共产党农村工作条例〉的通知》

农业农村农民问题是关系国计民生的根本性问题。坚持把解决好"三农"问题作为全党工作重中之重，把解决好吃饭问题作为治国安邦的头等大事，坚持农业农村优先发展，坚持多予少取放活，推动城乡融合发展，集中精力做好脱贫攻坚、防贫减贫工作，走共同富裕道路。

9月18日，习近平《在黄河流域生态保护和高质量发展座谈会上的讲话》

黄河流域是打赢脱贫攻坚战的重要区域。积极支持流域省区打赢脱贫攻坚战，解决好流域人民群众特别是少数民族群众关心的防洪安全、饮水安全、生态安全等问题，对维护社会稳定、促进民族团结具有重要意义。

2020年

1月2日，《中共中央、国务院关于抓好"三农"领域重点工作确保如期实现全面小康的意见》

二〇二〇年是全面建成小康社会目标实现之年，是全面打赢脱贫攻坚战收官之年。党中央认为，完成上述两大目标任务，脱贫攻坚最后堡垒必须攻克，全面小康"三农"领域突出短板必须补上。小康不小康，关键看老乡。脱贫攻坚质量怎么样、小康成色如何，很大程度上要看"三农"工作成效。全党务必深刻认识做好二〇二〇年"三农"工作的特殊重要性，毫不松懈，持续加力，坚决夺取第一个百年奋斗目标的全面胜利。

9月8日，习近平《在全国抗击新冠肺炎疫情表彰大会上的讲话》

我们要扎实做好"六稳"工作、全面落实"六保"任务，确保完成决胜全面建成小康社会、决战脱贫攻坚目标任务。要增强信心、鼓足干劲，奋力把失去的时间抢回来、把疫情造成的损失补回来。要瞄准脱贫攻坚突出问

题和薄弱环节，一鼓作气、尽锐出战。

10月26日，习近平同志在中共十九届五中全会上，《关于〈中共中央关于制定国民经济和社会发展第十四个五年规划和二〇三五年远景目标的建议〉的说明》

党的十八大以来，我们把脱贫攻坚作为重中之重，使现行标准下农村贫困人口全部脱贫，就是促进全体人民共同富裕的一项重大举措。当前，我国发展不平衡不充分问题仍然突出，城乡区域发展和收入分配差距较大，促进全体人民共同富裕是一项长期任务，但随着我国全面建成小康社会、开启全面建设社会主义现代化国家新征程，我们必须把促进全体人民共同富裕摆在更加重要的位置，脚踏实地，久久为功，向着这个目标更加积极有为地进行努力。

10月29日，中国共产党第十九届中央委员会第五次全体会议通过，《中共中央关于制定国民经济和社会发展第十四个五年规划和二〇三五年远景目标的建议》

到二〇三五年基本实现社会主义现代化远景目标。人民生活更加美好，人的全面发展、全体人民共同富裕取得更为明显的实质性进展。坚持把实现好、维护好、发展好最广大人民根本利益作为发展的出发点和落脚点，尽力而为、量力而行，健全基本公共服务体系，完善共建共治共享的社会治理制度，扎实推动共同富裕，不断增强人民群众获得感、幸福感、安全感，促进人的全面发展和社会全面进步。

12月16日，《中共中央、国务院关于实现巩固拓展脱贫攻坚成果同乡村振兴有效衔接的意见》

全党务必站在践行初心使命、坚守社会主义本质要求的政治高度，充分认识实现巩固拓展脱贫攻坚成果同乡村振兴有效衔接的重要性、紧迫性，举全党全国之力，统筹安排、强力推进，让包括脱贫群众在内的广大人民过上更加美好的生活，朝着逐步实现全体人民共同富裕的目标继续前进，彰显党的根本宗旨和我国社会主义制度优势。

2021年

1月4日，《中共中央、国务院关于全面推进乡村振兴加快农业农村现代化的意见》

党中央认为，新发展阶段"三农"工作依然极端重要，须臾不可放松，务必抓紧抓实。要坚持把解决好"三农"问题作为全党工作重中之重，把全面推进乡村振兴作为实现中华民族伟大复兴的一项重大任务，举全党全社会之力加快农业农村现代化，让广大农民过上更加美好的生活。

2月25日，习近平《在全国脱贫攻坚总结表彰大会上的讲话》

我国脱贫攻坚战取得了全面胜利，现行标准下9899万农村贫困人口全部脱贫，832个贫困县全部摘帽，12.8万个贫困村全部出列，区域性整体贫困得到解决，完成了消除绝对贫困的艰巨任务。脱贫攻坚战的全面胜利，标志着我们党在团结带领人民创造美好生活、实现共同富裕的道路上迈出了坚实的一大步。同时，脱贫摘帽不是终点，而是新生活、新奋斗的起点。解决发展不平衡不充分问题、缩小城乡区域发展差距、实现人的全面发展和全体人民共同富裕仍然任重道远。

3月5日，在第十三届全国人民代表大会第四次会议上，《关于2020年国民经济和社会发展计划执行情况与2021年国民经济和社会发展计划草案的报告》

统筹推进收入分配重点领域改革，进一步健全工资指导线和企业薪酬调查制度，加大再分配调节力度和精准性。把促进全体人民共同富裕摆在更加重要的位置，精心谋划共同富裕顶层设计，研究开展共同富裕示范区建设，研究制定"十四五"时期扩大中等收入群体实施方案。

5月20日，《中共中央、国务院关于支持浙江高质量发展建设共同富裕示范区的意见》

浙江省在探索解决发展不平衡不充分问题方面取得了明显成效，具备开展共同富裕示范区建设的基础和优势，也存在一些短板弱项，具有广阔的优化空间和发展潜力。支持浙江高质量发展建设共同富裕示范区，有利于通过

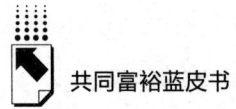

实践进一步丰富共同富裕的思想内涵,有利于探索破解新时代社会主要矛盾的有效途径,有利于为全国推动共同富裕提供省域范例,有利于打造新时代全面展示中国特色社会主义制度优越性的重要窗口。

7月1日,习近平《在庆祝中国共产党成立100周年大会上的讲话》

新的征程上,我们必须紧紧依靠人民创造历史,坚持全心全意为人民服务的根本宗旨,站稳人民立场,贯彻党的群众路线,尊重人民首创精神,践行以人民为中心的发展思想,发展全过程人民民主,维护社会公平正义,着力解决发展不平衡不充分问题和人民群众急难愁盼问题,推动人的全面发展、全体人民共同富裕取得更为明显的实质性进展!

8月17日,中央财经委员会第十次会议《在高质量发展中促进共同富裕 统筹做好重大金融风险防范化解工作》

要坚持以人民为中心的发展思想,在高质量发展中促进共同富裕,正确处理效率和公平的关系,构建初次分配、再分配、三次分配协调配套的基础性制度安排,加大税收、社保、转移支付等调节力度并提高精准性,扩大中等收入群体比重,增加低收入群体收入,合理调节高收入,取缔非法收入,形成中间大、两头小的橄榄型分配结构,促进社会公平正义,促进人的全面发展,使全体人民朝着共同富裕目标扎实迈进。

10月9日,习近平《在纪念辛亥革命110周年大会上的讲话》

新的征程上,我们必须坚持和发展中国特色社会主义不动摇,继续推进马克思主义中国化时代化,坚定志不改、道不变的决心,牢牢把中国发展进步的命运掌握在自己手中。我们要统筹推进"五位一体"总体布局、协调推进"四个全面"战略布局,全面深化改革和扩大开放,推进国家治理体系和治理能力现代化,不断满足人民过上美好生活的新期待,不断推进全体人民共同富裕。

11月11日,中国共产党第十九届中央委员会第六次全体会议通过,《中共中央关于党的百年奋斗重大成就和历史经验的决议》

从二〇二〇年到二〇三五年基本实现社会主义现代化,从二〇三五年到本世纪中叶把我国建成社会主义现代化强国。到那时,我国物质文明、政治文明、精神文明、社会文明、生态文明将全面提升，实现国家治理体系和治理能力现代化，成为综合国力和国际影响力领先的国家，全体人民共同富裕基本实现，我国人民将享有更加幸福安康的生活，中华民族将以更加昂扬的姿态屹立于世界民族之林。

Abstract

Common prosperity is the essential requirement of socialism and the common expectation of the people. As China builds a moderately prosperous society in all respects and embarks on a new journey of building a modern socialist country in all respects, we must put promoting the common prosperity of all the people in a more important position, be down-to-earth, work for a long time, and make more active and promising efforts towards this goal. This report analyzes the level of China's common prosperity and studies the theoretical and practical problems encountered in promoting common prosperity. The general report of this report has compiled the common prosperity index of all Chinese people, which dynamically reflects the degree of common prosperity of China. The common prosperity index designed in the general report consists of 7 secondary indicators, including economic development, social structure, residents' income and property, accessibility of public goods, people's quality of life, fairness of income distribution and life and health, and 28 tertiary indicators. The general report calculates the common prosperity index of the whole country and all regions from 2013 to 2020, and makes analysis and comparison. From the calculation results of the common prosperity index, China's common prosperity has been significantly improved in recent years. In the eight years from 2013 to 2020, China's common prosperity index increased from 24.67 points to 44.23 points, an increase of 79.3%. In 2020, the seven secondary indicators increased by 90.4%, 297.9%, 208.4%, 28.3%, 32.1%, 17.2% and 107.1% respectively compared with 2013, and maintained a continuous upward trend on the whole. From the calculation results of the common prosperity index of all provinces, regions and cities, in 2020, Beijing ranked first among 31 provinces, regions and cities with a common prosperity index score of 86.24 points, and Gansu Province ranked last, with a common prosperity index score of 31.12 points. From the ranking of all regions in the country, the ranking of the common prosperity index is highly related to the overall level of regional economic development in the country. The more developed the economy, the higher the ranking of the common prosperity index. From the perspective of the improvement speed of the common prosperity level of all regions, the growth rate of the common prosperity index in underdeveloped regions is significantly higher than that in developed regions, and the common prosperity level of all regions shows a convergence trend as a whole.

The special section of this report also studies some special issues involved in the process of promoting common prosperity, and draws the following conclusions: first, the third distribution to promote common prosperity should adhere to the principles of the rule of law, institutional principles and digitization, constantly improve the rule system, promote the coordinated development of the distribution system, and promote the rapid development of " large number charity". Second, the implementation of the regional coordinated development strategy to promote common prosperity mainly includes efforts to improve the quality of the development model, accelerate the formation of a regional development pattern with complementary advantages, strive to improve the new mechanism of regional coordinated development, and narrow the regional development gap from the two main parts of developed and underdeveloped regions at the same time. Third, in order to improve the effect of Inclusive Finance on common prosperity, it should be improved from the perspectives of optimizing government policies, guiding practitioners' enthusiasm and improving the production capacity of micro subjects. Fourth, we need to improve the comprehensive income tax system and balance the tax burden level of income of different nature; Improve the tax support system for small and medium-sized enterprises; Expand the scope of consumption tax collection to cover a wider range of high-end goods and services. Fifth, only by putting high-quality development in a key position in promoting the process of common prosperity can we ensure the stability and long-term development of common prosperity. Sixth, the impact of economic growth on income distribution gap shows significant regional heterogeneity and urban-rural heterogeneity, which is positive in eastern urban areas, negative in central and western urban areas, and not significant in rural areas.

The regional part of this report introduces the practice of promoting common prosperity in Zhejiang Province, Shaanxi Province and Liaoning Province. Zhejiang Province is a demonstration area of common prosperity. Through planning first, pilot exploration and digital empowerment, a common prosperity path with Zhejiang characteristics has been formed. Based on the achievements made during the 13th Five Year Plan period, for short boards and problems, Shaanxi Province and Liaoning Province put forward specific measures to promote common prosperity in the next step.

Keywords: Common Prosperity; China; All People

Contents

I　General Report

B.1 The evolution process, index system, index calculation and realization path of common prosperity for all Chinese people
　　　　　　　　　　　　Gao Xingwei, Sun Shengyang and Cao Gaohang / 001

Abstract: In different historical periods, our party has always put forward inspiring goals in accordance with the will of the people and the needs of career development, United and led the people to strive for them, from the victory of the new democratic revolution to the establishment of the socialist system, from solving the problem of food and clothing to reaching a moderately prosperous level, from building moderately prosperous society in all respects to having built moderately prosperous society in all respects, and from prosperity to the common prosperity of all the people. The common prosperity index designed in the general report consists of 7 secondary indicators, including economic development, social structure, residents' income and property, accessibility of public goods, people's quality of life, fairness of income distribution and life and health, and 28 tertiary indicators. The general report calculates the common prosperity index of the whole country and all regions from 2013 to 2020, and makes analysis and comparison. From the calculation results of the common prosperity index, China's common prosperity has been significantly improved in recent years. In the eight years from 2013 to 2020, China's common prosperity index increased from 24.67 points to

44.23 points, an increase of 79.3%. In 2020, the seven secondary indicators increased by 90.4%, 297.9%, 208.4%, 28.3%, 32.1%, 17.2% and 107.1% respectively compared with 2013, and maintained a continuous upward trend on the whole. From the Situation of all regions in the country the common prosperity index is highly related to the overall level of regional economic development in the country. The more developed the economy, the higher the ranking of the common prosperity index. From the perspective of the improvement speed of the common prosperity level of all regions, the growth rate of the common prosperity index in underdeveloped regions is significantly higher than that in developed regions, and the common prosperity level of all regions shows a convergence trend as a whole. In order to promote common prosperity in high-quality development, China needs to unswervingly adhere to the principle of public ownership as the main part and the common development of various ownership economies, build a basic institutional arrangement of coordinated primary distribution, redistribution and tertiary distribution, and improve the socialist market economic system.

Keywords: Common Prosperity; Common Prosperity Index; Economic Development

II Special Reports

B.2 The Logic and Path of Third Distribution to Promote the Realization of the Goal of Common Prosperity   *Cui Lin* / 030

Abstract: Promoting the third distribution in an orderly manner and building a basic institutional arrangement that coordinates the initial distribution, redistribution and third distribution are the inherent requirements for realizing common prosperity, which embodies the essence and value pursuit of socialism. The third distribution is beyond the scope of pure economics and has distinct theoretical qualities of sociality, altruism and spiritual civilization. At the present stage, the third distribution has entered the policy system mainly because the primary distribution and redistribution cannot effectively regulate income disparity, while the massive economic volume and middle-income group and the continuous development of social welfare and charity provide an important material and social foundation for promoting the third distribution. To promote common prosperity with the third distribution, we should adhere to the principles of rule of law, institutional principles and digital direction, improve the rule system and promote the synergy of distribution system, and promote the long-term development of "big number charity".

Keywords: Third Distribution; Common Prosperity; Distribution System; Digital Charity

B.3 The Logic and Path of Regional Coordinated Development to Promote the Realization of the Goal of Common Prosperity

Li Chen / 046

Abstract: The implementation of regional coordinated development strategy is an inevitable requirement to achieve the goal of common prosperity. Based on the development gap between the six regions, the development gap between different provinces, the development gap between the north and the south, and the development gap between urban and rural areas within the provinces, this paper points out that the gap of regional economic development in China is the main problem restricting the realization of the goal of common prosperity. In view of this reality, this paper puts forward the specific principles for China to achieve the goal of common prosperity in the new era from the three dimensions: common development, joint development, and shared development. Finally, this paper puts forward the paths of promoting the realization of the goal of common prosperity by implement the strategy of regional coordinated development, such as making efforts to improve the quality of the development model, speeding up the formation of the regional development pattern with complementary advantages, improving the new mechanisms of regional coordinated development, and narrowing the regional development gap from the two main subjects of developed and underdeveloped regions at the same time.

Keywords: Common Prosperity; Regional Coordinated Development; New Era; Shared Development

B.4 The Logic and Path of Inclusive Finance to Promote the Realization of the Goal of Common Prosperity

Luo Yu, Wang Wenyu / 062

Abstract: There is a close relationship between inclusive finance and common prosperity, especially in terms of development goals and service targets. Inclusive finance is an important means to achieve common prosperity. In recent years, the development of inclusive finance has had a significant effect on achieving common prosperity. However, at present, at the policy level, the goal of common prosperity in financial inclusion policies is still not clear enough. At the market level, the common prosperity concept of inclusive finance practitioners has not yet been formed, and financial innovation to support common prosperity is still insufficient. At the micro-subject level, the comprehensive ability to undertake inclusive finance and common prosperity is also insufficient. To improve the effect of inclusive finance in helping common prosperity, government policies should be optimized, the enthusiasm of practitioners should be guided, and the production capabilities of micro-subjects should be improved.

Keywords: Financial Inclusion; Common Prosperity; Low Income Groups

Contents

B.5 The Logic and Path of Tax to Promote the Realization
of the Goal of Common Prosperity

Chen Yu, Liu Tianqi, Huang Xiaochun and Lv Yujin / 080

Abstract: Taxation is not only the key factor affecting the pattern of income distribution, but also an important means for the government to adjust the income distribution gap and promote social equality. There are some problems in China's tax policy, such as uneven tax burden of labor income and capital income, still high tax cost of small and medium-sized enterprises, narrow collection scope of consumption tax items and unbalanced structure. In order to give further play to the function of tax adjusting the income distribution gap and make greater contributions to the goal of common prosperity, it is necessary to improve the comprehensive income tax system and balance the tax burden level of income of different nature; Improve the tax support system for small and medium-sized enterprises; Expand the scope of consumption tax collection to cover a wider range of high-end goods and services.

Keywords: Income Tax; Commodity Tax; Property Tax; The Income Gap

B.6 China's High-Quality Economic Development and
Common Prosperity *Zhang Huimin /* 101

Abstract: The sixth Plenary Session of the 19th CPC Central Committee clearly proposed that common prosperity for all people should be basically realized as a vision goal in 2035. Common prosperity embodies the thought of people-centered development and is an essential requirement of socialism. To promote common prosperity, we must pursue both common prosperity and prosperity. We should not only promote the accumulation of social wealth, but also ensure that it is shared by all. At present, China is faced with such problems as weak independent innovation capacity, low conversion rate of innovative resources, disharmony between residents'

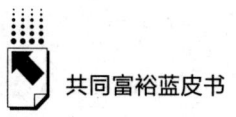

income and urban and rural development, serious ecological pollution, blocked opening-up, and increasing difficulty in dealing with relative poverty. The traditional development model cannot be sustained. Adhering to the new development concept and promoting common prosperity through high-quality development is the only way for China to become a modern socialist power.

Keywords: Common Prosperity; Hiqh Quality Development; Chinese Economy

B.7 Economic Growth and Income Distribution Gap

Wang Bo / 115

Abstract: The theory of the relationship between economic growth and income distribution gap has always been a controversial topic in academia, and the conclusions of a large number of literature analysis have not reached a consistent conclusion. Based on the panel data of 31 provinces in my country from 2002 to 2019, this paper empirically analyzes the dynamic interaction between economic growth and income distribution gap through the PVAR model. The research results show that the interaction between economic growth and income distribution gap shows significant regional heterogeneity and urban-rural heterogeneity; the impact of economic growth on income distribution gap is positive in eastern urban areas, and in central and western urban areas. The regional performance is negative, and it is not significant in the rural sample; the impact of income distribution gap on economic growth is not significant in the eastern urban areas, but it shows a significant positive effect in the eastern rural areas, and the central urban and western areas are shown as "Inverted S-shaped" positive relationship. Therefore, clarifying the dynamic relationship between the two and formulating relevant policies for income distribution reform in accordance with the economic situation and the actual situation in different regions is the only way to achieve "common prosperity" in the future.

Keywords: Economic Growth; Income Distribution Gap; PVAR Model; Common Prosperity

Ⅲ Regional Reports

B.8 The Practice of Establishing the Demonstration Zone for Common Prosperity through High-quality Development in Zhejiang Province　　　　　　　　　　Du Jianxin / 140

Abstract: Zhejiang takes the lead in boosting the balanced development of the province in economical and social aspects since the Reform and Opening-up. In May 2021, the CPC Central Committee and The State Council made a strategic decision to support the construction of the Demonstration area for Common Prosperity in Zhejiang Province through high-quality development. From then onwards, Zhejiang has worked out an approach to realizing common prosperity based on Zhejiang characteristics by planning in advance, experimenting in pilot sites, and being equipped with digitization. Yet, there are still gaps to be filled in balancing the development in different regions and between urban and rural areas, and the income of different social classes. To this end, suggestions are put forward from three aspects, namely harnessing geographical advantages to narrow regional gaps, pursuing integrated development to bridge the gap between urban and rural areas, and constructing an olive-shaped social structure by closing the income gap and promoting people's well-beings. This paper examines the foundation and advantages of Zhejiang, and summarizes the duplicatable cases in Zhejiang's great endeavor, in a bid to provide Zhejiang samples for the construction of common prosperity across China.

Keywords: Zhejiang; High-Quality Development; Common Prosperity Demonstration Area

B.9 Present situation, Problems and Countermeasures of Promoting Common Prosperity in Shanxi Province

Chen Xinyu / 154

Abstract: In order to better promote common prosperity, Shaanxi continues to consolidate the excellent achievements made in poverty alleviation, comprehensively promote rural revitalization, upgrade equipment manufacturing industry and develop emerging strategic industries, activate the elements of scientific and technological resources and promote high-quality economic development through all-round and multi-level innovation practice. At the same time, taking economic construction as the starting point, taking the advantageous industries coal, oil, equipment manufacturing, aerospace and modern agriculture as the leaders, we will drive other industries to burst into vitality, focus on the development of new urbanization centered on the county, expand the private economy, lay the foundation for common prosperity, improve the income and social security level of residents, share the development achievements of the whole province, and enhance the happiness of the hard-working people in Shanxi.

Keywords: Shaanxi; High-Quality Development; Common Prosperity

B.10 Present situation, Problems and Countermeasures of Promoting Common Prosperity in Liaoning Province

Pan Zhi / 169

Abstract: On the whole, Liaoning has made substantial progress in common prosperity during the 13th Five Year Plan period, and continued to make achievements in 2021, making a good start for the 14th five year plan. However, there are still problems in the development of common prosperity in Liaoning, such as development speed and structural problems. In the future, Liaoning needs to adhere to the comprehensive and in-depth implementation of the central spirit, therefore Liaoning needs to increase residents' income and improve education, health care and social security, in order to take high-quality development as the main line to solidly promote the common prosperity of Liaoning and continue to make substantive progress. Specific measures include improving residents' income, building a high-quality education system, deeply implementing the healthy Liaoning action and developing the silver economy.

Keywords: Liaoning; High-Quality Development; Common Prosperity

Ⅳ Appendix

B.11 Memorabilia of Promoting Common Prosperity in China

Tu Qiang / 183

社会科学文献出版社

皮 书
智库成果出版与传播平台

❖ 皮书定义 ❖

皮书是对中国与世界发展状况和热点问题进行年度监测,以专业的角度、专家的视野和实证研究方法,针对某一领域或区域现状与发展态势展开分析和预测,具备前沿性、原创性、实证性、连续性、时效性等特点的公开出版物,由一系列权威研究报告组成。

❖ 皮书作者 ❖

皮书系列报告作者以国内外一流研究机构、知名高校等重点智库的研究人员为主,多为相关领域一流专家学者,他们的观点代表了当下学界对中国与世界的现实和未来最高水平的解读与分析。截至2021年底,皮书研创机构逾千家,报告作者累计超过10万人。

❖ 皮书荣誉 ❖

皮书作为中国社会科学院基础理论研究与应用对策研究融合发展的代表性成果,不仅是哲学社会科学工作者服务中国特色社会主义现代化建设的重要成果,更是助力中国特色新型智库建设、构建中国特色哲学社会科学"三大体系"的重要平台。皮书系列先后被列入"十二五""十三五""十四五"时期国家重点出版物出版专项规划项目;2013~2022年,重点皮书列入中国社会科学院国家哲学社会科学创新工程项目。

皮书网

（网址：www.pishu.cn）

发布皮书研创资讯，传播皮书精彩内容
引领皮书出版潮流，打造皮书服务平台

栏目设置

◆ **关于皮书**
何谓皮书、皮书分类、皮书大事记、
皮书荣誉、皮书出版第一人、皮书编辑部

◆ **最新资讯**
通知公告、新闻动态、媒体聚焦、
网站专题、视频直播、下载专区

◆ **皮书研创**
皮书规范、皮书选题、皮书出版、
皮书研究、研创团队

◆ **皮书评奖评价**
指标体系、皮书评价、皮书评奖

◆ **皮书研究院理事会**
理事会章程、理事单位、个人理事、高级
研究员、理事会秘书处、入会指南

所获荣誉

◆ 2008年、2011年、2014年，皮书网均在全国新闻出版业网站荣誉评选中获得"最具商业价值网站"称号；
◆ 2012年，获得"出版业网站百强"称号。

网库合一

2014年，皮书网与皮书数据库端口合一，实现资源共享，搭建智库成果融合创新平台。

皮书网

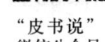
"皮书说"
微信公众号

皮书微博

权威报告·连续出版·独家资源

皮书数据库
ANNUAL REPORT(YEARBOOK) DATABASE

分析解读当下中国发展变迁的高端智库平台

所获荣誉

- 2020年,入选全国新闻出版深度融合发展创新案例
- 2019年,入选国家新闻出版署数字出版精品遴选推荐计划
- 2016年,入选"十三五"国家重点电子出版物出版规划骨干工程
- 2013年,荣获"中国出版政府奖·网络出版物奖"提名奖
- 连续多年荣获中国数字出版博览会"数字出版·优秀品牌"奖

皮书数据库

"社科数托邦"
微信公众号

成为会员

登录网址www.pishu.com.cn访问皮书数据库网站或下载皮书数据库APP,通过手机号码验证或邮箱验证即可成为皮书数据库会员。

会员福利

- 已注册用户购书后可免费获赠100元皮书数据库充值卡。刮开充值卡涂层获取充值密码,登录并进入"会员中心"—"在线充值"—"充值卡充值",充值成功即可购买和查看数据库内容。
- 会员福利最终解释权归社会科学文献出版社所有。

卡号:167449227391
密码:

数据库服务热线:400-008-6695
数据库服务QQ:2475522410
数据库服务邮箱:database@ssap.cn
图书销售热线:010-59367070/7028
图书服务QQ:1265056568
图书服务邮箱:duzhe@ssap.cn

S 基本子库
SUB DATABASE

中国社会发展数据库（下设12个专题子库）

紧扣人口、政治、外交、法律、教育、医疗卫生、资源环境等12个社会发展领域的前沿和热点，全面整合专业著作、智库报告、学术资讯、调研数据等类型资源，帮助用户追踪中国社会发展动态、研究社会发展战略与政策、了解社会热点问题、分析社会发展趋势。

中国经济发展数据库（下设12专题子库）

内容涵盖宏观经济、产业经济、工业经济、农业经济、财政金融、房地产经济、城市经济、商业贸易等12个重点经济领域，为把握经济运行态势、洞察经济发展规律、研判经济发展趋势、进行经济调控决策提供参考和依据。

中国行业发展数据库（下设17个专题子库）

以中国国民经济行业分类为依据，覆盖金融业、旅游业、交通运输业、能源矿产业、制造业等100多个行业，跟踪分析国民经济相关行业市场运行状况和政策导向，汇集行业发展前沿资讯，为投资、从业及各种经济决策提供理论支撑和实践指导。

中国区域发展数据库（下设4个专题子库）

对中国特定区域内的经济、社会、文化等领域现状与发展情况进行深度分析和预测，涉及省级行政区、城市群、城市、农村等不同维度，研究层级至县及县以下行政区，为学者研究地方经济社会宏观态势、经验模式、发展案例提供支撑，为地方政府决策提供参考。

中国文化传媒数据库（下设18个专题子库）

内容覆盖文化产业、新闻传播、电影娱乐、文学艺术、群众文化、图书情报等18个重点研究领域，聚焦文化传媒领域发展前沿、热点话题、行业实践，服务用户的教学科研、文化投资、企业规划等需要。

世界经济与国际关系数据库（下设6个专题子库）

整合世界经济、国际政治、世界文化与科技、全球性问题、国际组织与国际法、区域研究6大领域研究成果，对世界经济形势、国际形势进行连续性深度分析，对年度热点问题进行专题解读，为研判全球发展趋势提供事实和数据支持。

法律声明

"皮书系列"(含蓝皮书、绿皮书、黄皮书)之品牌由社会科学文献出版社最早使用并持续至今,现已被中国图书行业所熟知。"皮书系列"的相关商标已在国家商标管理部门商标局注册,包括但不限于LOGO( )、皮书、Pishu、经济蓝皮书、社会蓝皮书等。"皮书系列"图书的注册商标专用权及封面设计、版式设计的著作权均为社会科学文献出版社所有。未经社会科学文献出版社书面授权许可,任何使用与"皮书系列"图书注册商标、封面设计、版式设计相同或者近似的文字、图形或其组合的行为均系侵权行为。

经作者授权,本书的专有出版权及信息网络传播权等为社会科学文献出版社享有。未经社会科学文献出版社书面授权许可,任何就本书内容的复制、发行或以数字形式进行网络传播的行为均系侵权行为。

社会科学文献出版社将通过法律途径追究上述侵权行为的法律责任,维护自身合法权益。

欢迎社会各界人士对侵犯社会科学文献出版社上述权利的侵权行为进行举报。电话:010-59367121,电子邮箱:fawubu@ssap.cn。

社会科学文献出版社